ZÉRO DÉCHET

LE MANUEL D'ÉCOLOGIE QUOTIDIENNE

simple, pratique et à l'usage de tous

« Ne doutez jamais qu'un petit groupe d'individus conscients et engagés puisse changer le monde. C'est d'ailleurs toujours ainsi que ça s'est passé. »

MARGARET MEAD

JULIE BERNIER

Préface de Nicolas Meyrieux

ZÉRO DÉCHET

LE MANUEL D'ÉCOLOGIE QUOTIDIENNE

simple, pratique et à l'usage de tous

SOLAR EDITIONS

PRÉFACE

La Terre se meurt et nous avec... Ah, ça commence fort ! Et en même temps, si tu tiens ce bouquin entre les mains, c'est que, toi aussi, tu sens que ça pue un peu le caca.

Du coup, avant même que tu n'aies commencé à le lire, je tiens à te dire bravo. **Bravo d'avoir envie de changer ! Parce qu'il en faut du courage pour changer ses habitudes...**

Mais là où tu as fait bonne pioche, et je ne parle pas de l'outil pointu qui peut être très utile si tu travailles dans une mine ou pour Médiavision 01.47.20.0.0.0.1, mais qui, dans notre cas, ne sert à rien, c'est que tu tiens en main la véritable bible de l'écolo moderne.

J'ai passé les quatre dernières années de ma vie à réaliser des vidéos sur des problématiques environnementales, à dresser des constats alarmants et à essayer, autant que faire se peut, d'en rire (j'ai précisé « autant que faire se peut »). Et, à chaque fois que je m'informais, que je dressais ces constats, je me posais systématiquement les questions « mais qu'est-ce que je peux faire ? Comment ? Par où commencer ? » Eh bien, autant vous dire que si j'avais eu ce livre plus tôt j'aurais gagné un paquet de temps !

Ce livre ne se contente pas d'édifier un constat exhaustif global, juste et alarmant, il pousse à agir tout de suite et de façon concrète.

À chaque chapitre, vous trouverez dans un premier temps un « État des lieux », remarquable condensation d'informations indispensables à la mise en action. On devient Zéro déchet parce qu'on a une vision globale des problématiques. Qu'on accepte de voir la vérité en face, qu'on comprend que l'être humain, par son comportement, est en train de détruire le seul vaisseau spatial qu'il possède et que, tant qu'à faire, si on pouvait l'éviter, ce ne serait pas plus mal...

D'ailleurs, on ne peut pas en vouloir à quelqu'un qui ne sait pas, de ne pas agir, par contre, on peut casser la gueule de celui qui sait, mais qui ne fait rien. Et dans un second temps, vous trouverez tous les comportements à adopter pour faire face à ces problématiques. C'est quand même bien fait ce bordel ! **Et croyez-moi, que vous soyez écolo averti ou écolo friendly, vous trouverez dans ce bouquin de quoi vous satisfaire !**

Alors, évidemment, la route vers le Zéro déchet n'est pas un long fleuve tranquille. En plus de devoir changer de comportement, vous allez devoir faire face « aux rageux » qui essayeront de vous mettre des bâtons dans la coque. Oui, normalement l'expression commune voudrait que je dise « dans les roues », mais comme nous sommes sur un fleuve... Suivez, bordel ! Ceux-là vous diront « que les petits pas ne servent à rien », « que ce n'est pas suffisant », « que c'est aux industries de changer d'abord » et tout un tas d'autres excuses de flemmards qui préfèrent rester égoïstement dans leur petit confort. Alors, deux conseils face à ces détracteurs, déjà vous pouvez leur offrir ce bouquin et peut être que, s'ils sont moins cons qu'ils n'y paraissent, ils changeront aussi. Ou alors, souhaitez-leur de s'empaler la glotte sur leur paille en plastique la prochaine fois qu'ils boiront un mojito sur une terrasse chauffée.

Comme disait Armstrong, celui qui a marché sur la Lune, pas celui qui jouait de la trompette, « un petit pas pour l'homme, un grand pas pour l'humanité ». Et c'est vrai, les petits pas comme ceux du Zéro déchet sont stratégiques, les pensées ne se voient pas, les actes, oui.

C'est très facile de remettre le système en cause et de rester passif comme un simple spectateur. Or, le système, c'est une société composée de femmes et d'hommes qui, s'ils incarnent ensemble le changement par des petits pas, changeront drastiquement notre société.

D'ailleurs, comme j'en suis à étaler ma culture, je citerai un autre mec, un peu trop surcoté à mon goût sur les réseaux sociaux ces derniers temps, Gandhi. « Montrer l'exemple n'est pas le meilleur moyen de convaincre, c'est le seul. »

Alors, allez-y ! Montrez l'exemple ! Changez le monde ! Nous vivons un moment historique où il s'agit quand même de sauver le cul de l'humanité !

Mais attention, ce n'est pas une compétition ! Ne vous brûlez pas les ailes. N'essayez pas de tout faire d'un coup sinon vous allez vous décourager. Faites les choses étapes par étapes, à votre rythme. Faites d'abord ce qui vous semble simple et, progressivement, prenez des skills et grimpez les niveaux, comme si c'était un jeu. (Bon, un jeu où, si on perd, l'humanité crève à la fin et on n'a pas de deuxième vie. Mais un jeu quand même.)

Voyez-vous comme des héros du quotidien.

Parce qu'après tout, c'est un peu ce que nous sommes à chaque fois que nous faisons un geste écolo. Je veux dire que lorsqu'on fait un geste écolo, on ne le fait pas que pour nous, ça ne va pas créer une bulle de pureté autour de nous et les autres restent dans leur merde (remarquez, ça serait super pratique). Si on fait tout ça, c'est pour la planète que nous partageons tous ensemble. Et puis si ça foire, on aura fait de notre mieux.

Nicolas Meyrieux

INTRODUCTION

J'ai longtemps hésité quant à la façon de commencer ce livre. Devrais-je avoir un regard optimiste sur le monde, ma vision est-elle biaisée ou pessimiste au regard de toutes les informations que j'ai à ma disposition ? Finalement, peu importe ma vision des choses, ce qui compte, ce sont les faits, n'est-ce pas ?

Évidemment, j'aimerais pouvoir décrire une société équitable, viable et résiliente, capable d'endiguer ses propres dérives pour le bien commun, mais nous ne serions pas là pour en discuter.

J'aimerais vous dire que la biodiversité prospère, mais plus de 60 % des vertébrés ont disparu ces quarante dernières années (source : rapport planète vivante du WWF).

J'aimerais vous assurer que, dans nos océans, les coraux abondent et que les fonds marins grouillent de vie... Mais si nous continuons sur notre lancée, en 2050, ils abriteront davantage de déchets plastiques que de poissons (source : rapport de la fondation Ellen MacArthur).

J'aimerais vous annoncer que les frontières ont été abattues, mais partout elles s'élèvent et nos nouveaux continents de plastiques[1] ne sauraient abriter les quelque 143 millions[2] de réfugiés climatiques qui chercheront un refuge viable d'ici à 2050.

J'aimerais vous apprendre que le désert ne progresse pas, que les catastrophes naturelles ne se multiplient pas, que la hausse des températures n'est pas alarmante, que nos modes de vie et de consommation n'ont pas d'impact négatif sur l'environnement.

J'aimerais, mais je ne peux pas.

POUR UNE PRISE DE CONSCIENCE ÉCOCITOYENNE

Aussi peu perceptibles que soient les dérèglements de notre système Terre à l'esprit humain, ils sont pourtant bien présents et de plus en plus dévastateurs.

Pourtant, face à ces périls qui guettent nos écosystèmes et l'humanité tout entière, certains vous diront que ce n'est pas à nous d'agir, mais aux industriels de changer leurs pratiques et à l'État de dessiner les contours d'un futur durable. En vérité, nous pourrions passer une vie entière à réfléchir aux responsables de cette situation actuelle... ou bien chacun pourrait prendre sa part de responsabilité, agir et commencer à imaginer la société de demain, en espérant inspirer les autres à faire de même.

> « Montrer l'exemple n'est pas le meilleur moyen de convaincre, c'est le seul. »
> **GANDHI**

[1] Ces vortex de déchets sont issus des tourbillons créés par les courants marins, qui rassemblent les déchets plastiques des océans dans certaines zones. Ce ne sont pas de véritables continents, mais plutôt des milliards de petits morceaux de plastique sur plusieurs dizaines de mètres de profondeur et sur des dimensions gigantesques.

[2] Selon les estimations, ce pourrait être 143 millions à 1 milliard de personnes qui seraient contraintes de migrer à cause du dérèglement climatique. Un rapport de la banque mondiale chiffre 143 millions, mais l'ONU est beaucoup moins « optimiste ».

TOUS DANS LE MÊME BATEAU

On s'est tellement soucié de créer des frontières, des entités toujours plus petites (communautés, pays, régions, départements, villes), que tout semble segmenté. Mais c'est totalement faux. Cessons de penser nos territoires comme des entités autonomes. Le dérèglement du système Terre est un enjeu global et non ciblé. Chaque espace, chaque être est à la planète ce qu'un organe vital est à un corps animé : un sous-système essentiel dans un ensemble de relations mutuelles étroites et interdépendantes

IL EST ENCORE TEMPS

Nous vivons une période historique : celle de la transition. Alors que les limites de notre système économique et sociétal sont de plus en plus manifestes, d'innombrables initiatives voient le jour en faveur d'une justice sociale et climatique convergentes, pour protéger les écosystèmes et les populations les plus menacées, pour modérer les dérives de notre société dopée aux profits à court terme...

> « C'est pire folie de faire sans arrêt la même chose et d'espérer un résultat différent. »
>
> **ALBERT EINSTEIN**

Des milliers de scientifiques se tiennent la main pour que résonne plus fort leur cri d'alarme: nous sommes encore capables de ralentir l'impact destructeur, mais nous n'avons plus beaucoup de temps. Alors, ouvrons les yeux et agissons ensemble : cessons de considérer les problèmes climatiques et sociaux comme des crises, dont la nature éphémère laisserait espérer un retour simple à la normale.

ALLER PLUS LOIN, RENVERSER LES PRIORITÉS

Ces dernières décennies, on nous a donné l'impression qu'il suffisait de fermer le robinet en se lavant les dents et d'éteindre la lumière en sortant d'une pièce pour changer les choses. Que le « progrès » et la technologie nous permettraient de sortir de la fosse que nous avons creusée nous-mêmes, alors qu'ils n'ont servi jusque-là qu'à creuser plus vite et plus profond. On nous a fait croire que le bonheur résidait dans la possession et non dans l'expression. Que notre valeur dépendait de nos biens et non de notre « bien ». Qu'à force de paraître, on finissait par être. Pourtant, j'ai la conviction que s'il est un sens à nos existences, c'est celui de préserver la vie et de faire preuve d'humanité, de bienveillance et d'altruisme.

Puisque nos quarante dernières années « d'écologie » n'ont fait qu'accroître les enjeux environnementaux, il est temps de changer. Nous avons la force du nombre, de la coopération et de l'engagement. L'addition de nos volontés individuelles est bien plus puissante qu'on veut le croire, pour influencer l'ambition politique et industrielle. Oh, je ne dis pas ça pour vous culpabiliser, loin de là, mais pour que vous preniez conscience du pouvoir de votre consommation quotidienne, et que vous utilisiez ce pouvoir à bon escient.

UN MANUEL D'ÉCOLOGIE QUOTIDIENNE

Ce livre est là pour vous accompagner dans cette démarche et pour qu'ensemble, nous nous attaquions à la source du problème : la surconsommation, le gaspillage et les déchets qu'ils génèrent. Pour cela, j'ai souhaité que ce livre expose une base solide de données sur l'écologie avec un état des lieux de la planète et du gaspillage dans tous les domaines : la maison, le jardin, l'école, la vie professionnelle, les voyages, etc. Partant de ces constats, cet ouvrage propose des outils simples et accessibles à tous pour alléger le poids de sa poubelle, des conseils pour consommer différemment, des DIY (*Do it yourself* / faites-le vous-même) pour fabriquer au lieu d'acheter, et des recommandations pour une vie plus responsable. Tout y est pour que chacun s'y retrouve en fonction de ses attentes, de ses préférences, de ses valeurs et de son style de vie.

Chez vous comme à l'extérieur, dans tous vos cheminements, ceux de votre vie familiale, professionnelle, culturelle et sociale, vous allez pouvoir vous engager au quotidien, améliorer votre santé, faire des économies, préserver les ressources, et prendre conscience de votre consommation et de vos actions. L'idée ? Tendre vers un quotidien zéro déchet, zéro gaspillage, être en accord avec vos valeurs et participer à des actions concrètes pour faire évoluer la société en même temps que vous !

Et parce que l'avenir réside aussi dans la coopération, j'ai voulu faire de cet ouvrage un lieu de parole ouvert à des acteurs du changement qui m'ont grandement inspirée dans ma démarche, chacun dans leur domaine de prédilection. En espérant qu'à nous tous, nous vous donnerons les clés pour agir durablement, et l'envie de vous y atteler !

Julie B.

Les chiffres donnés dans cet ouvrage ont tous été sourcés à date du 31/12/2018, sauf mention contraire.

SOMMAIRE

LA PLANÈTE et nos déchets

Le constat !

ÉTAT DES LIEUX

NOTRE PLANÈTE

Réchauffement climatique, acidification de l'océan, extinction des espèces... : notre planète est en danger !

LA FONTE DES GLACIERS

28 à 98 cm

d'eau en plus dans les océans d'ici 2100

Le niveau des océans augmente, mais nous constatons une baisse des ressources en eau douce.

Source : 5e rapport du GIEC, 2014

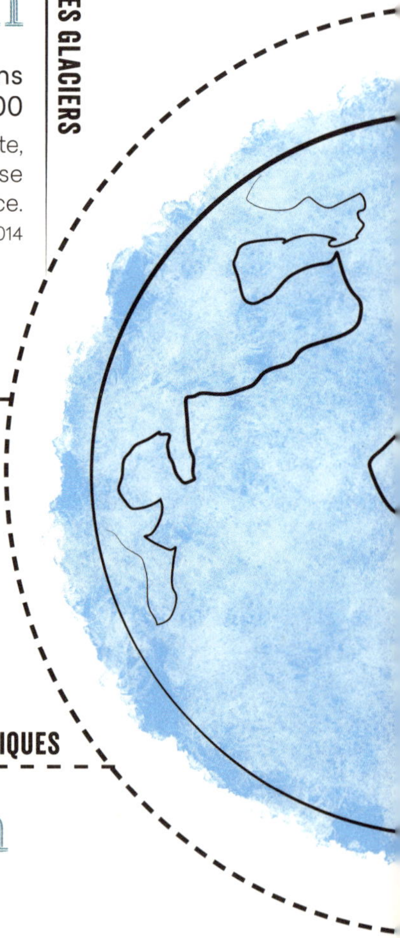

CONSTAT

LE RÉCHAUFFEMENT CLIMATIQUE

+1,2 degré

depuis 1900.

Il a fallu 10 000 ans de déglaciation pour gagner 5 °C. Si nous ne faisons rien, nous allons reproduire « l'exploit » en seulement 100 ans.

Source : rapport publié par Nature Geoscience

LES MIGRATIONS CLIMATIQUES

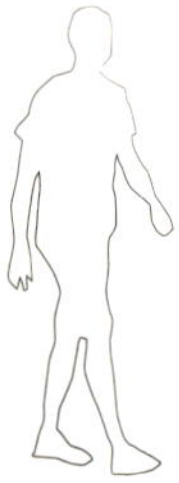

143 millions à 1 milliard

de migrants climatiques dans le monde d'ici 2050.

Sources : Banque mondiale/ONU

LA FONTE DU PERMAFROST

+1800 milliards de tonnes

de carbone seront libérées dans l'atmosphère si les sols gelés de l'Arctique continuent de fondre.

Source : étude du Permafrost Carbon Network

LA DÉFORESTATION MONDIALE

80 %

de la déforestation est liée à l'agriculture

Source : programme des Nations Unies pour l'agriculture et l'alimentation (FAO)

l'équivalent de **1 terrain de foot** est déforesté chaque seconde.

Source : Global Forest Watch - 2017

LES ÉCOSYSTÈMES MENACÉS

+ de 60 %

des vertébrés ont disparu en 40 ans.

Source : rapport Planète vivante du WWF

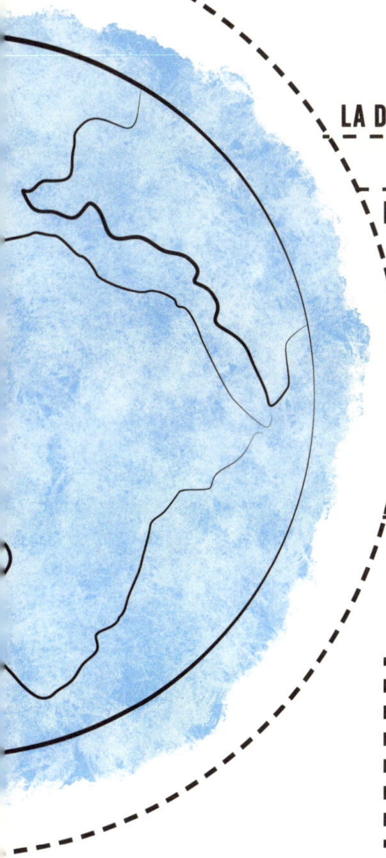

LE PLASTIQUE

5 « continents » de plastique.

L'un d'eux, situé dans le nord de l'océan Pacifique, mesure 6 fois la France.

Source : Scientific Reports/ *nature.com*, 2017

20 milliards de tonnes

de plastique chaque année sont rejetées dans les océans.

Source : PNUE (Programme des Nations Unies pour l'environnement)/consoGlobe

1,5 million

d'animaux marins en meurent chaque année.

En 2050, les mers et les océans abriteront plus de plastique que de poissons si rien ne change.

Source : rapport de la fondation Ellen MacArthur, janvier 2016

ÉTAT DES LIEUX

NOS DÉCHETS ET L'ÉPUISEMENT DE NOS RESSOURCES

Il est parfois difficile de saisir le lien entre le volume de nos déchets et le tarissement des ressources. En réalité, l'équation est simple : l'augmentation des déchets traduit un accroissement des productions et donc des ressources utilisées. En parallèle, les ressources planétaires ne croissent pas. Au contraire, elles s'épuisent parce que nous les surexploitons sans prendre en compte leur capacité à se reconstituer, leur quantité limitée ou même leur rareté.

LE « SAC À DOS ÉCOLOGIQUE »

On ne connaît pas, en général, la quantité de ressources nécessaires (en kg) à la fabrication de nos objets du quotidien ! Ces déchets cachés issus de la production, l'acheminement, l'utilisation et l'élimination des objets sont appelés « déchets gris » ou « sac à dos écologique ».

Ces déchets non visibles sont d'autant plus importants que les ressources utilisées sont rares et précieuses, car leur exploitation nécessite déforestation et extraction. Ainsi, pour une brosse à dents classique, on compte le prélèvement du pétrole, sa transformation en plastique, la fabrication de la brosse, son acheminement… avant même qu'elle n'ait servi pour la première fois. Alors qu'elle ne pèse que quelques grammes, son sac à dos écologique est de 1,5 kg !

CONSTAT

POIDS DES DÉCHETS GRIS POUR CHACUN DE CES OBJETS

1 brosse à dents	**1,5 KG**
1 ordinateur	**1 500 KG**
1 puce électronique de 0,09 g	**20 KG**
1 téléphone portable	**75 KG**
1 jean	**32 KG**
1 alliance de 5 g	**2 TONNES**

Sources : *questionsante.org* et *sibrecsa.fr* (Syndicat intercommunal du Bréda et de la Combe de Savoie)

ZÉRO DÉCHET ALERTE

Il existe un « jour du dépassement ». C'est la date où l'on épuise le stock de ressources que la Terre est en capacité de régénérer chaque année. À partir de cette date, nous sommes en « dette écologique ». Cet indicateur a été créé par l'ONG Global footprint pour mesurer le rythme d'épuisement des ressources. Or, chaque année, ce jour arrive de plus en plus tôt. En 1971, il avait lieu le 29 décembre, en 2018, c'était le 1er août.

LA PARTIE IMMERGÉE DE NOS DÉCHETS MÉNAGERS

(par personne/par an)

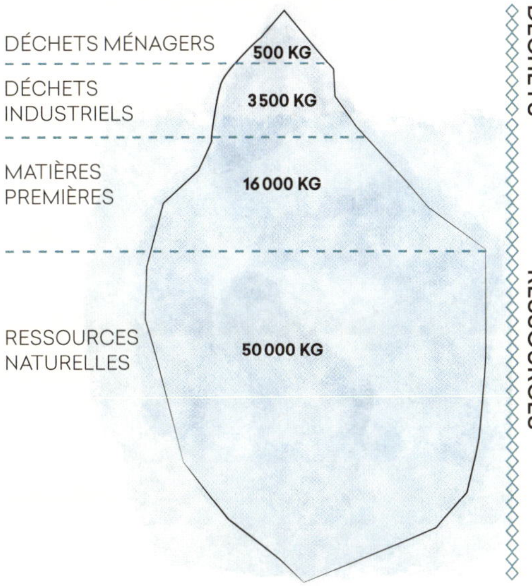

Au total, pour 500 kg de déchets ménagers produits (par personne et par an), ce sont en moyenne près de 3 500 kg de déchets industriels qui ont été générés et près de 70 tonnes de ressources utilisées. Un constat qui nous permet de mieux mettre en perspective l'impact de notre consommation individuelle !
En fait, si toute l'humanité vivait comme nous, les Français, il nous faudrait pas moins de 3 planètes pour subvenir à nos besoins.
Le problème, c'est que nous n'en avons qu'une !

COMBIEN DE PLANÈTES TERRE FAUDRAIT-IL SI LA POPULATION MONDIALE VIVAIT COMME LES HABITANTS DE...

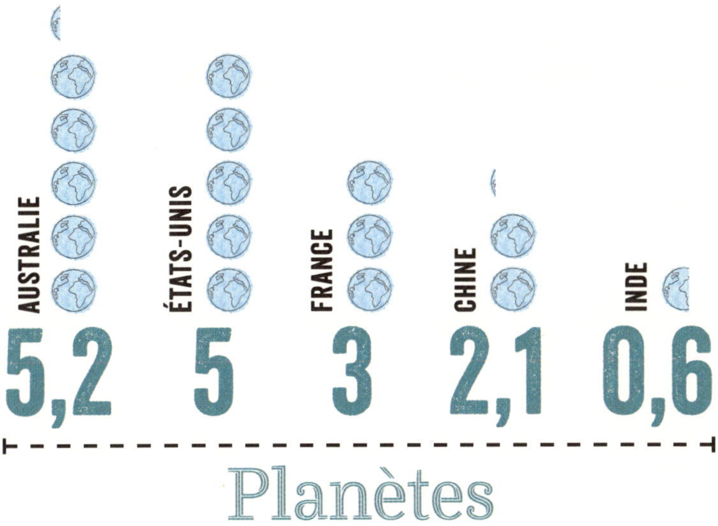

Source : global footprint network - 2018

GÉRER NOS DÉCHETS
AU QUOTIDIEN

Coûts exorbitants et impact environnemental néfaste sur les sols, l'air et l'eau : la gestion de nos déchets est loin d'être optimale.

EN FRANCE, LA GESTION DES DÉCHETS, C'EST :

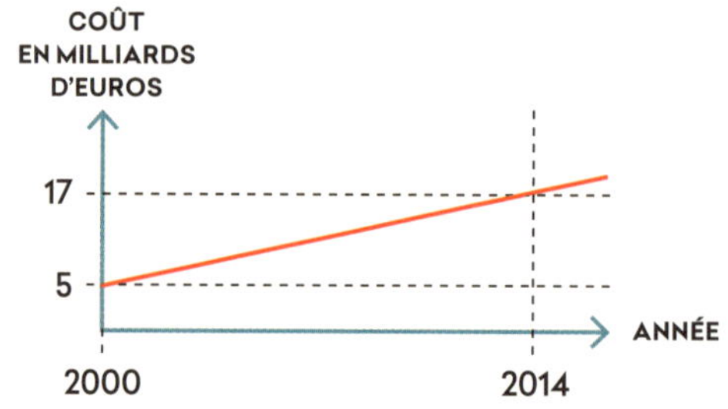

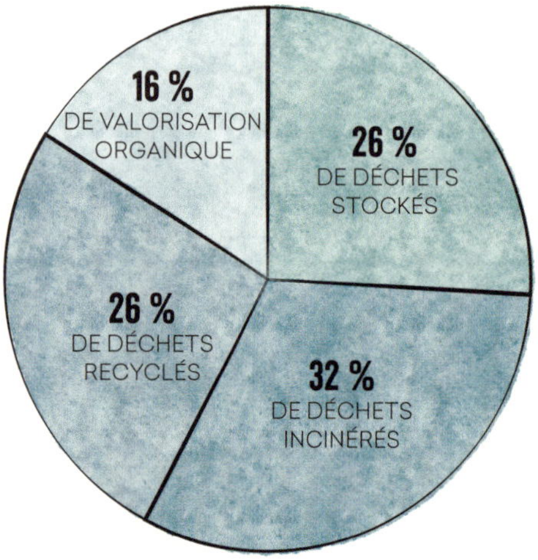

Sources : ADEME et Zero Waste France

230
décharges

Émissions de méthane

Pollution des sols, de l'air, des eaux souterraines et de surface

Impact environnemental des sites sur plusieurs siècles

+

126
incinérateurs

DERRIÈRE LES PORTES D'UN INCINÉRATEUR

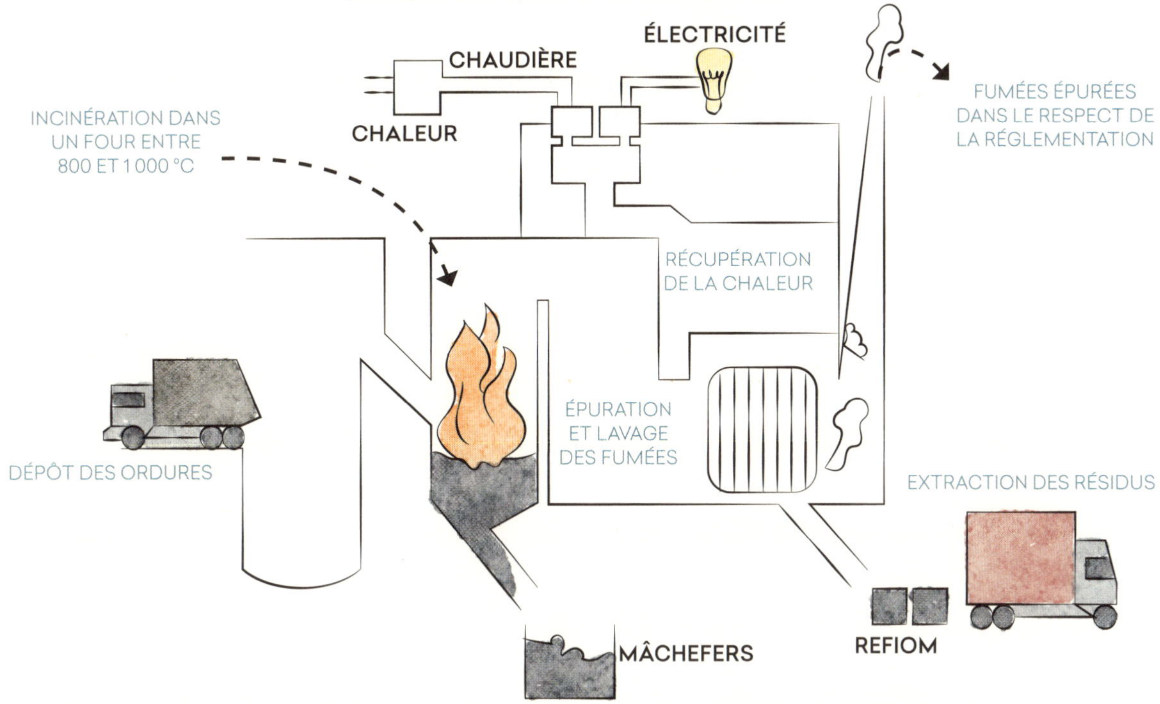

Le mâchefer (résidus solides issus des cendres des incinérateurs) et surtout le **REFIOM** (résidus d'épuration des fumées d'incinération des ordures ménagères) sont toxiques. Leur élimination est encadrée par la directive européenne 2000/76/CE, le code de l'environnement et divers arrêtés ministériels. Une partie du mâchefer est recyclée dans la construction des routes, le reste finit dans des « installations de stockage de déchets non dangereux » (c'est-à-dire à l'enfouissement).
Le REFIOM quant à lui est entreposé dans des « installations de stockage de déchets dangereux ». Malgré toutes les précautions prises, cette concentration de polluants présente un risque pour les nappes phréatiques et la vie des sols.

Source : ADEME

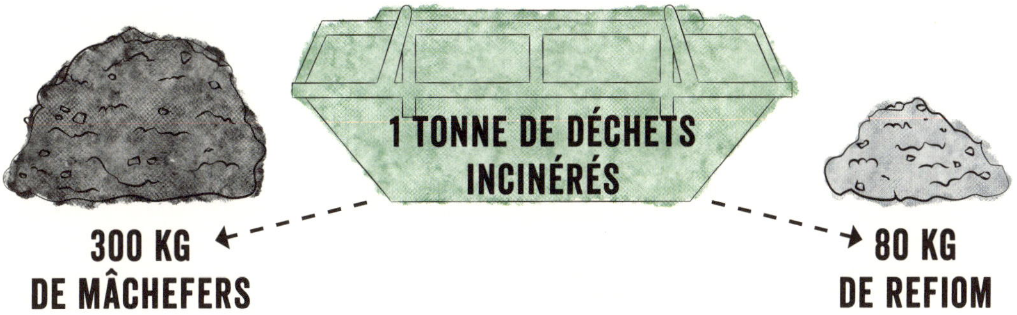

QU'EST-CE QUI SE CACHE DANS NOTRE POUBELLE ?

En moyenne, **chaque Français produit 590 kg de déchets par an** *dont 365 kg partent dans nos poubelles et conteneurs de tri, et 225 kg terminent en déchetterie.*

C'est 2 fois plus qu'il y a 40 ans.

Source : ADEME

AUTOPSIE D'UNE PETITE CACHOTIÈRE

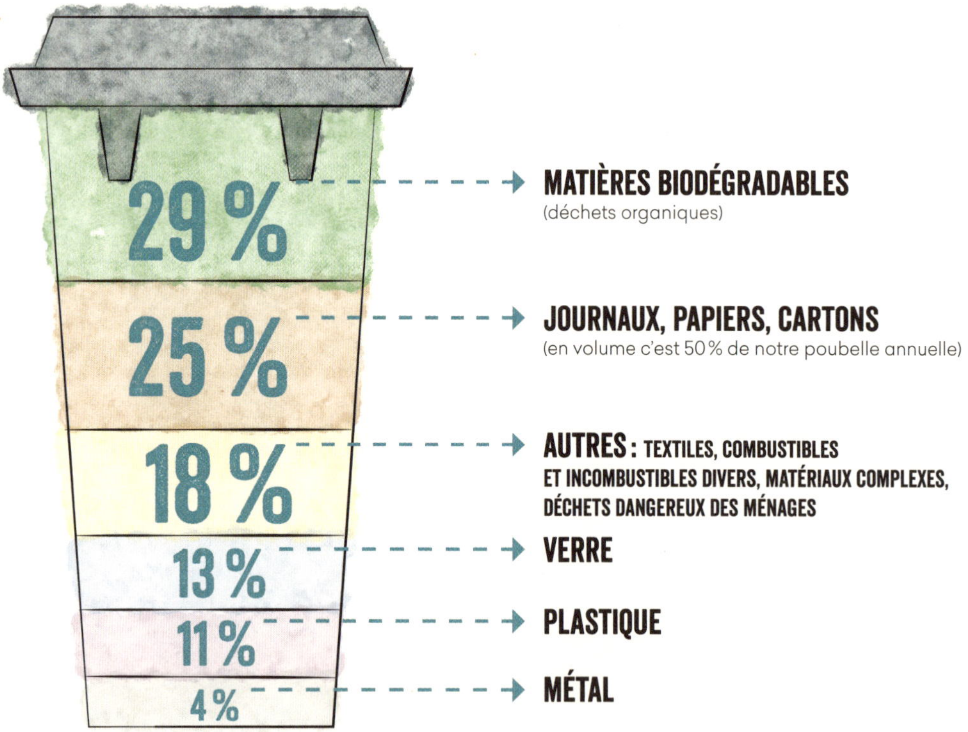

Source : Zero Waste France

Cela signifie qu'en supprimant les emballages et en valorisant nos déchets organiques, **on peut facilement réduire le volume de notre poubelle de plus de 60 % !**

QUELLES POUBELLES POUR QUELS DÉCHETS ?

POUBELLE « TOUT VENANT » POUR LES PRODUITS NON-RECYCLABLES

- Verre cassé
- Déodorants à bille
- Papier sulfurisé, papier cuisson
- Aluminium trop fin (des tablettes de chocolat, papier alu)
- Gobelets à café, car entourés d'un film thermoprotecteur
- Blister, plastique fin
- Déchets de moins de 7 cm (taille de la paume d'une main)

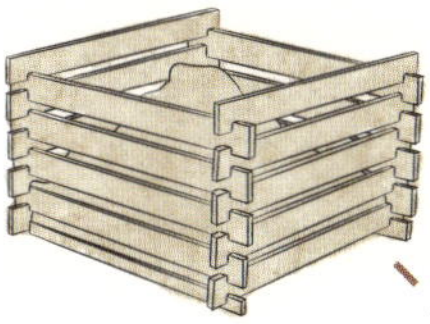

POUBELLE RECYCLABLES (HORS VERRE)

- Plastiques : seuls les plastiques type PET ou PEHD se recyclent : bouteilles, flacons (shampoing, gel douche...).
- Métaux : canettes, aérosols vides (laques, déodorants), conserves.
- Papiers

POUBELLE VERRE

- Le verre se recycle à 100 % et à l'infini.

BAC À COMPOST

- Déchets organiques/déchets verts, barquettes en bois (sans les agrafes)...

NB : Les couleurs de ces poubelles peuvent être variables selon les communautés d'agglomérations. Si vous avez un doute, contactez votre syndicat de tri (syndicat mixte).

AUTRES DESTINATIONS

- **Appareils qui fonctionnent à piles ou à batterie et leurs câbles :** à déposer en déchetterie, en recyclerie ou chez les distributeurs. Trouvez le point de collecte adapté le plus proche de chez vous sur *eco-systemes.fr/particulier/se-debarasser-d-un-appareil/recycler*
- **Piles, ampoules, capsules de café :** à rendre aux distributeurs.
- **Huile de vidange, produits ménagers nocifs, gravats, solvants :** à porter en déchetterie.
- **Vêtements, tissus (même abîmés, troués, tâchés) :** à déposer en point relais.
- **Meubles :** à porter en ressourceries, à donner (voir p. 30-31), à déposer en déchetterie.
- **Appareils de réfrigération et de congélation :** à remettre aux distributeurs ou à déposer en déchetterie. **Attention**, ne les laissez jamais aux encombrants. Ils doivent être correctement gérés, car ils contiennent des gaz réfrigérants hautement polluants dont les dommages sur la couche d'ozone sont importants.

5 CONSEILS POUR SE RETROUVER DANS LE TRI SÉLECTIF

Le recyclage n'est pas la solution idéale. Néanmoins, le tri sélectif permet de réutiliser la matière déjà produite et d'éviter de gaspiller de nouvelles ressources. Oui, mais chaque type d'objet a son tri spécifique et les erreurs sont faciles. Voici quelques conseils pour vous y retrouver !

1 TOUS LES PAPIERS NE SE RECYCLENT PAS

Eh non ! Les papiers dits « travaillés » ne se recyclent pas : papier calque, photo, tickets de caisse... De même, les papiers et cartons souillés de graisse ou les sachets kraft de la boulangerie.

2 CE N'EST PAS LA TAILLE QUI COMPTE ?

Dans ce cas, si ! La plupart des déchets dont la taille est inférieure à la paume d'une main ne sont pas recyclables. Évitez de déchirer vos feuilles en mille morceaux !

3 LAISSER LES DÉCHETS EN PAIX

Papiers froissés ou déchirés et bouteilles compressées sont plus difficilement recyclés ! Laissez-les donc entiers dans votre poubelle.

4 SE RENSEIGNER SUR LA POLITIQUE LOCALE EN MATIÈRE DE TRI

La gestion des déchets n'est pas la même partout, elle est gérée par les communautés d'agglomérations. D'une ville à une autre, les consignes de tri peuvent varier.

Dans le doute, consultez :

- le site *consignedetri.fr*
- l'application Guide Du Tri

5 VIVE LES ANTISÈCHES !

À la maison ou au bureau, indiquez ce qui peut être mis dans chaque poubelle de manière précise. Plus de doute, du temps gagné et des erreurs de tri évitées.

QUE SE PASSE-T-IL SI UN DÉCHET EST MIS DANS LA MAUVAISE POUBELLE ?

Les erreurs compliquent le travail du centre de tri et coûtent cher à la collectivité ! Dans les centres de tri, les déchets non recyclables doivent être isolés, puis acheminés vers l'usine d'incinération ou d'enfouissement. Ces manipulations et transports additionnels ont un coût et un impact environnemental et énergétique. Par ailleurs, si les erreurs sont trop nombreuses, il peut arriver qu'un bac entier n'aille pas au recyclage, mais à l'incinérateur.

CES DÉCHETS QUE L'ON NE SAIT JAMAIS OÙ METTRE

LES BOUCHONS DE LIÈGE

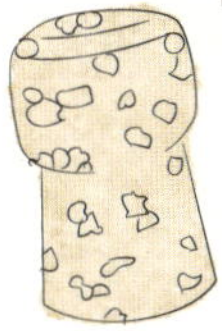

Bien qu'ils soient exclus des bacs de recyclage, les bouchons de liège sont 100 % recyclables ! Il est dommage de les jeter alors qu'ils continuent à capter le CO_2 dans l'atmosphère pendant toute leur durée de vie. Collectez-les dans une caisse au sec, puis déposez-les dans un point de collecte, chez votre fournisseur de vin par exemple.
Et s'il ne propose pas encore de collecte, ne baissez pas les bras, proposez-lui de le faire !

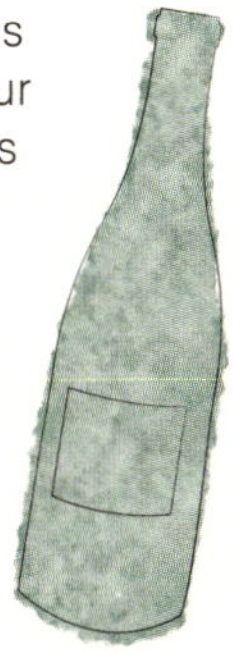

LES CAPSULES

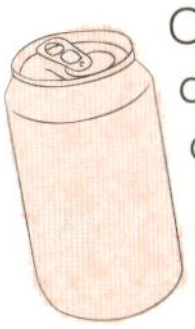

Chaque année, en France, **4,7 milliards** de canettes sont vidées et autant de capsules métalliques de bouteilles sont jetées ! Les capsules sont trop petites et trop légères pour être recyclées seules, collectez-les dans une canette, puis jetez-la dans le bac de tri destiné au métal.

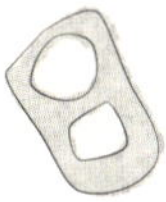

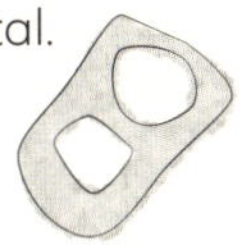

LES MÉGOTS DE CIGARETTE

Toxiques et non biodégradables, les mégots sont pourtant valorisés lorsqu'ils atteignent des filières de tri spécifiques ! Des associations comme GreenMinded, MéGomNet ou MéGo proposent des solutions de collecte, de dépollution et de recyclage. Une idée qu'on aimerait voir fleurir dans les entreprises !

LES BOUCHONS ET COUVERCLES

• Bouchons des bouteilles plastiques : mettez-les avec les bouteilles, ils seront recyclés. Des associations les collectent aussi dans des points spécifiques, notamment dans les supermarchés, magasins bio, etc.

• Couvercles métalliques des pots en verre : ôtez-les et déposez-les dans le bac de tri pour le métal. Mieux encore ! Gardez vos pots en verre pour les réutiliser ou les donner à votre entourage qui se lance dans le Zéro déchet !

• Opercules métalliques (des yaourts ou caches des condiments comme la moutarde…) : bien qu'elles soient en aluminium, elles sont trop fines pour être recyclées. Mettez-les aux ordures ménagères (même chose pour le papier aluminium).

ZÉRO DÉCHET ASTUCES

À priori, les petits papiers (inférieurs à la paume d'une main) ne sont pas collectés. Pour maximiser leurs chances d'être recyclés, mettez-les dans un contenant papier ou carton un peu plus grand (boîte de céréales, enveloppe…). Idem pour les capsules en métal à mettre dans une canette.

5 « R »
POUR UNE VIE ZÉRO DÉCHET

Je vois déjà les sceptiques tressaillir à cette idée : « Zéro déchet, c'est impossible, elle se moque de nous ». Ils ont raison. Le concept Zéro déchet a vraiment mal choisi son nom. Il est réducteur et effrayant : réducteur parce qu'il ne s'agit pas seulement de ne produire aucun déchet, et effrayant, car nous savons bien qu'il est impossible d'en arriver là. En revanche, il est facile de les réduire drastiquement ! De quelle façon ? En commençant par suivre les 5 piliers du Zéro déchet.

REFUSER

ce dont nous n'avons pas besoin, les objets jetables et/ou nocifs pour l'environnement et notre santé, mais aussi refuser un modèle de société qui s'essouffle au prix d'une justice sociale et climatique largement négligée.

RÉDUIRE

notre (sur)consommation quotidienne, afin de nous détacher du besoin toujours croissant d'acquisitions matérielles, de limiter notre pression sur les ressources et de nous concentrer sur l'être et non l'avoir, pour trouver l'épanouissement, en harmonie avec nos valeurs.

RÉUTILISER

nos objets, afin d'allonger leur cycle de vie pour leur éviter incinération ou enfouissement, mais aussi pour endiguer la production de nouveaux produits et ainsi la pression sur les ressources.

RECYCLER

ce que l'on ne peut ni refuser, ni réduire, ni réutiliser et qui n'est pas compostable (voir 5e pilier), afin d'inscrire notre consommation dans une économie circulaire où, à l'image des écosystèmes, il n'existe plus de déchets.

RENDRE À LA TERRE

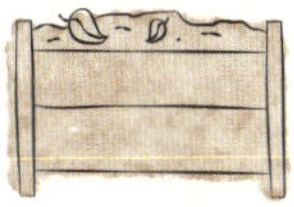

ce qu'elle nous donne gracieusement en puisant dans ses ressources et ses nutriments pour assurer notre alimentation, notre survie. Rendre à la terre, c'est aussi soutenir la vie des sols, afin d'en ralentir l'érosion et encourager des productions plus nutritives et respectueuses des écosystèmes.

ET LES 2 « R » EN BONUS...

RATIONALISER

Dépassez le simple refus du déchet plastique non recyclable. Le Zéro déchet est une démarche collective qui concerne nos modes de vie, de société et de consommation dans leur ensemble. Prenez du recul pour donner plus de cohérence à vos actions et rationnaliser vos choix.

REVENDIQUER

Soyez fier de vous engager et parlez-en autour de vous ! Non pas pour culpabiliser les autres, mais pour inspirer, casser des préjugés, donner envie à votre entourage de le faire également.

REFUSER

Avoir une démarche Zéro déchet, c'est d'abord ne pas accepter tout ce qui est contraire à nos valeurs, dans le domaine de la consommation et de la production, mais aussi refuser un modèle de société qui encourage la surconsommation.

REFUSER, C'EST...

PENSER AU-DELÀ DU MATÉRIEL

C'est refuser de se plier à un mode de vie, de consommation et à un modèle de société en désaccord avec nos valeurs, non en cassant les vitres des chaînes de fast-food, mais en décidant de s'en émanciper.

REMETTRE EN QUESTION

Comment ? En prenant conscience de la toxicité de la publicité, de notre dépendance énergétique et industrielle. En allant vers une vie plus autosuffisante et en apprenant à faire les choses par nous-même.

DÉSENCOMBRER

Notre intérieur se nourrit d'objets qui encombrent, demandent du temps et de l'entretien ! Le Zéro déchet est avant tout une réduction à la source. Et la source, c'est nous. Il ne tient qu'à nous d'endiguer notre production de déchets, en refusant ce dont nous n'avons pas besoin.

NE PAS ÊTRE DÉSOBLIGEANT

Dire « non » peut être mal perçu par l'entourage, notamment s'il ne partage pas nos convictions ou ne s'est jamais posé les mêmes questions : chacun son rythme. Lorsque vous refusez quelque chose, pour ne pas décevoir, prenez le temps de vous justifier calmement et de proposer une alternative en accord avec vos valeurs.

Mise en situation :

1. On va faire du shopping ?

Réponse :

« J'essaie de réduire ma consommation pour limiter mon impact sur l'environnement. Si ça te dit, on pourrait plutôt prendre le temps de parler en allant faire une balade, jouer aux cartes ou à un jeu de société. »

2. On va offrir à ton fils la nouvelle console !

Réponse :

« Il a tout ce qu'il lui faut et je préférerais l'éloigner autant que possible des écrans. Si vous voulez lui faire un cadeau, on aimerait mettre un peu de côté pour ses études : ça vous irait d'y participer ? Sinon, que diriez-vous de l'emmener voir une exposition, ou au parc d'attractions, ou de participer à l'inscription de ses activités sportives ou artistiques ? »

« Le meilleur déchet est celui que l'on ne produit pas. »

Refuser, certes, mais refuser quoi ? Et bien, tout simplement ce dont nous n'avons pas besoin, ces petits déchets qui entrent dans notre quotidien sans que nous en ayons vraiment conscience, que nous acceptons par habitude et non par réelle utilité.

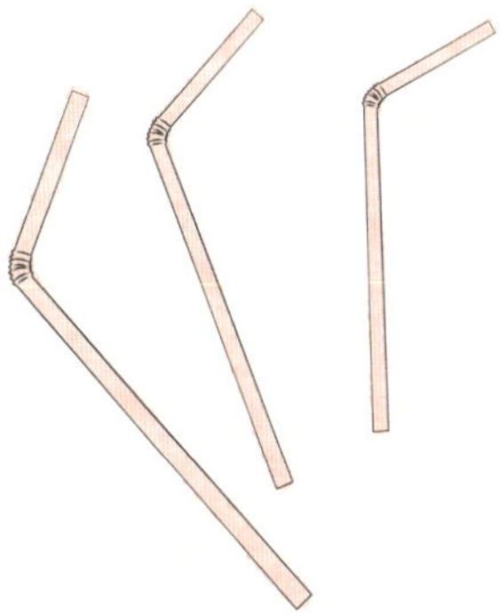

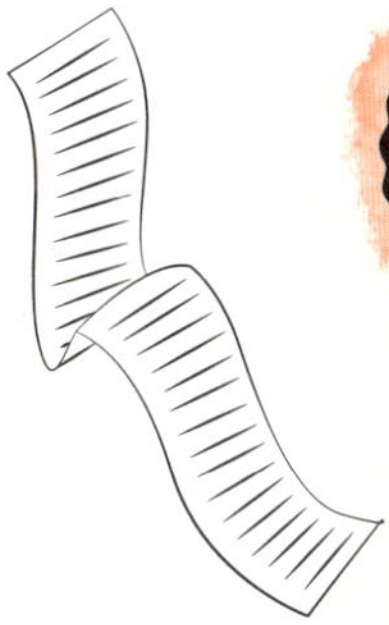

- Échantillons gratuits
- Flyers et autres publicités
- Cartes de fidélité
- Serviettes en papier et pailles
- Biscuits et chocolats emballés individuellement, servis avec le café
- Sachets kraft chez le boulanger
- Sacs plastiques divers
- Tickets de caisse
- Emballages non nécessaires (paquet de riz, de céréales...)
- Objets jetables (couverts, gobelets, vaisselle, produits d'hygiène féminine, lingettes...)
- Produits non conformes à nos valeurs – de mauvaise qualité, ne respectant pas notre éthique, notre santé et/ou l'environnement.

RÉDUIRE

Consommer moins, posséder moins, c'est diminuer notre besoin de richesses et in fine *notre impact sur l'environnement. C'est ralentir la pression que chacun met sur les ressources et renouer avec ses véritables besoins pour mieux vivre. Oh, accessoirement, ça fait aussi faire de nombreuses économies et ça, ça fait toujours du bien !*

RÉDUIRE

RÉDUIRE, C'EST...

ALLER À SON RYTHME

On n'est pas tous prêts à vivre avec trois bricoles et à dormir sur un tatami. Commencez par donner quelques objets, puis allez à votre rythme en essayant de vous satisfaire de toujours moins. Le minimalisme n'est pas une fin en soi, l'important est d'avoir une réflexion sur ses habitudes et ses motivations à l'achat. Essayez de trouver le bonheur dans les expériences, les moments de partage et d'apprentissage et non dans l'accumulation des biens.

RESTER POSITIF

Si vous vivez le minimalisme comme une privation, cela vous fera l'effet d'un régime. Vous allez tenir un temps et un beau jour, craquage total ! Voyez les choses autrement : moins d'acquisitions, c'est moins de ménage, moins de temps à chercher les objets, à choisir ses vêtements, bref, une vie plus simple.

ÉVITER LA COMPARAISON

Il convient à chacun de trouver le minimalisme qui lui correspond pour mener une vie confortable et épanouissante.
Ce n'est pas une compétition.

ÊTRE TOLÉRANT

Au lieu de vous interdire tout achat, trouvez des alternatives pour répondre à vos besoins ponctuels : location, prêt, achats de seconde main... Et si un jour vous achetez un objet neuf qui ne correspond pas à vos valeurs, profitez-en malgré tout et apprenez de cette expérience que le matériel n'apporte qu'une satisfaction éphémère. La seule chose capable de vous rendre heureux, c'est vous-même.

FUIR LA PUBLICITÉ

Le noyau dur de la consommation, c'est la publicité. Vous n'emmèneriez pas un ancien alcoolique dans un atelier de dégustation de rhum, si ? Si vous avez l'habitude de craquer pour des achats compulsifs et que vous êtes sensible à la publicité, détournez-vous-en. Coupez le son de la télé pendant les spots publicitaires, occupez-vous d'une autre manière, concentrez-vous sur un livre dans le métro, regardez le paysage dans la rue... Peu à peu, vous ne ferez plus attention aux vitrines !

**VOUS ÊTES SUR LE POINT D'ACHETER UN OBJET ?
POSEZ-VOUS LES BONNES QUESTIONS !**

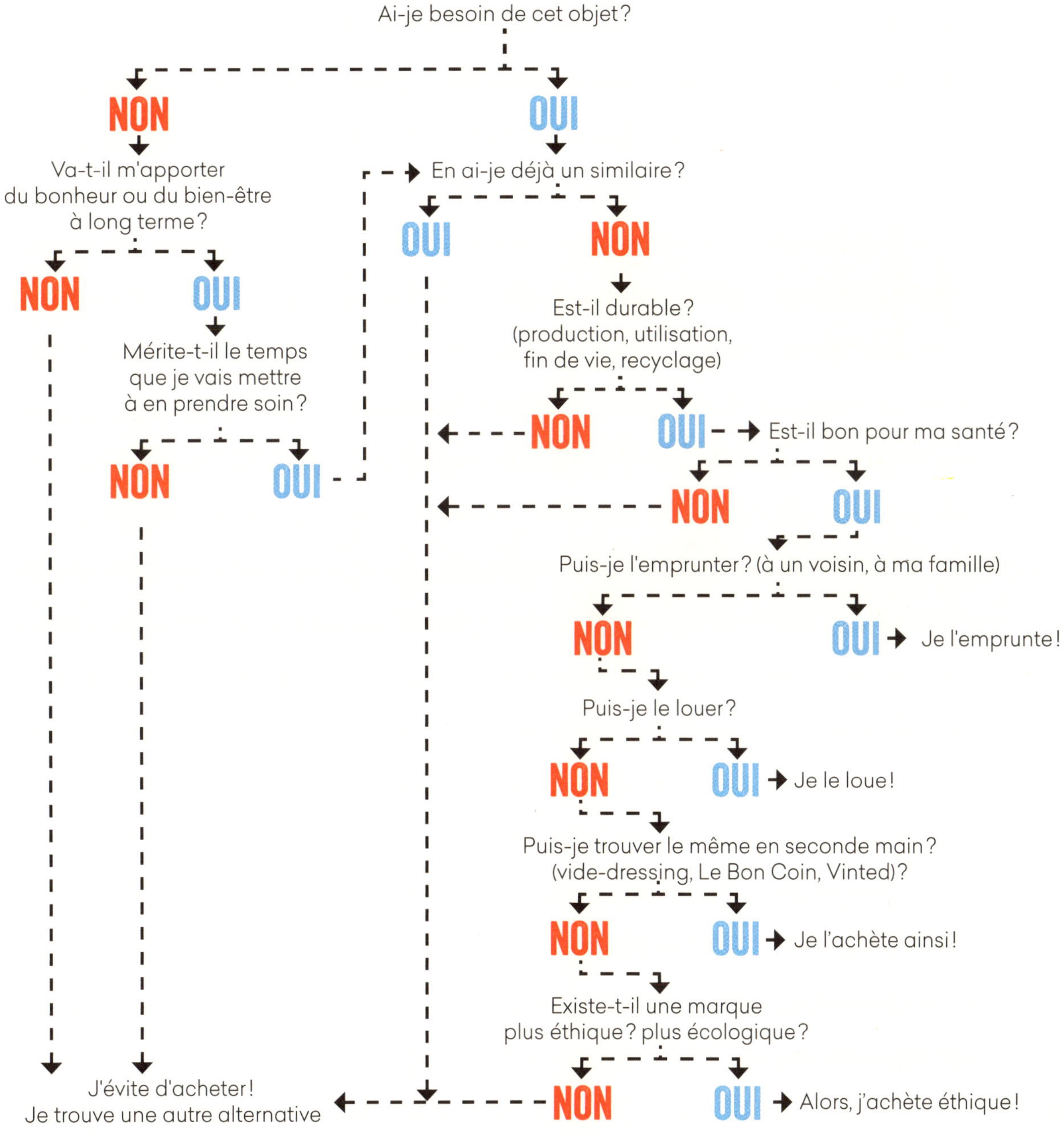

RÉUTILISER

Réutiliser, réparer, donner : il s'agit ici d'allonger le cycle de vie de nos produits, pour retarder leur recyclage ou leur statut de déchet. S'attacher à réutiliser les objets du quotidien, c'est aussi la meilleure façon d'éviter les produits jetables (couverts, vaisselle, sachets de fruits et légumes, cotons démaquillants, etc.). C'est enfin trouver une nouvelle utilisation à un objet dont on n'a plus l'utilité, parfois en le transformant. Pas d'idées ? Rendez-vous sur DIY.fr

C'EST RÉPARER,

TOUT SEUL…, MAIS AVEC UN PEU D'AIDE

- **Étape 1:** Aidez-vous de forums pour diagnostiquer votre panne (*commentreparer.com, spareka.fr…*)
- **Étape 2:** commandez vos pièces détachées pour réparation (*spareka.fr*)
- **Étape 3:** réparez, et soyez fier de vous !
- **Étape 4:** faites circuler les connaissances, donnez un coup de main à vos amis et à vos voisins !

ALLER AU REPAIR CAFÉ

C'est de loin ma solution préférée, la plus sociale et pédagogique à mes yeux ! Les repair cafés sont organisés par des bénévoles dans le lieu de leur choix (pas seulement des cafés). L'idée ? Professionnels et bénévoles qualifiés proposent aux citoyens de réparer gratuitement et ensemble leurs objets cassés. Électroménager, vêtements, vélos, meubles, tout y passe, pourvu que ces objets ne finissent pas à la poubelle. L'avantage est double : des objets réparés et une transmission de savoirs précieux (voir p. 214-215 pour lancer un repair café).

DONNER EN RESSOURCERIE

Si vous êtes sur le point de jeter un objet, portez-le dans une ressourcerie, il sera réparé avant d'être revendu à un prix solidaire, ou ses pièces détachées serviront à en réparer d'autres. Les ressourceries proposent aussi parfois des ateliers de réparation ponctuels, renseignez-vous sur le site *ressourcerie.fr*.

CHERCHER DES RÉPARATEURS

Faites appel aux professionnels, artisans, retoucheurs, cordonniers, horlogers, etc. Dans une société du tout jetable, leur savoir-faire est d'or !

RÉUTILISER

C'EST REDONNER,

Pour éviter que vos objets finissent à l'incinérateur ou l'enfouissement, donnez-les à vos amis, à vos voisins, aux associations… Ils pourront trouver une nouvelle famille aimante ou être vraiment utiles à des personnes qui en ont plus besoin.

LIVRES
Recyclivre, Donne.consoglobe, Point-Livres…

VÊTEMENTS
La Fibre du Tri, Le Relais…

ÉLECTROMÉNAGER
Emmaüs, ressourceries, Donne.consoglobe, *toutdonner.com*….

JOUETS
Association Rejoué, Le Petit Marché…

Et pour tous les objets : *donnons.org*, GEEV (application)

ZOOM SUR

L'OBSOLESCENCE PROGRAMMÉE

Elle est la meilleure amie des industriels ! Il s'agit de la « mort prématurée » d'un produit, planifiée dès sa conception, qui oblige les consommateurs à acheter de nouveau. Pire, certains produits sont créés pour être irréparables, parfois indémontables. Les pièces détachées ne sont plus proposées, les prix des réparations exorbitants ou le temps nécessaire pour le faire interminable… tout est conçu pour que nous achetions du neuf !

L'obsolescence peut être technique (panne irréparable), mais aussi psychologique (aussi appelée obsolescence esthétique). Dans le second cas, l'objet devient obsolète aux yeux de son utilisateur, alors que son fonctionnement n'est pas mis en péril. Il en est ainsi des marques de téléphone portable. On note le même processus dans le domaine de la mode vestimentaire dont les nouvelles collections font paraître les anciens modèles décalés ou démodés et à une vitesse record.

Pour limiter vos déchets en amont, évitez tout ce qui est jetable, non recyclable ou de mauvaise qualité. En consommant moins, mais mieux, vous ferez des économies dans la durée.

ZÉRO GASPI INFO

La plus vieille ampoule jamais créée se trouve dans une caserne de pompier de Livermore. Elle éclaire depuis 1901 ! C'est bien la preuve qu'on peut fabriquer des produits durables…

RECYCLER

« Ce n'est pas grave, ça se recycle ! » Combien de fois ai-je entendu cette phrase pour justifier l'utilisation unique d'un objet, la conscience tranquille. Pourtant, le recyclage est bien moins vertueux qu'il n'y paraît ! « Attends, la bobo bio vegan extrémiste va nous dire qu'il faut arrêter de faire le tri, là ? » Bien sûr que non, mais le recyclage doit cesser d'être un prétexte au gâchis !

RECYCLER, C'EST...

Prendre conscience aussi des effets pervers du recyclage : il nous déculpabilise ! Le recyclage n'est pas le roi des solutions durables. Agissons sur la réduction de nos déchets à la source !

35 %

seulement des matières textiles sont réutilisées ou recyclées.

Source : EcoTLC 2016 (éco-organisme du textile, du linge, de la chaussure)

5 %

de nos déchets plastiques globaux sont effectivement recyclés.

Source : *especes-menacees.fr/actualites/plastique-abordage-oceans*

5 continents de plastique

sont en train de voir le jour à la surface du globe.

Source : Alexandra Ter Halle, chercheuse au CNRS et membre de l'expédition 7e continent

74,6 %

seulement du verre est recyclé en France. Aujourd'hui, la collecte et le traitement du verre coûtent souvent plus cher que la fabrication du neuf, ce qui n'encourage pas le recyclage.

Sources : ADEME 2014, *consoGlobe.com/recycler-verre*

200 kg

de déchets arrivent chaque seconde dans les océans.

Source : Surfrider Foundation

26 %

seulement des plastiques sont recyclés en France.

Source : 60 millions de consommateurs, 2018

5 à 10

c'est le nombre de recyclages possibles du carton et du bois. Le recyclage a donc ses limites !

Source : *colourlink.fr/qualité-et-environnement/papier-recycle*

RECYCLER C'EST... BIEN, RÉUTILISER ET RÉDUIRE SES DÉCHETS, C'EST MIEUX !

« Le recyclage est la boucle la moins vertueuse de l'économie circulaire. D'une part, il utilise énormément d'eau et d'énergie. D'autre part, son processus peut altérer les ressources, c'est-à-dire qu'on ne peut pas recycler indéfiniment un certain nombre de produits, car la qualité va se dégrader à chaque cycle de recyclage. »

JULES COIGNART, COFONDATEUR DE CIRCUL'R

L'ÉCONOMIE CIRCULAIRE

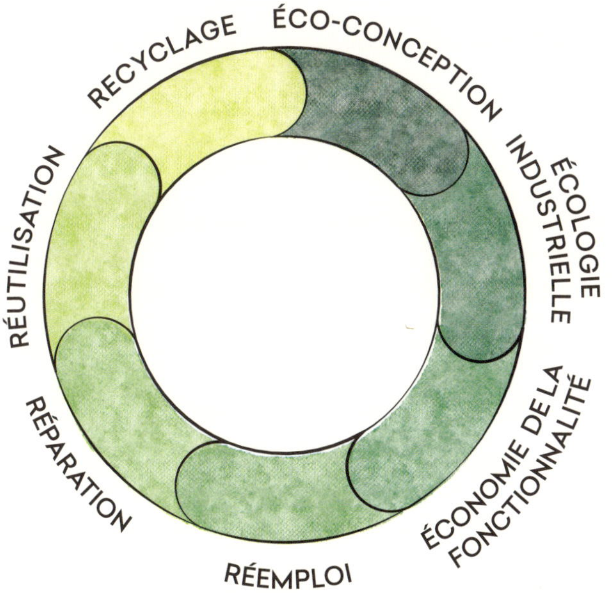

ZÉRO GASPI INFO

Dans la ville de Kamikatsu au Japon, les habitants trient leurs déchets en 34 catégories différentes pour maximiser le recyclage. Une ville exemplaire du Zero Waste !

« L'économie circulaire, c'est s'inspirer de la nature pour penser l'économie comme un écosystème, faire en sorte que toutes les ressources soient utilisées de manière intelligente et qu'on arrive à une production nulle de déchets. Après tout, il n'y a pas de déchets dans la nature. »

JULES COIGNART, COFONDATEUR DE CIRCUL'R

RENDRE À LA TERRE

Les déchets organiques constituent 1/3 de notre poubelle, soit environ 100 kilos par personne et par an. Mis à la poubelle ménagère, ils terminent enfouis ou incinérés. Un vaste gâchis pour ces ressources majoritairement composées d'eau et de nutriments. Oui, oui, on brûle de l'eau et de la matière utile au renouvellement des sols. C'est dommage, non ? Heureusement, il existe une meilleure alternative : le compostage.

RENDRE À LA TERRE, C'EST...

Laisser tout simplement les déchets organiques (végétaux) être dévorés par des micro-organismes qui se chargent de leur décomposition ! Eux, en retour, produisent bien aimablement une matière pleine de nutriments essentielle à la fertilité des sols. Il existe plusieurs solutions pour composter en jardin ET en appartement (voir p. 72-73).

AUSSI COMPOSTER...

- Rendre à la terre ses nutriments, afin d'entretenir la vie des sols.
- Réduire les déchets incinérés ou mis en décharge et leur impact néfaste (voir p. 18-19).
- Produire un engrais de qualité, pour éviter l'utilisation d'engrais chimiques qui favorisent l'érosion des sols et leur stérilisation.

ZÉRO GASPI INFO

80 % **des vers de terre ont disparu des sols cultivés en France.** Source : INRA

25 % **des sols sont victimes d'érosion, du fait de la disparition des micro-organismes et des vers de terre.** Source : INRA

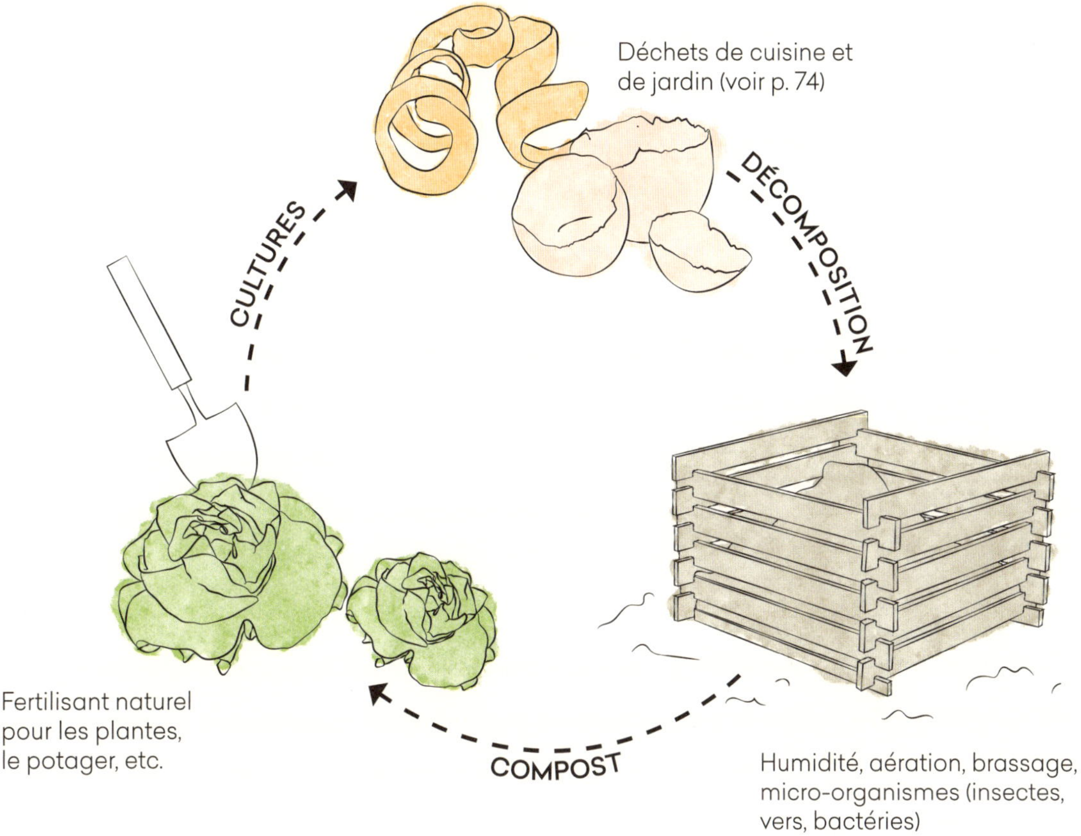

ZOOM SUR

LES VERS DE TERRE, DES OUVRIERS INESTIMABLES

En creusant continuellement des galeries, ils font remonter à la surface ou dans les couches moins profondes du sol des argiles et des minéraux, qu'ils mélangent à la matière organique par leurs déjections. **Ils sont à l'origine de la fertilité naturelle des sols. Ils permettent d'en assurer le rajeunissement continu et d'éviter l'érosion !** Il est donc important de les protéger, en arrêtant l'utilisation des intrants chimiques dans l'agriculture (voir p. 73 et p. 75 pour la fabrication d'un lombricomposteur).

REVENDIQUER

Soyez fier de vous engager et parlez-en autour de vous. Attention, il ne s'agit pas de donner des leçons. Restez ouverts à la discussion et exprimez-vous avec bienveillance. N'attendez pas des autres que votre déclic soit le leur. Dans cette transition, chacun doit aller à son rythme. Pointer les erreurs de quelqu'un ne l'a jamais encouragé à agir.

INVITÉ

AXEL LATTUADA

de

ET TOUT LE MONDE s'en fout

(YOUTUBE)

«Quand t'enlèves tes œillères et que tu commences à prendre conscience de la réalité pré-apocalyptique du monde qui t'entoure, ton cerveau te balance bien souvent une émotion qu'on a tendance à ne pas comprendre: la colère.

Parce que se rendre compte qu'on balance l'équivalent d'un camion-benne de plastique toutes les minutes dans les océans, quand t'es un minimum empathique (ce qui doit être le cas si tu es un être humain), ça fout les glandes. Donc ta première réaction face à l'injustice et la trahison, ça va être de charger dans les lignes ennemies «des gens qui n'ont pas compris» en scandant des grandes phrases teintées de culpabilité. Le problème, c'est que hurler sur les gens pour leur transmettre une information, c'est une super mauvaise idée. Parce que ton cerveau, face à une agression, il te balance des trucs proches de la kétamine et de la morphine pour éviter à ton cœur d'arrêter de battre face à la violence.

On appelle ça la sidération. Et du coup, l'information que tu voulais transmettre et qui aurait pu changer leur vision des choses, elle passe à la trappe. En plus, si tu restes bloqué sur ta colère, ton cerveau sécrète du cortisol, et le cortisol en excès, ça ronge tes neurones. Donc pour te donner une chance de transmettre ton message, explique ton point de vue, ton parcours, raconte l'histoire de ta prise de conscience tout en écoutant celle des autres, et fais passer les gens que tu veux inspirer de "coupables" à "responsables". Parce que l'important est de comprendre que si ce qui arrive n'est pas la faute de tous, elle en est la responsabilité.»

> **« On ne peut pas changer les gens, tu sais. On peut juste leur montrer un chemin, puis leur donner envie de l'emprunter. »**
>
> **LAURENT GOUNELLE,**
> *Les dieux voyagent toujours incognito, Pocket, 2012*

RATIONALISER SES CHOIX

Acheter en vrac, sans emballage, et réduire drastiquement ses déchets, c'est génial, mais ce n'est pas tout. Acheter des tomates en vrac dans un supermarché au mois de décembre est-il vraiment un acte Zéro déchet ? Acheter des avocats bio produits en Argentine est-il vraiment Zéro déchet ? Une démarche cohérente doit passer par la relocalisation des achats, le respect des saisons, la restriction du gaspillage de l'énergie et des déchets.

RATIONALISER

ADOPTER LE MODE DE PENSÉE ZÉRO DÉCHET, C'EST...

ÉTAPE 1
MÉTHODE DE PRODUCTION
Est-ce bio, local, de saison, écoconçu ?

ÉTAPE 2
UTILISATION
Est-ce réutilisable, durable ?

ÉTAPE 3
FIN DE VIE
Est-ce compostable, recyclable ?

DON'T

- Acheter de la viande bio, emballée, et en manger à tous les repas
- Aller visiter un écovillage en avion à l'autre bout du monde
- Acheter des fraises en vrac... au mois de novembre
- Acheter de la nourriture vegan et bio emballée dans des tonnes de plastique

DO

- Réduire notre consommation de produits animaux
- Il existe de superbes initiatives plus proches de chez nous !
- Acheter des produits de saison est indispensable au respect des ressources
- Privilégier le vrac, car le plastique est un fléau... on le retrouve partout dans la nature et les océans !

Le concept Zéro déchet ne concerne pas seulement la gestion de ce que l'on jette, c'est un mode de vie, de pensée et d'action. Il s'agit d'analyser le coût des produits achetés à chaque étape afin de savoir s'ils sont nuisibles pour la santé et pour l'environnement.

25 CHOSES À BANNIR
ET LEUR ALTERNATIVE DURABLE

Plastique, instruments à usage unique, objets nocifs pour la santé, une grande quantité de nos produits quotidiens peuvent être remplacés ou supprimés !

EN CUISINE ET EN PIQUE-NIQUE

DON'T

- ~~Bouteilles en plastique~~
- ~~Assiettes et couverts jetables~~
- ~~Gobelets jetables~~
- ~~Touillettes~~
- ~~Doggy bag~~
- ~~Sacs plastiques et sachets kraft~~
- ~~Nappe en papier~~
- ~~Cellophane~~
- ~~Pailles en plastique ou en carton~~
- ~~Sachets de sucre~~

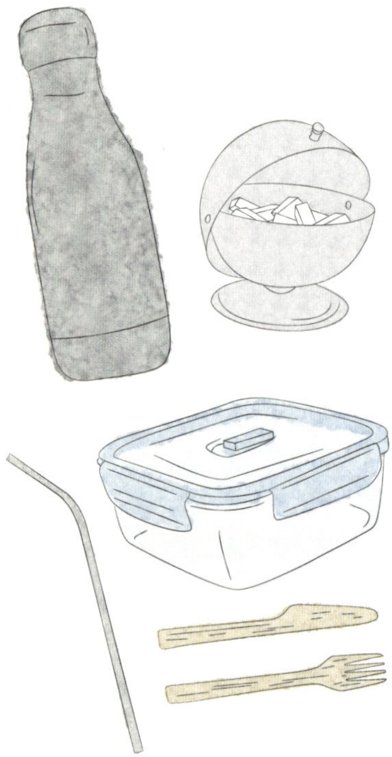

DO

- Gourde (en Inox ou en verre)
- Assiettes en porcelaine, couverts en Inox
- Écocups réutilisables, tasse ou mug en porcelaine
- Cuillères en Inox
- Tupperware® en verre
- Sacs en tissu
- Nappe en tissu
- Tupperware® en verre, couvre-plats, pièces de tissu
- Pailles en Inox ou pas de paille !
- Petite boîte de sucre en vrac

DANS LA SALLE DE BAINS

DON'T

- Cotons-Tiges
- Mouchoirs en papier
- Rasoir jetable
- Mousse à raser
- Brosse à dents
- Tampons et serviettes hygiéniques
- Shampoing en flacon
- Savon liquide en flacon
- Shampoing sec
- Laque

DO

- Oriculi, Clears®
- Pochette et mouchoirs en tissu
- Rasoir de sécurité
- Pain de rasage solide
- Brosse à dents à tête interchangeable ou compostable
- Cup menstruelle, serviettes réutilisables, culottes menstruelles
- Shampoing solide
- Savon solide, savon de Marseille
- Fécule de maïs
- Spray avec eau + sucre (voir p.89)

POUR LE MÉNAGE

DON'T

- Adoucissant
- Éponges
- Essuie-tout jetable
- Désodorisant en spray

DO

- Vinaigre blanc
- Lufa, tawashi, brosse à vaisselle
- Essuie-tout réutilisable
- Allumettes

NOTRE CUISINE zéro déchet

Alimentation et agriculture

ÉTAT DES LIEUX

NOTRE ALIMENTATION

Le gaspillage alimentaire est l'un des fléaux majeurs de notre époque, tant les enjeux démographiques et humanitaires qui lui sont liés sont importants. Il représenterait une valeur gaspillée de 750 000 milliards de dollars par an.

1,3 milliard de tonnes
de nourriture gaspillée chaque année.
Source : FAO

soit

1/3 de l'ensemble de la production mondiale.
Source : FAO, étude « Save food »

LE GASPILLAGE DE L'EAU POUR LES CULTURES ET L'ÉLEVAGE

CONSTAT

70 %
de l'eau utilisée sur la planète l'est par l'agriculture.
Source : FAO

En France, c'est aussi

70 %

1 steak (100 g)
=
1 500 litres d'eau
Source : L214

LE GASPILLAGE DES ALIMENTS DANS LE MONDE

1/3 des aliments gaspillés le sont par les consommateurs.
Source : FAO, étude « Save food »

dont **+ de 45 %** de fruits et légumes.
Source : FAO

+ de 41 200 kg de nourriture jetée chaque seconde.
Source : FAO

ET CEPENDANT…

+ de 800 millions de personnes souffrent de la faim.
Source : rapport conjoint de la FAO, du Fida et du PAM

LE GASPILLAGE DES ALIMENTS EN FRANCE

10 millions de tonnes d'aliments consommables sont jetés chaque année par toute la chaîne alimentaire, producteurs, distributeurs et consommateurs.
Source : ADEME

soit **32 kg** par an et par habitant.
Sources : ADEME et rapport Garrot

dont **7 kg** d'aliments encore emballés.
Sources : ADEME « Ça suffit le gâchis » et rapport Garrot

12 à 20 milliards d'euros par an c'est le coût du gaspillage alimentaire.
Source : ADEME 2015

soit **159 €** par personne.
Sources : ADEME 2015 et rapport Garrot

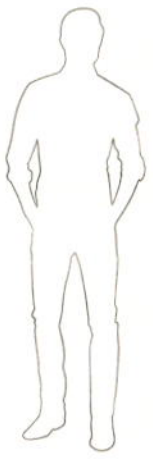

ÉTAT DES LIEUX

L'AGRICULTURE

Alors que nous gaspillons des milliards de tonnes de nourriture, le coût environnemental de la production des denrées alimentaires ne cesse de s'élever. Pesticides, pollution des cours d'eau, disparition des insectes, épidémie de maladies chroniques… Voilà le véritable coût du gaspillage alimentaire !

UNE RÉVOLUTION QUI N'A DE VERTE QUE LE NOM

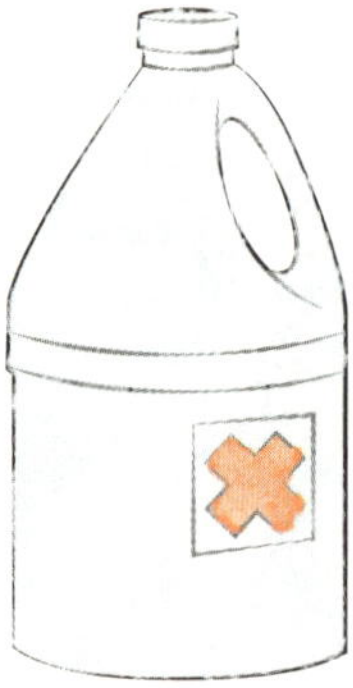

À la fin de la Grande Guerre, les industries chimiques se retrouvent avec des stocks immenses de produits toxiques. Sans plus d'ennemi à combattre, c'est dans l'agriculture qu'ils trouvent leur nouveau débouché ! Couplez pesticides, engrais chimiques, semences modifiées, tracteurs énergivores et le tour est joué, la « révolution verte » est enclenchée. Plusieurs décennies plus tard, les conséquences sont tristes à voir. **80 % des insectes volants ont disparu en Europe ces 30 dernières années notamment à cause de ces pesticides.**

Source : revue scientifique *PLOS One*

En outre, la pollution des cours d'eau français est quasi généralisée en raison de l'écoulement des pesticides dans la terre et les nappes phréatiques (cela concerne 92 % des cours d'eau).

Source : SOeS, service de l'observation et des statistiques du ministère du Développement durable

LE CATALOGUE MONSANTO, DE LA MAUVAISE GRAINE

En parallèle de cette pollution massive des champs et des nappes, les industriels de la filière s'approprient les semences mondiales, en contrôlant les cultures autorisées. Seules les graines inscrites au « Catalogue français des espèces et variétés » (largement inspiré des directives de l'entreprise Monsanto) peuvent être légalement plantées par les paysans, ce qui limite grandement l'étendue de ce patrimoine. **L'Organisation des Nations Unies pour l'alimentation et l'agriculture estime ainsi que 75 % des variétés de fruits et légumes comestibles ont disparu.**

Source : *semencespaysannes.org*

Une érosion génétique qui menace notre résilience et s'accompagne d'une érosion nutritionnelle grave. **Ainsi, en 2019, il vous faudra manger 100 pommes pour ingérer autant de vitamine C qu'une pomme produite en 1950.** Source : étude « Still no free lunch » de Brian Halweil, chercheur au Worldwatch Institute. Autre exemple, la teneur d'un brocoli en calcium et en fer a été divisée par quatre sur cette même période.

Heureusement, des associations luttent pour faire perdurer les semences dites « paysannes », qui ne sont pas inscrites sur le fameux catalogue. Pour les soutenir – vous pouvez vous aussi planter les graines de la résistance – rendez-vous sur le site du Réseau semences paysannes ou sur Kokopelli.

Zéro gaspi info

Les semences des industries agro-alimentaires sont souvent programmées pour ne pas pouvoir être replantées, afin de contraindre les paysans à en racheter chaque année. **Des graines stériles portant le très éloquent surnom de graines «Terminator».**

Le géant agricole Monsanto a été racheté par l'entreprise pharmaceutique Bayer. Une union florissante, puisque l'un est accusé de faire propager des maladies chroniques en tout genre et l'autre produit des remèdes pour les soigner.

ZOOM SUR

LES ABEILLES, LAISSONS-LES (SE) REFAIRE L'ESSAIM

Dans les années 1990, le taux de mortalité des abeilles était de 3 à 5 %, aujourd'hui, il est de l'ordre de 30 %, un phénomène chaleureusement appelé **«syndrome d'effondrement des colonies d'abeilles»**. En 2018, ce taux a explosé, atteignant parfois 60 à 90 % de la population des abeilles selon Loïc Leray, vice-président de l'Union nationale de l'apiculture française (UNAF). Sont en cause, le dérèglement climatique, les espèces invasives (comme le frelon asiatique), mais surtout les néonicotinoïdes, ces insecticides meurtriers pour nos petites ouvrières de la biodiversité.

Pourtant, les abeilles et autres insectes pollinisateurs assurent la reproduction de 80 % des espèces végétales et la production de plus de 75 % des cultures dans le monde. Selon l'INRA, la production de 84 % des espèces cultivées en Europe dépend directement des pollinisateurs qui sont à 90 % des abeilles.

En Chine, dans la province du Sichuan, l'effondrement des abeilles a déjà causé l'extinction des insectes pollinisateurs. **Les paysans se retrouvent dans l'obligation d'opérer à la main la pollinisation de leurs arbres fruitiers, fleur à fleur.**

Pour soutenir la lutte contre les néonicotinoïdes et tous les pesticides de synthèse vous pouvez :

- consommer des produits bio
- signer l'appel des coquelicots et suivre leurs conseils : voir le site *nousvoulonsdescoquelicots.org*
- parrainer une ruche, avec l'association «Un toit pour les abeilles».

OÙ FAIRE SES COURSES ?

Pour changer nos habitudes alimentaires, commençons par trouver des alternatives à nos lieux de consommation habituels.

LES MAGASINS BIO

Ils ne proposent que des produits issus de l'agriculture biologique, donc majoritairement sans produits chimiques. Et ils ont souvent des rayons de vrac bien fournis !

LES MAGASINS DE VRAC

Ils proposent majoritairement des produits sans emballages. Munissez-vous de vos sacs en tissu et boîtes hermétiques. Rendez-vous sur *consovrac.com* ou l'application BULK pour trouver le commerce le plus proche de chez vous.

LES MARCHÉS DE PRODUCTEURS

Eh oui, le bon vieux marché du quartier est déjà un lieu alternatif de consommation qui favorise une meilleure rémunération des producteurs, propose des circuits courts de distribution et relocalise nos achats.

⚠ **Attention**, choisissez bien votre stand. Si vous voyez des pommes du Chili, ce n'est sûrement pas un producteur local respectueux de l'environnement. Préférez les producteurs de produits locaux, de saison, bio (et non les distributeurs) !

LES AMAP
(ASSOCIATIONS POUR LE MAINTIEN DE L'AGRICULTURE PAYSANNE)

amap

Elles fleurissent partout en France et permettent d'avoir accès chaque semaine à des paniers bio venus tout droit des producteurs de nos régions. Pour trouver l'AMAP la plus proche,rendez vous sur *reseau-amap.org*

LES MAGASINS COOPÉRATIFS

Ces supermarchés n'ont pas de clients, ni de propriétaire, simplement des coopérateurs ! Chacun possède une part du magasin et donne quelques heures de son temps tous les mois pour le faire fonctionner, ce qui lui permet d'acheter à des prix plus accessibles et de choisir ses produits (souvent bio, locaux, en vrac). Rendez vous sur *consocollaborative.com*

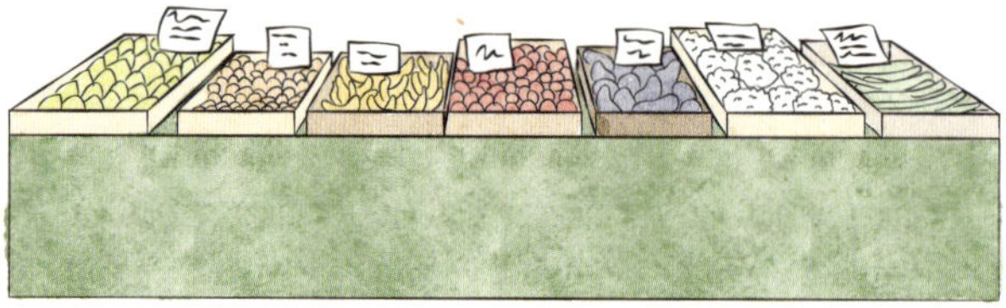

LES LIEUX ET PLATEFORMES DE CIRCUITS COURTS

Le réseau le plus répandu se nomme La Ruche qui dit Oui ! (1500 Ruches en Europe, plus de 500 points de distribution en France). Cette plateforme Web facilite les circuits courts. En ligne, vous choisissez votre Ruche et vos produits (selon l'offre des producteurs locaux), puis vous allez les chercher sur les marchés éphémères organisés chaque semaine. Rendez-vous sur *laruchequiditoui.fr*

Il en existe d'autres comme Le Comptoir local en Île-de-France (livraison à domicile), Kelbongoo à Paris (3 lieux de distribution), La Charrette bio à Grenoble, Ecomiam en Bretagne, Mon panier bio, etc. Rendez-vous sur le site *bienvenue-a-la-ferme* pour localiser les lieux de distribution en circuit court les plus proches de chez vous.

LES PRODUCTEURS

Le meilleur circuit court est évidemment de s'approvisionner dans les fermes alentour si vous vivez en zone rurale. Il est ainsi facile de découvrir le type de production, bio, raisonnée ou non, de votre producteur.

LES CUEILLETTES

Certains agriculteurs proposent de venir cueillir soi-même des fruits et légumes dans les champs. Une manière ludique de les redécouvrir qui garantit la fraîcheur et l'origine ! Et c'est souvent moins cher ! Rendez vous sur *chapeaudepaille.fr, ferme.gally.com*

VOTRE JARDIN

Quoi de plus court et bio que votre jardin ? **Chaque fruit ou légume cultivé chez vous est un petit degré d'autosuffisance obtenu, un moyen de s'éloigner de la dépendance à l'industrie et aux énergies carbonées.** À ne pas négliger !

ET LES HYPER ET SUPERMARCHÉS CLASSIQUES ?

Afin de promouvoir une rémunération plus juste des producteurs locaux et leur permettre de vivre décemment de leur activité. Les hyper et supermarchés exercent une pression sur les prix pour vendre toujours moins cher. Les produits « bio » de supermarché oublient souvent l'une des qualités principales de ce label : une rémunération juste. La pression à la baisse sur les prix y est souvent trop importante. Toutefois, il faut signaler que certains hyper se mettent au vrac et proposent des produits locaux, afin de promouvoir une rémunération plus juste des producteurs locaux et leur permettre de vivre décemment de leur activité.

Rendez-vous p.60 pour faire fondre les idées reçues ! Oui, on peut manger bio, local et faire des économies.

ZÉRO DÉCHET ALERTE

Qui dit bio ou en vrac ne dit pas forcément local et de saison. Pour être cohérent, regardez bien la provenance des produits avant d'acheter.

NOTRE KIT
DE COURSES ZÉRO DÉCHET

C'est clairement votre plus grand allié dans cette aventure. Les emballages représentent 50 % du volume de nos déchets annuels. C'est donc là qu'il y a la plus grande marge de manœuvre ! Avec une petite préparation, vous pourrez facilement réduire vos déchets non recyclables à zéro. Pour cela, il suffira de vous munir de votre kit de courses.

CADDIE, GRAND SAC OU CABAS
pour contenir vos courses.

SACS EN TISSU
pour les produits en vrac (voir DIY p.51). Si en lisant cette ligne vous vous dites, « pourquoi du tissu puisque le papier est recyclable ? », voir p.32-33 pour en savoir plus sur le recyclage.

TUPPERWARE® OU BOCAUX
Selon vos besoins (traiteur, fromage, viande, poisson). Une fois chez votre commerçant, vous n'avez qu'à lui tendre vos contenants et lui **demander la « tare »**, ce petit bouton sur la balance qui permet de ne pas inclure le poids de votre récipient à la pesée.

LISTE DE COURSES
Lutter contre les déchets et le gaspillage, c'est aussi acheter selon ses besoins, pas plus. Pour ne pas gaspiller de papier, notez-la dans votre téléphone ou sur du papier de brouillon.

ZÉRO DÉCHET ASTUCES

Gardez toujours sur vous 1 ou 2 petits sacs en tissu et un tote bag, pour les courses de dernière minute ou pour le jour où la baguette fraîche de la boulangère vous fait un peu trop envie.

« Le meilleur déchet serait-il celui que l'on n'achète pas ? »

ZÉRO GASPI INFO

Dans un produit classique, environ 5 % du prix est dédié au packaging et jusqu'à 35 % au marketing. En achetant en vrac, fini les surcoûts. Vous achetez au prix juste pour vous, pour les producteurs et pour la nature (en ce qui concerne le bio).

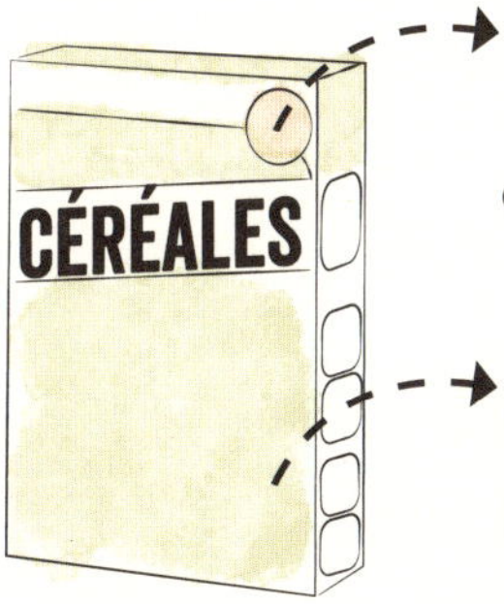

5 % du prix est dédié au packaging

35 % du prix est dédié au marketing

ZOOM SUR

LE REFUS D'UN COMMERÇANT

Un commerçant peut-il refuser mon contenant ? Difficile de répondre à cette question, car il existe un quasi-vide juridique sur cette situation. Il est vrai, pourtant, que s'il y a contamination par le biais de votre contenant, le commerçant pourrait être tenu pour responsable.
En vertu de la « liberté du commerce et de l'industrie », il a donc le droit de refuser de vous servir.

Source : Zero Waste France

Alors, mettez toutes les chances de votre côté :

1. Apportez toujours des contenants propres et secs.
2. Expliquez poliment votre démarche.
3. Soyez patient et compréhensif.
4. Choisissez des commerçants en alignement avec vos valeurs.

LE VRAC

Le vrac est la pierre angulaire du Zéro déchet et la meilleure arme pour lutter contre le suremballage pourvu que l'on se munisse de contenants réutilisables. Il n'est pas encore accessible partout, mais ces dernières années, les magasins de vrac se sont multipliés en France, précurseur dans le domaine.

LE VRAC, UNE OFFRE VARIÉE

Ce qui est sûr, c'est que l'offre n'est pas la même partout. Certains magasins ne proposent en vrac que des denrées alimentaires de base (féculents, céréales, fruits à coque) quand d'autres vont jusqu'à proposer du vrac liquide ou même des produits ménagers.

Certains produits ne sont même jamais proposés en vrac, comme les laits et les crèmes végétales, les substituts de viandes (tofu, steaks végétaux, seitan...).

Pour ceux-là, pas d'affolement. Si vous ne pouvez ou ne voulez pas les fabriquer, privilégiez simplement les contenants recyclables : papier, carton, verre, conserves, flacons en métal, plastique dur. Attention, tous les plastiques ne sont pas recyclables : le blister, les barquettes alimentaires, les plastiques fins et de moins de 7 cm ne sont que rarement recyclés.

EMBALLAGE : ENTRE CARTON ET VERRE, QUE CHOISIR ?

Le verre est 100 % recyclable et souvent très bien valorisé, mais il est lourd et augmente très vite le bilan carbone des produits. Le carton est moins bien recyclé, mais beaucoup plus léger. À vous de faire votre choix !

DIY

RÉUTILISER

FABRIQUER SES SACS DE VRAC

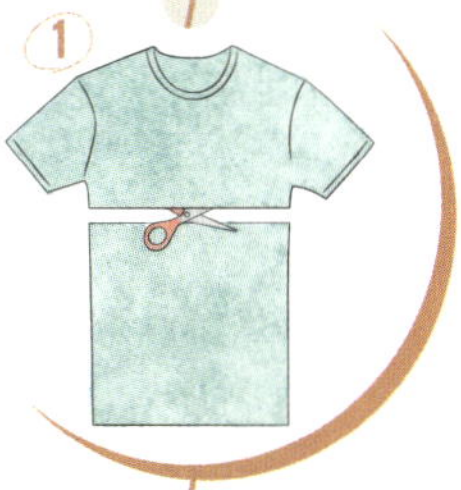

MATÉRIEL

- **UN T-SHIRT POUR ENFANT OU POUR BÉBÉ** (recyclé)
- **DES CISEAUX DE COUTURE**
- **UN FIL ET UNE AIGUILLE, OU UNE MACHINE À COUDRE**
- **DU RUBAN OU DE LA FICELLE**

1. Découpez le T-shirt juste sous les manches.
2. Retournez le tissu et cousez ensemble les deux parties découpées.
3. Retournez à nouveau le sac. Sur la partie ouverte du sac, repliez les bords sur 1 ou 2 cm pour réaliser la coulisse du ruban. Cousez-la.
4. Utilisez ensuite la pointe de vos ciseaux pour faire deux petits trous sur la partie extérieure de l'ourlet à moins de 1 cm l'un de l'autre. Ne percez pas les deux épaisseurs, juste une.
5. À l'aide d'une épingle à nourrice, enfilez un ruban ou une jolie ficelle dans la coulisse que vous venez de créer.
6. Lorsque vous l'avez entièrement enfilée, faites ressortir les deux bouts du ruban (ou de la ficelle) et faites des nœuds à chaque extrémité pour qu'il ne risque pas de disparaître dans la coulisse.
7. Voilà, le sac est prêt. Pour le fermer, il suffit de faire un nœud !

Les sacs de vrac sont utiles pour acheter fruits, légumes, graines, céréales, etc.

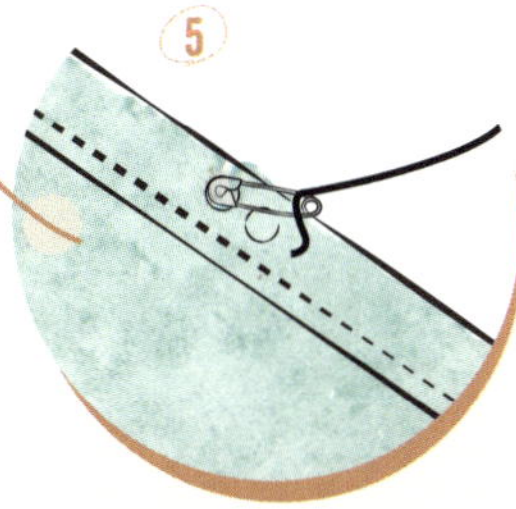

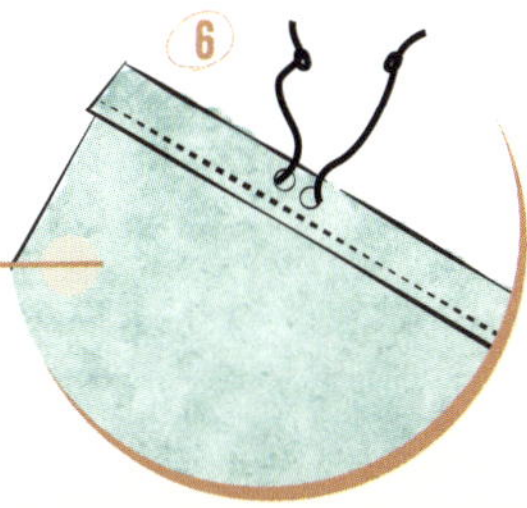

QUELS PRODUITS PRIVILÉGIER ?

Lorsqu'on débute dans la démarche Zéro déchet, il est parfois difficile de s'y retrouver. Quelques informations s'imposent pour faire le choix des bons produits. Vous trouverez ici quelques exemples de consommation courante.

L'ŒUF OU LA POULE ?

Avant d'acheter des œufs, regardez le premier chiffre inscrit sur les coquilles.

3 Les poules sont élevées dans des cages, elles vivent chacune dans un espace plus petit qu'une feuille A4.

2 Les poules sont élevées au sol et ne mettent jamais le nez dehors.

1 Les poules sont élevées en plein air.

0 Les poules sont élevées en plein air, nourries d'une alimentation biologique.

Ces numéros sont aussi inscrits sur les produits contenant des œufs. Vérifiez bien avant d'acheter.

Savez-vous que **l'industrie de l'œuf nourrit celle de la viande. Les poules sont envoyées à l'abattoir dès lors qu'elles ne sont plus assez « productives » (y compris en élevage bio), soit au bout de 18 mois**, alors qu'une poule peut vivre jusqu'à 10 ans. Pour une alimentation plus éthique, privilégiez une alternative à l'œuf : **½ banane, 50 g de compote, 1 c. à s. de fécule + eau...**

Vous pouvez également choisir les œufs Poulehouse®, « l'œuf qui ne tue pas la poule ». La marque française récupère des poules d'éleveurs bio pour les garder dans un « refuge » où elles continuent de pondre à leur rythme. Elles y vivent en plein air, jusqu'à la fin de leur vie.

CAFÉ

DO

Choisissez-le en vrac, bio et équitable.

DON'T

Dites adieu aux capsules de café, aussi chères que désastreuses pour l'environnement.

EAU

DO

Eau du robinet, cafetière filtrante, charbon actif.

DON'T

L'eau en bouteille. Elle est **300 fois plus chère que l'eau du robinet.** 1 litre d'eau en bouteille = 100 ml de pétrole, 80 g de charbon, 42 litres de gaz et, paradoxe, **2 litres d'eau.**

Source : consoGlobe

PAPIERS CUISINE

DO

- Remplacez le papier aluminium ou le film plastique par des boîtes hermétiques ou des couvre-bols en tissu.
- Pour le papier cuisson un peu d'huile et de farine et le tour est joué !

DON'T

- ~~Papier aluminium.~~
- ~~Film plastique.~~
- ~~Papier cuisson.~~

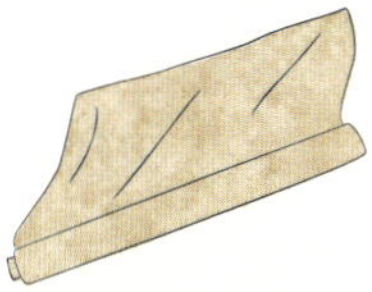

MIEL

DO

Le miel du marché, directement acheté à l'apiculteur, du miel artisanal, voire du miel de votre ville. Évidemment, il sera plus cher. Et pour cause, **une abeille au cours de sa vie ne produit que 1 gramme de miel !**

DON'T

~~Le miel premier prix des grandes surfaces régulièrement allongé avec du sucre ou du sirop de sucre. Personnellement, acheter du sucre au prix du miel, ça me freine un peu !~~

ZÉRO DÉCHET INFO

Le miel des villes est souvent meilleur que le miel des champs, du fait de l'usage intensif des pesticides néonicotinoïdes dans les campagnes.

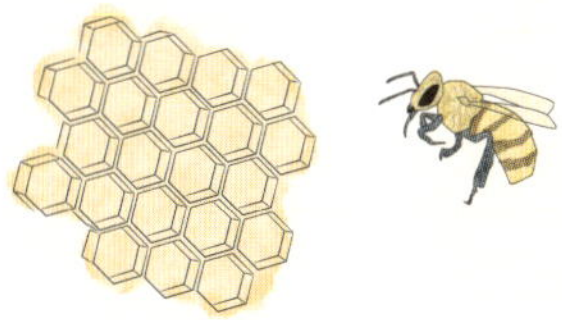

ZOOM SUR

LES CAPSULES DE CAFÉ

Le leader mondial du secteur, Nespresso, vend **9 MILLIARDS DE CAPSULES CHAQUE ANNÉE**, soit 285 capsules par seconde, soit l'équivalent de 4,5 tours Eiffel.

En France, ce nombre s'élève à 500 millions de capsules environ. Source : consoGlobe

Dans les faits, très peu sont recyclées, et comme nous l'avons vu pages 32-33, le recyclage est loin d'être une solution ! Une capsule coûte en moyenne 27 à 44 centimes, soit 54 à 88 € le kilo.
C'est 4 à 7 fois plus que le café en vrac !

DES SOLUTIONS ZÉRO DÉCHET

- Optez pour une bonne vieille cafetière italienne, ou même à filtre. Vous pourrez composter les filtres et le marc de café !
- Procurez-vous des capsules réutilisables adaptées à votre machine. À chaque utilisation, remplissez votre capsule de café en vrac, utilisez-la comme une capsule classique, puis mettez le marc au compost et nettoyez la capsule avant de la remplir à nouveau. Elles sont utilisables des centaines de fois !
- Réduisez votre consommation de café. C'est un produit du bout du monde dont la culture est peu reluisante…

LES LABELS
DE L'AGROALIMENTAIRE

Bio, équitable, AOP, IGC... il est parfois difficile de s'y retrouver dans la multitude de labels de l'agroalimentaire. Petit tour d'horizon pour y voir plus clair !

LES LABELS BIO

- **La feuille verte :** label européen.
- **Le logo AB (agriculture bio) :** label « officiel » français (reconnu par l'État), il répond au cahier des charges européen du label « La feuille verte », ils ont les mêmes garanties. Les cultures sont garanties sans pesticides ni traitements chimiques (sauf produits transformés). Côté élevage, un seuil de 0,9 % d'OGM est toléré. Un espace minimal est garanti à chaque animal ainsi qu'un minimum de temps en plein air. Si certains produits affichent les deux logos, c'est parce que le logo AB est mieux connu des consommateurs.
- **Bio cohérence :** plus exigeant que le label bio européen, il garantit en plus la non-coexistence des cultures bio/non bio, ainsi que du 100 % bio même dans les produits transformés. Côté élevage, 50 % au moins de la nourriture donnée aux animaux doit être locale ; interdiction totale d'utiliser des OGM.
- **Nature et progrès :** ce label a en plus pour objectif de limiter les intermédiaires, de mettre en valeur les productions locales, et il manifeste un intérêt particulier pour la préservation des ressources communes (nappes phréatiques, sols...).
- **Demeter :** il concerne les cultures en biodynamie ; préparation des sols pour favoriser entre autres leur régénération continuelle, réutilisation maximale des « déchets », respect du cycle lunaire.

LES LABELS BIO ÉQUITABLES

- **EcoCert :** certifie l'utilisation de ressources renouvelables et transformées par des procédés respectueux de l'environnement. Ce label garantit l'absence d'OGM, de parabens, de nanoparticules, de colorants de synthèse et d'ingrédients issus de la chair d'un animal. Il assure aussi un seuil de 95 % d'ingrédients naturels et le caractère biodégradable ou recyclable de l'emballage.

- **Bio équitable/bio solidaire :** on parle de commerce « équitable » quand les produits proviennent de cultures éthiques et écologiques des pays en développement, et de commerce « solidaire » lorsqu'ils viennent de zones développées du globe.
- **Fair Trade/Max Haavelar :** produits de commerce équitable fabriqués selon des méthodes durables. Max Haavelar est une fondation suisse qui délivre le label Fairtrade.
- **World Fair Trade Organization (WFTO) :** première organisation mondiale de commerce équitable.

Pour tous ces labels, les produits sont conformes au label bio européen et réalisés de façon équitable, **garantissant un prix d'achat juste pour permettre aux producteurs de vivre dignement de leur métier.** Le cahier des charges inclut l'accompagnement des producteurs, des relations de longue durée, un préfinancement des récoltes si nécessaire pour garantir un revenu aux producteurs et limiter le gaspillage, une limitation stricte de l'emballage des produits, etc.

LE PETIT NOUVEAU

Bleu Blanc Cœur : ce label nutritionnel assure des produits riches en oméga 3, grâce à une alimentation de qualité fournie aux animaux. Il promeut également un élevage plus respectueux des bêtes et de l'environnement.

MAIS ENCORE

Il existe d'autres labels, qui garantissent l'origine et le savoir-faire (AOP, AOC, IGP), ou encore la qualité supérieure des produits (label Rouge).

D'une manière générale, les labels sont une preuve notable de qualité supérieure. De votre côté, favorisez systématiquement l'agriculture biologique et une alimentation essentiellement végétale, c'est le plus sûr moyen de prendre soin de la planète et de votre santé !

ZÉRO GASPI ALERTE

Attention, les labels coûtent cher aux agriculteurs ! Et malgré des pratiques vertueuses, certains ne peuvent se les offrir. Rencontrez vos producteurs et posez des questions sur leurs méthodes de production. Peut-être vous étonneront-ils ?

LA CONSERVATION

Parce que le gaspillage alimentaire résulte souvent d'une mauvaise conservation des produits, voici les règles de base pour conserver au mieux vos achats !

EN RENTRANT DES COURSES

1. Rangez les produits secs dans des bocaux propres et secs.
2. Rangez les produits frais rapidement au réfrigérateur.
3. Sortez les fruits et légumes de leurs sacs (particulièrement si c'est du plastique), mais ne les nettoyez pas tout de suite. La couche de terre ou de sable qui les enveloppe les protège et aide à les conserver.

À CONSERVER HORS DU RÉFRIGÉRATEUR

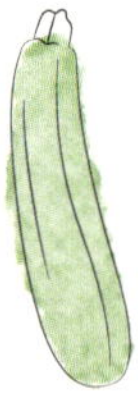

- Tous les fruits et légumes ! Au réfrigérateur, ils perdent de leur saveur et des nutriments.
- Pommes de terre : conservez-les dans un sac en papier ou du journal et glissez une pomme avec elles pour ralentir leur germination.
- Oignon, ail, échalotes : gardez-les dans un endroit sec, frais, sombre, dans un sac en tissu ou en papier.
- Pain : pour garder sa fraîcheur, entourez-le d'un torchon légèrement humide.
- Les fromages : mettez-les simplement sous une cloche à fromage dans un endroit frais, sec et à l'abri du soleil de préférence.

- Le miel.
- Les huiles (sauf l'huile de colza après ouverture).
- Le chocolat.
- Le vrac sec : céréales, pâtes, riz, farines, sucre… dans des bocaux.

À METTRE LES FESSES DANS L'EAU

- Poireaux, céleri, blettes, brocoli : dans un vase avec un fond d'eau.
- Radis, carottes : la tête en l'air, les fanes immergées dans l'eau.
- Salades : le cœur dans un fond d'eau.
- Oignons nouveaux : les racines dans l'eau.
- Concombre : une fois entamée, plongez la partie à nue dans un peu d'eau.

Conservez les boissons gazeuses la tête en bas dans le réfrigérateur après leur ouverture !

ZÉRO GASPI ASTUCES

Votre salade est mollassonne ? Faites-la tremper au moins 10 minutes dans une eau avec des glaçons, puis consommez-la immédiatement.

PÉRIMÉS, MAIS MANGEABLES

- Yaourts : jusqu'à 3 mois après la date limite d'utilisation optimale (DLUO)
- Fromages : jusqu'à 2 semaines après la DLUO
- Lait : jusqu'à 2 mois après la DLUO (s'il n'est pas ouvert, conservé à l'ombre et au sec)
- Chocolat : jusqu'à 2 ans après la DLUO
- Conserves : plusieurs années après la DLUO
- Surgelés : plusieurs années après la DLUO
- Produits secs : idem
- Miel : ne se périme jamais
- Épices : pas de date limite, mais elles perdent en arôme.

ZOOM SUR

DLC et DLUO ?

DLC (DATE LIMITE DE CONSOMMATION) :
au-delà de cette date, le produit risque de présenter un danger pour la santé.

DLUO (DATE LIMITE D'UTILISATION OPTIMALE) :
après cette date, les qualités nutritionnelles ne sont plus garanties. Les aliments peuvent avoir moins de goût, de vitamines..., mais ne sont pas dangereux.

DIY

CONSERVER LES POIRES LONGTEMPS
AVEC UN CAPUCHON DE CIRE

Cette méthode permet de conserver les poires plusieurs semaines, même plusieurs mois ! Pourvu que l'opération soit effectuée au plus tôt après la cueillette.

1. Mettez une cuillerée à café de cire (de soja ou d'abeille bio) dans un petit ramequin.
2. Faites fondre la cire au bain-marie.
3. Trempez-y la queue des poires (jusqu'à toucher le haut du fruit) une à une (manipulez-les doucement, elles sont fragiles).
4. Laissez-les sécher à l'air libre.
5. Disposez-les dans une cagette placée dans un endroit frais.

VÉGÉTALISER SON ALIMENTATION

Aujourd'hui, **environ 66 milliards d'animaux terrestres sont tués chaque année pour notre consommation**, *c'est 26 % de plus qu'en 2003 et 2 fois plus qu'en 1970. Au-delà de la souffrance animale engendrée, tout ce monde... ça pollue !* **En 2014, l'élevage était responsable à lui seul de 14,5 % des émissions de CO_2 mondiales** Source : Greenpeace. *C'est davantage que le transport, avions et conteneurs compris (environ 14 % des émissions de CO_2) ! Et ce n'est pas tout...*

RÉDUIRE

RÉDUIRE SA CONSOMMATION DE VIANDE (ET LE REVENDIQUER), C'EST...

... POUR PRÉSERVER NOS RESSOURCES EN EAUX

15 000 L d'eau sont nécessaires pour produire un seul kilo de bœuf (pour irriguer les céréales, le fourrage, et faire boire l'animal). Celui-ci au cours de sa vie, va consommer 1300 kg de grains, 7 200 kg de fourrage exigeant pour sa culture énormément d'eau. Source : WWF.

... POUR MIEUX NOURRIR L'HUMANITÉ

75 % **des terres agricoles du globe** sont dédiés à la nourriture du bétail. Source : Foley, Jonathan A. et al. Solutions for a cultivated planet. Pourtant ce bétail ne fournit que **8%** de nos calories journalières. Source : FAO.

... POUR PROTÉGER NOTRE SANTÉ

La majorité des bêtes consommées en France ne proviennent pas de l'élevage en plein air. Et comme les élevages intensifs font la joie des bactéries, les animaux sont bourrés d'antibiotiques, en prévention, qui se retrouvent donc dans nos assiettes. Résultat, l'antibiorésistance tue environ 12 500 personnes par an en France.

... POUR LUTTER CONTRE LA DÉFORESTATION

93% du soja, en Europe, sont utilisés pour nourrir le bétail. Au niveau mondial, cette culture serait responsable de **91%** de la déforestation amazonienne. Source : WWF, 2014.

ZÉRO DÉCHET ALERTE

La viande se cache là où on ne le soupçonne pas... L'ONG Food Watch a révélé la présence d'insectes, de porc et de bœuf dans des produits comme des yaourts Paniers de Yoplait® (gélatine de bœuf), des bonbons (gélatine de porc), de la glace Carte d'Or® (shellac ou E904, c'est-à-dire de la sécrétion de cochenille asiatique) ou de l'Orangina® (cochenilles broyées pour donner la couleur). Si vous tenez à restreindre votre consommation de produits animaux pour réduire votre impact environnemental, faites les bons choix !

« Le végétarisme règle tellement de choses d'un seul coup : l'écologie, la famine, la cruauté. »

PAUL McCARTNEY

UNE ASSIETTE VÉGÉTALE COMPLÈTE ET ÉQUILIBRÉE, C'EST...

1/4 **de céréales ou pseudocéréales** (boulgour, épeautre, millet, avoine, sarrasin, quinoa...)

1/4 **de légumineuses** (pois chiches, pois cassés, lentilles, haricots rouges/beurre/blanc, flageolets, fèves, soja...)

1/2 **de légumes/crudités** (courge, brocoli, courgette, oignon, chou, champignons...)

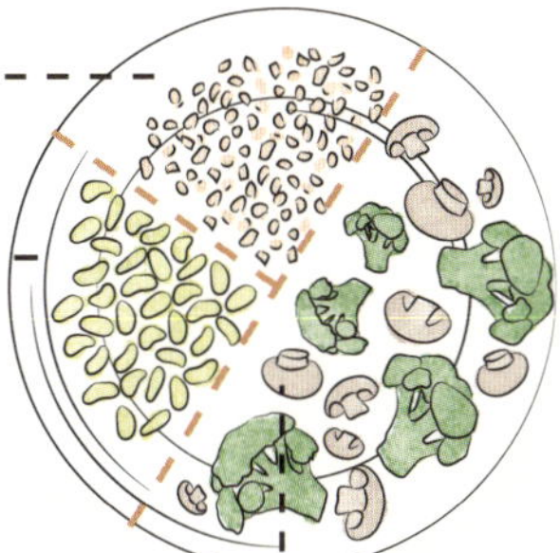

Cette association permet d'avoir des protéines dites « complètes », une façon saine de remplacer la viande. N'hésitez pas à y ajouter des graines (lin, tournesol, pavot...), des fruits à coque (amandes, noix, noisettes...), des aromates (persil, ciboulette, estragon, basilic, sauge...), des épices (curcuma, curry, paprika, safran...), des huiles contenant des oméga 3 (huile de lin, d'olive, de colza...) et consommez des fruits !

Les pets et les rots des vaches dégagent du méthane, un gaz qui pollue 25 fois plus que le CO_2.

ZÉRO DÉCHET INFO

Attention, la vitamine B12 n'est pas naturellement présente dans la nourriture végétale. Si vous décidez d'être végétarien ou végétalien, n'oubliez pas de vous supplémenter.

RATIONALISER

Restreindre sa consommation de produits animaux (viande, poisson, produits laitiers, œufs...) s'inscrit dans une dynamique de protection du climat et de préservation des ressources. C'est le plus sûr moyen de réduire drastiquement son impact hydrique et son empreinte carbone, à condition que les aliments choisis pour équilibrer votre alimentation ne viennent pas de l'autre bout du monde et qu'ils soient cultivés dans le respect des ressources. Évitons de remplacer un steak par du quinoa surfertilisé et cultivé en Inde ou par des haricots rouges du Chili !

Sources : Planestoscope, *vegetarisme.fr*

6 CONSEILS
POUR CONSOMMER BIO SANS SE RUINER

Le bio a une bien mauvaise réputation ! On nous a tellement habitué à des prix toujours plus bas qui ne prennent pas en compte le coût des dommages subis par la planète ni le coût réel du travail, que, oui, passer au bio peut faire parfois un peu mal au portefeuille. Voici donc 6 conseils pour y venir sans se ruiner.

1 CHANGER SON MODE DE CONSOMMATION

Soyons clairs : on ne peut pas faire des achats au même prix dans un magasin bio et dans un supermarché classique. Et tant mieux, parce que surconsommer des produits transformés, même « bio », n'est pas ce qu'il y a de plus vertueux !

Pour passer au bio de façon cohérente et sans faire chauffer votre carte de crédit, il vous faudra donc réapprendre à acheter des produits bruts, non industriels : fruits, légumes, légumineuses. Ce qui mène à mon deuxième conseil.

2 APPRENDRE À CUISINER

Ce qui est vraiment cher dans le bio, ce sont les produits transformés, les plats préparés ! Alors exit les « poisons » des grandes surfaces bourrés d'additifs, d'exhausteurs de goût et autres chimies culinaires, retour au fait-maison ! Il existe une infinité de plats qui se préparent en moins de 30 minutes, il est temps de s'y remettre. Besoin d'idées ? Téléchargez l'application Vegg'up !

ZÉRO GASPI ASTUCES

Connaissez-vous le **batch cooking** ? Ce concept consiste à cuisiner de grandes quantités, puis à les séparer en portions pour chaque soir de la semaine, il ne vous reste ensuite qu'à réchauffer ! Il vous en coûtera 2 heures en cuisine le week-end, pour préparer tous les repas de la semaine (voir p. 231).

3 CHOISIR DES PRODUITS LOCAUX ET DE SAISON

Exit les tomates du Portugal en mars! D'ailleurs le bio, c'est sympa, mais quand il a fait 2000 bornes pour venir jusqu'à nous et qu'il a été cultivé sous serre, il est difficile de lui trouver un avantage écologique. Bon, en général, le prix indique les saisons! Des tomates vendues à la fin de l'hiver en magasin bio peuvent valoir 8,50 €/kg, car il faut bien couvrir le coût énergétique gigantesque des cultures sous serres chauffées ou le transport depuis un pays éloigné.

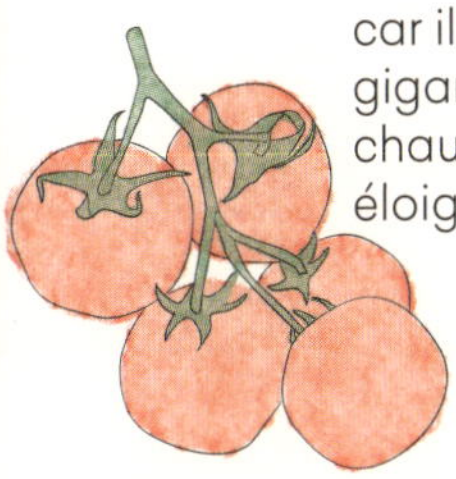

En revanche, si vous achetez des fruits et légumes locaux et de saison, les prix sont plus raisonnables. Ils offrent un double avantage puisqu'en plus de sauver quelques euros, ils nous réapprennent à respecter la nature et le cycle des saisons. Alors oui, vous mangerez des courges 6 mois par an et des tomates seulement 3 mois, mais cela en vaut la peine, car la qualité nutritionnelle et le goût des produits dont on a respecté le cycle naturel sont bien supérieurs.

4 PROSCRIRE LE GASPILLAGE

Eh oui, quoi de mieux pour faire des économies que de cesser de gaspiller? **En France, le gaspillage alimentaire coûte environ 159 € par personne et par an.** Vrac, organisation, planification… : mettez tout en œuvre pour le réduire. Voir page 64 pour connaître mes conseils antigaspi !

5 ADOPTER UNE ALIMENTATION PLUS VÉGÉTALE

L'alimentation végétale offre beaucoup de bénéfices à l'environnement et à notre santé, mais elle est aussi moins onéreuse. Pour finir de vous convaincre, je vous laisse comparer le prix d'un kilo de lentilles bio avec un kilo de bœuf bio.

6 S'APPROVISIONNER EN CIRCUIT COURT

Plus les intermédiaires s'additionnent, plus la note est salée, puisque chacun prend sa commission. Pour faire des économies, préférez donc les circuits courts de distribution : les épiceries en direct producteurs, les AMAP ou le marché, en choisissant les stands de productions locales. **En plus d'être économes, ces circuits courts permettent de renouer avec les producteurs, de soutenir les pratiques agricoles durables et surtout de rémunérer les agriculteurs de façon plus juste!** Un geste qui compte, quand on sait qu'en 2016 près de 20 % des exploitants agricoles ne pouvaient pas se verser de salaire et 30 % touchaient moins de 350 € par mois.

Source : ADEME

CUISINER AU FIL DES SAISONS

Jetez toujours un coup d'œil à cette liste avant d'aller faire vos courses, cela vous donnera quelques idées pour cuisiner local et de saison ! Attention : les fruits et légumes mentionnés ci-dessous sont plus ou moins locaux selon la région où vous vivez. Ainsi, les agrumes poussent dans le sud de la France, les endives plutôt dans le Nord...

JANVIER

LÉGUMES	FRUITS
Ail, betterave, carotte, céleri, chou de Bruxelles, courge, endive, épinard, navet, oignon, panais, poireau, pomme de terre	Citron, clémentine, kiwi, mandarine, orange, pomélo, poire, pomme

FÉVRIER

LÉGUMES	FRUITS
Ail, betterave, carotte, céleri, chou de Bruxelles, endive, frisée, mâche, navet, oignon, poireau, pomme de terre	Citron, clémentine, kiwi, mandarine, orange, pomélo, poire, pomme

MARS

LÉGUMES	FRUITS
Asperge, betterave, blette, carotte, céleri, chou de Bruxelles, endive, épinard, frisée, navet, oignon, poireau, pomme de terre	Citron, kiwi, mandarine, orange, pomélo, poire, pomme

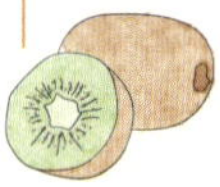

AVRIL

LÉGUMES	FRUITS
Asperge, betterave, blette, carotte, endive, épinard, navet, oignon, poireau, pomme de terre, radis, pois gourmand	Citron, pomélo, pomme, rhubarbe

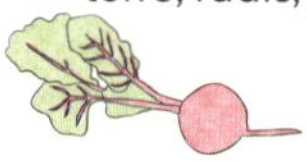
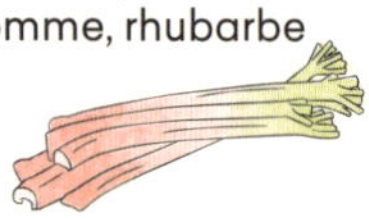

MAI

LÉGUMES	FRUITS
Ail, asperge, aubergine, betterave, blette, carotte, céleri, chou-fleur, concombre, courgette, épinard, laitue, navet, oignon, petit pois, poireau, pomme de terre, radis	Cerise, fraise, framboise, rhubarbe

JUIN

LÉGUMES	FRUITS
Ail, artichaut, aubergine, betterave, blette, carotte, céleri, chou blanc, chou-fleur, concombre, courgette, épinard, fenouil, laitue, navet, oignon, poireau, petit pois, poivron, pomme de terre, radis	Abricot, cassis, cerise, fraise, framboise, groseille, melon, pomme

JUILLET

LÉGUMES	FRUITS
Ail, artichaut, asperge, aubergine, betterave, blette, carotte, céleri, chou blanc, chou-fleur, concombre, courgette, épinard, fenouil, haricot, laitue, maïs, oignon, poireau, petit pois, poivron, pomme de terre, radis, tomate	Abricot, cassis, cerise, figue, fraise, framboise, groseille, melon, mirabelle, nectarine, pêche, pomme, prune

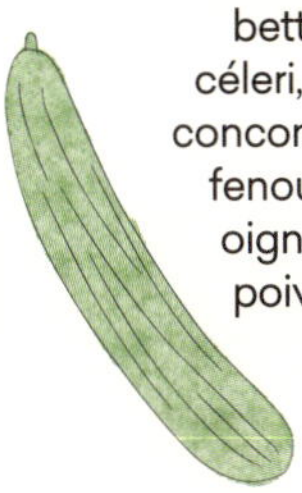

AOÛT

LÉGUMES	FRUITS
Ail, artichaut, aubergine, betterave, blette, carotte, céleri, chou blanc, chou-fleur, concombre, courgette, épinard, fenouil, haricot, laitue, maïs, oignon, poireau, poivron, pomme de terre, radis, tomate	Abricot, cassis, figue, melon, mûre, myrtille, nectarine, pastèque, pêche, poire, pomme, prune

SEPTEMBRE

LÉGUMES	FRUITS
Ail, artichaut, aubergine, betterave, blette, brocoli, carotte, céleri, chou blanc, chou-fleur, chou de Bruxelles, concombre, courgette, épinard, fenouil, haricot, laitue, maïs, oignon, poireau, poivron, pomme de terre, radis, tomate	Abricot, cassis, cerise, fraise, framboise, groseille, melon, pomme

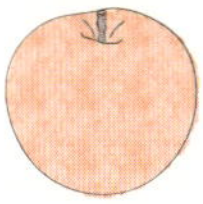

OCTOBRE

LÉGUMES	FRUITS
Ail, artichaut, aubergine, betterave, brocoli, carotte, céleri, chou blanc, chou-fleur, concombre, courge, courgette, endive, épinard, oignon, poireau, chou de Bruxelles, fenouil, frisée, haricot, laitue, mâche, maïs, pomme de terre, radis	Coing, pomélo, poire, pomme, raisin

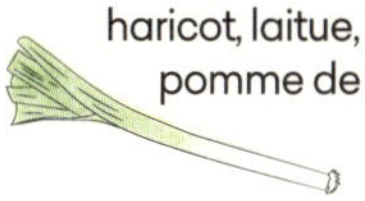

NOVEMBRE

LÉGUMES	FRUITS
Ail, betterave, brocoli, carotte, céleri, chou blanc, chou-fleur, courge, endive, épinard, fenouil, frisée, laitue, chou de Bruxelles, mâche, navet, oignon, poireau, potiron, pomme de terre	Clémentine, coing, mandarine, kiwi, orange, pomélo, poire, pomme, raisin

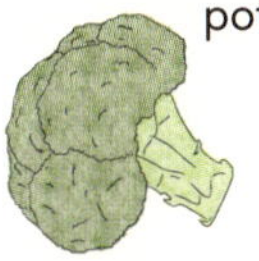

DÉCEMBRE

LÉGUMES	FRUITS
Ail, betterave, carotte, céleri, chou de Bruxelles, courge, endive, épinard, mâche, navet, oignon, poireau, potiron, pomme de terre	Clémentine, mandarine, kiwi, orange, pomélo, poire, pomme

5 CONSEILS
POUR ZÉRO GASPI EN CUISINE

En France, selon le Secours populaire, 1 personne sur 5 a du mal à se nourrir. Pourtant, en 2015, le gaspillage représentait dans notre pays 16 milliards d'euros !

Source : ADEME, rapport de mai 2016

Pour lutter contre cette absurdité, suivez ces quelques conseils !

1 PLANIFIER SES REPAS

En programmant vos menus à l'avance, vous n'allez acheter que ce dont vous avez besoin et ainsi limiter le gaspillage. Prévoyez par ailleurs les repas en fonction du contenu de vos placards. Votre compte bancaire vous en remerciera et vous éviterez de faire du tourisme dans les rayons des magasins. Si, comme moi, vous avez la capacité de concentration d'un chiot, je vous assure que ce sera un gain de temps non négligeable.

4 LUTTER CONTRE LE DIKTAT DE LA BEAUTÉ

Trop petits, trop gros, un peu laids ou biscornus, nos fruits et légumes n'ont pas le droit de sortir du rang. Ils doivent répondre à des normes spécifiques, ou sont condamnés à être tristement jetés... Une pratique répandue un peu partout dans le monde ! **L'Équateur, par exemple, gaspille chaque année 146 000 tonnes de bananes « soit quinze fois le poids de la tour Eiffel ».**

Source : Global Gâchis

Pour lutter contre ce gaspillage, au marché, choisissez les légumes les plus moches. En outre, ils se négocient parfois à très bas prix !

2 CUISINER « TOUSKI »

Autrement dit, accommodez les restes ! Soupes, tartes, quiches, purées... : soyez créatifs, il existe toujours une façon d'accommoder des carottes ratatinées ou un reste de fondue de poireaux.

3 CHOISIR L'ANTIGASPI 2.0

Des applications comme OptiMiam, Too Good To Go ou Graapz proposent aux commerçants de vendre les invendus du jour à bas prix pour leur éviter la poubelle ! Parfait pour les petites bourses et pour lutter contre le gaspillage.

5 NE RIEN JETER !

Verts de poireaux, fanes de radis, épluchures... : ne les mettez pas à la poubelle, ils peuvent encore servir. Ce sont d'ailleurs souvent les parties les plus nutritives de nos légumes ! Conservez-les au frais dans une boîte hermétique pour en faire un bouillon de légumes par exemple (voir recette ci-contre).

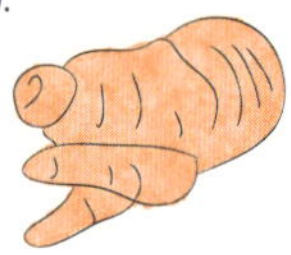

DIY

MON BOUILLON ZÉRO GASPI

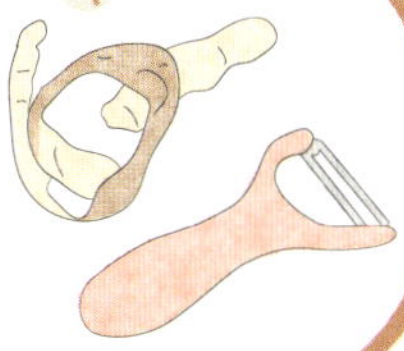

INGRÉDIENTS

- **500 GRAMMES D'ÉPLUCHURES DE LÉGUMES BIO** (pelures d'oignons et d'ail, épluchures de légumes, fanes, restes de salade, pieds de brocolis).
- **1 À 2 GOUSSES D'AIL**
- **SEL ET POIVRE**
- **HERBES DE PROVENCE, ROMARIN, LAURIER, THYM, PERSIL...**
- **ÉPICES (FACULTATIF)**
- **HUILE D'OLIVE**

ZÉRO GASPI ALERTE

Si vos légumes ne sont pas bio, veillez toujours à les rincer avec de l'eau mélangée au bicarbonate pour enlever un maximum d'intrants chimiques !

PRÉPARATION

1. Faites chauffer 2 cuillerées à soupe d'huile d'olive. Faites-y revenir les gousses d'ail émincées.
2. Ajoutez toutes les épluchures, faites revenir 2 minutes en remuant.
3. Salez, poivrez, versez les herbes aromatiques et éventuellement les épices. Recouvrez d'eau, laissez mijoter 1 heure environ.
4. Lorsque la préparation a réduit de moitié environ, passez au chinois, mettez les restes au compost.
5. Versez le bouillon dans un contenant hermétique. Consommez-le rapidement (dans les 2 à 3 jours) ou versez-le dans un bac à glaçons et conservez-le au congélateur.

Vous pouvez aussi utiliser ce bouillon pour aromatiser des légumes, des soupes et des sauces.

ZÉRO GASPI ASTUCES

Vous avez eu les yeux plus gros que le ventre ? Vous partez en vacances ? Proposez tout simplement vos produits aux voisins. Lien social garanti et pas de gaspillage !

NOTRE CUISINE ZÉRO DÉCHET

Découvrez les ustensiles culinaires qui facilitent la vie en évitant le gaspillage !

Zéro déchet info

L'Inox est inoxydable, sain, robuste, facile à nettoyer et relativement écologique à produire. Le bois est également une matière saine et durable. Des matériaux durables pour une cuisine Zéro déchet !

Zéro déchet astuces

Vous n'avez pas d'essoreuse à salade ? Rincez-la dans un saladier, puis séchez-la dans un torchon propre. Vous éviterez ainsi l'achat d'un objet en plastique ! Et gardez l'eau pour arroser vos plantes.

- ☐ **ESSUIE-TOUT LAVABLE**
- ☐ **LUNCH BOX EN INOX** pour les repas à emporter
- ☐ **BOCAUX HERMÉTIQUES** pour conserver les produits en vrac
- ☐ **PLANCHE À DÉCOUPER, SPATULE ET ROULEAU À PÂTISSERIE EN BOIS**
- ☐ **TORCHONS**
- ☐ **RECOUVRE-BOL** (tissu élastique pour recouvrir vos plats)
- ☐ **PETIT SEAU À COMPOST REFERMABLE** (pour garder les déchets organiques avant de les mettre au compost ou au lombricomposteur voir p.73)

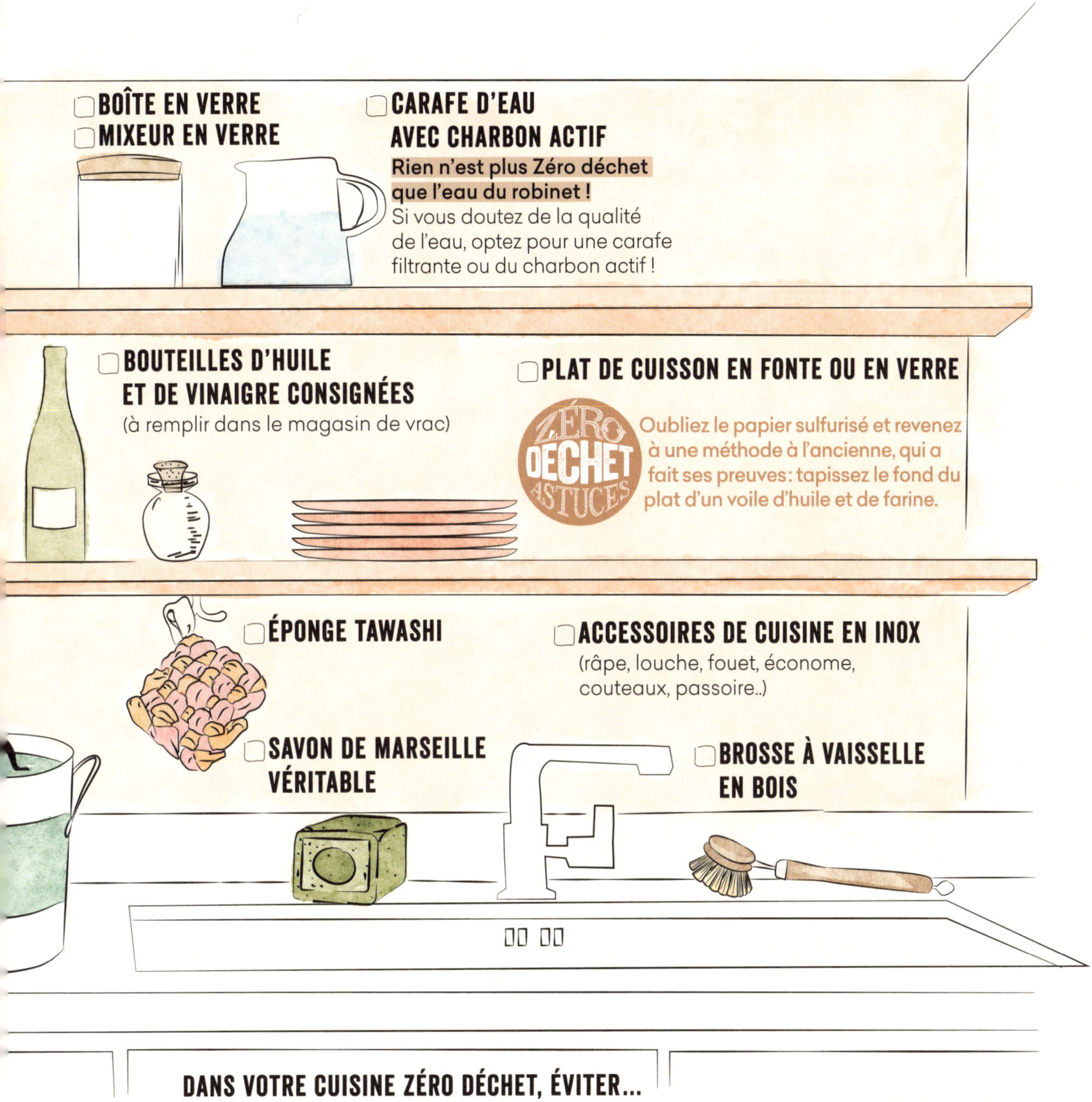

- ▢ **BOÎTE EN VERRE**
- ▢ **MIXEUR EN VERRE**

▢ **CARAFE D'EAU AVEC CHARBON ACTIF**

Rien n'est plus Zéro déchet que l'eau du robinet !
Si vous doutez de la qualité de l'eau, optez pour une carafe filtrante ou du charbon actif !

▢ **BOUTEILLES D'HUILE ET DE VINAIGRE CONSIGNÉES**
(à remplir dans le magasin de vrac)

▢ **PLAT DE CUISSON EN FONTE OU EN VERRE**

Zéro déchet astuces

Oubliez le papier sulfurisé et revenez à une méthode à l'ancienne, qui a fait ses preuves : tapissez le fond du plat d'un voile d'huile et de farine.

▢ **ÉPONGE TAWASHI**

▢ **ACCESSOIRES DE CUISINE EN INOX**
(râpe, louche, fouet, économe, couteaux, passoire..)

▢ **SAVON DE MARSEILLE VÉRITABLE**

▢ **BROSSE À VAISSELLE EN BOIS**

DANS VOTRE CUISINE ZÉRO DÉCHET, ÉVITER...

Le plastique (y compris les boîtes hermétiques), le silicone , le téflon , les plats au revêtement antiadhésif. Tous ces matériaux sont controversés, souvent nocifs pour la santé.

RECETTES DE SAISON
ZÉRO DÉCHET
(DE LA PEAU AU TROGNON)

Cuisiner Zéro déchet, comme nous l'avons vu, c'est utiliser des produits bio, non transformés et de saison. Voici, pour chaque saison, des exemples de fruits et légumes à préparer dans l'esprit Zéro déchet.

EN HIVER : LE KIWI

AVEC LA CHAIR ET LA PEAU : SMOOTHIE DE KIWI ET BANANE

POUR 2 VERRES

PRÉPARATION : 15 MIN
CUISSON : 5 MIN

- 1 kiwi + la peau de 6 autres
- 1 banane
- 1 yaourt à la grecque ou, **en version végétale, 50 ml de lait végétal**
- 20 g de noisettes décortiquées
- 50 g de sucre de canne roux + 2 c. à s.

1. Concassez les noisettes et faites-les caraméliser quelques minutes dans une poêle avec les 2 cuillerées de sucre.
2. Disposez-les sur une feuille de papier cuisson et laissez-les refroidir.
3. Passez à la centrifugeuse le kiwi coupé en deux et la peau des 6 autres. Avec ce jus, mixez la banane et le yaourt ou le lait végétal. Ajoutez les 50 grammes de sucre et mélangez.
4. Servez dans des verres, parsemé d'éclats de noisette caramélisés.

AVEC LA PEAU : PELURES DE KIWIS CONFITES

POUR 1 SACHET

PRÉPARATION : 10 MIN
CUISSON : 15 MIN + 4 H

- La peau de 6 kiwis
- 120 g de sucre
- Le jus de 1 citron vert
- 1 c. à c. de curcuma en poudre

1. Recoupez la peau des kiwis en lanières.
2. Faites fondre le sucre avec 1 verre d'eau, sur feu vif, pendant 5 minutes.
3. Jetez les lanières de peau dans ce sirop, ajoutez le curcuma et le jus de citron, et laissez-les cuire sur feu doux pendant 10 minutes.
4. Égouttez-les sur une grille, puis faites-les dessécher au four pendant 4 heures à 70 °C (th. 2-3).

La bonne idée

Dès qu'elles sont bien sèches, vous pouvez conserver ces pelures dans un pot pendant plusieurs mois et les déguster à l'heure du thé.

AU PRINTEMPS : L'ASPERGE

AVEC LES PARTIES FIBREUSES : RIZ CROUSTILLANT AUX TIGES D'ASPERGES SAUTÉES

POUR 4 PERSONNES

PRÉPARATION : 10 MIN
CUISSON : 25 À 30 MIN

- Les tiges fibreuses de 1 botte d'asperges vertes
- 3 oignons nouveaux avec les fanes
- 250 g de riz basmati
- 70 cl de bouillon de légumes (voir recette du bouillon maison p. 59)
- 70 g de cacahuètes grillées à sec
- 20 cl de lait de coco
- 4 c. à s. d'huile d'olive
- 1 c. à c. de curry
- 1 c. à s. de sauce satay
- Quelques feuilles de coriandre
- Sel et poivre

1. Pelez les tiges d'asperges, puis coupez-les en rondelles. Faites-les cuire 10 minutes à la vapeur.
2. Faites chauffer l'huile dans une grande poêle, ajoutez le riz et les oignons, les rondelles d'asperges, du sel, du poivre et le curry. Remuez 5 minutes, puis versez le bouillon et faites cuire à couvert 10 minutes sans remuer. Poursuivez la cuisson 5 minutes à découvert puis, une fois le bouillon absorbé, ajoutez les cacahuètes concassées. Remuez le riz avec une spatule et laissez-le croustiller quelques minutes.
3. Faites chauffer le lait de coco avec la sauce satay. Salez et poivrez.
4. Servez le riz avec la sauce à part et de la coriandre ciselée.

AVEC LES POINTES : ASPERGES VERTES EN SAUCE MOUSSELINE

POUR 4 PERSONNES

PRÉPARATION : 15 MIN
CUISSON : 10 MIN

- 2 bottes d'asperges vertes
- 2 œufs
- 25 cl d'huile de tournesol
- 1 c. à s. de moutarde à l'ancienne
- 1 c. à s. de gros sel
- Quelques feuilles d'estragon
- Sel et poivre

1. Épluchez les asperges avec un rasoir à légumes et cassez à la main la partie fibreuse. Gardez celle-ci et les peaux pour les recettes suivantes.
2. Faites bouillir de l'eau dans une grande sauteuse avec le gros sel, puis plongez les pointes des asperges et laissez-les cuire 10 minutes. Égouttez-les soigneusement sur un torchon.
3. Séparez les blancs d'œufs des jaunes. Battez les jaunes dans un saladier avec la moutarde, du sel et du poivre. Montez la mayonnaise à l'aide d'un batteur en ajoutant peu à peu l'huile.
4. Battez les blancs d'œufs en neige et ajoutez-les délicatement à la mayonnaise.
5. Servez les asperges tièdes avec la mayonnaise et de l'estragon finement ciselé.

Pour une version végétale, renseignez-vous sur Internet.

EN ÉTÉ :
LA CAROTTE

AVEC LA CHAIR ET LES FANES : CAROTTES AU CUMIN

POUR 4 PERSONNES

PRÉPARATION : 5 MIN
CUISSON : 20 MIN

- 1 botte de carottes
- 70 g de beurre ou, **en version végétale, 70 g d'huile végétale neutre (tournesol, colza…)**
- 2 c. à s. de sucre roux
- Le jus et le zeste de ½ citron
- 1 c. à c. de cumin en poudre
- Sel et poivre

1. Épluchez les carottes et coupez-les en rondelles. Gardez les pelures pour la recette suivante. Coupez les fanes.
2. Mettez-les dans une sauteuse avec le beurre ou l'huile, le sucre, le cumin, du sel, du poivre, le jus et les zestes de citron. Ajoutez de l'eau à niveau, couvrez, puis faites cuire 20 minutes sur feu doux. Surveillez le niveau d'eau afin que les carottes n'attachent pas. En fin de cuisson, l'eau doit avoir presque disparu.

À déguster chaud ou froid ! Conservez les fanes pour faire une soupe.

AVEC LA PEAU : CHIPS DE PELURES DE CAROTTES

POUR 1 BOL

PRÉPARATION : 10 MIN
CUISSON : 20 MIN

- Les pelures de 1 botte de carottes
- Quelques feuilles de céleri
- Quelques feuilles de coriandre
- 1 c. à c. de poudre d'ail
- Huile de friture
- 1 c. à s. de fleur de sel
- Poivre

1. Lavez, puis épongez les pelures de carottes dans un tissu propre.
2. Disposez, sur une plaque allant au four, le sel, le poivre, les feuilles de céleri et de coriandre et l'ail. Laissez-les dessécher 15 minutes à 160 °C (th. 5-6).
3. Mixez finement ce sel aromatisé.
4. Faites chauffer l'huile, puis plongez les pelures de carottes dans le bain de friture pendant 3 minutes. Égouttez-les sur le tissu utilisé précédemment. Saupoudrez-les de sel aromatisé.

RECYCLER

DO

- Si un gâteau a séché ou un biscuit s'est ramolli, pensez à l'utiliser en miettes pour un crumble.
- Le pain sec peut se transformer en pudding, en pain perdu, en croûtons pour la salade ou en chapelure.
- Toutes les écumes de confiture peuvent servir à garnir des fonds de tarte aux fruits ou parfumer des gâteaux ou des yaourts. Elles contiennent des impuretés qui risquent de gâter la conservation, mais peuvent être dégustées rapidement sans inconvénient.
- Les tiges, fanes et feuilles des oignons ou des herbes un peu flétries peuvent servir à confectionner des bouquets garnis savoureux.
- Les pelures sèches des oignons peuvent être réduites en poudre pour parfumer soupes et autres préparations.

EN AUTOMNE : LA POIRE

AVEC LE JUS, LA PEAU ET LE TROGNON : JUS DE POIRE AU GINGEMBRE

POUR 1 VERRE

PRÉPARATION : 5 MIN

- La peau et les trognons de 6 à 8 poires (conservés au frais à mesure que vous en mangez)
- 1 morceau de gingembre de 1 cm environ
- Le jus de ½ citron

1. Passez les pelures et les trognons à la centrifugeuse avec le gingembre et le jus de citron.
2. Buvez aussitôt.

AVEC LA CHAIR : POIRES AU SIROP VANILLÉ

POUR 4 PERSONNES

PRÉPARATION : 10 MIN

CUISSON : 35 MIN

- 8 poires conférence
- 150 g de sucre
- Le jus de 1 citron
- 1 sachet de sucre vanillé
- 2 gousses de vanille
- 3 grains de poivre noir
- 2 branches de citronnelle

1. Épluchez les poires, coupez-les en quatre et enlevez le trognon. Gardez la peau et les trognons pour les recettes suivantes. Arrosez les poires avec le jus de citron.
2. Faites fondre les sucres dans une casserole avec 1,5 litre d'eau, les gousses de vanille fendues en deux, le poivre et la citronnelle hachée.
3. Portez à ébullition, puis ajoutez les poires, baissez le feu et faites cuire 15 minutes.
4. Laissez refroidir les poires dans le sirop, puis égouttez-les. Faites réduire le sirop pendant 15 minutes sur feu vif et filtrez-le.
5. Servez les poires avec un peu de sirop.

DON'T

Tout n'est pas bon à manger. Certaines plantes ont des parties toxiques et d'autres pas très intéressantes à cuisiner. Voici une petite liste non exhaustive de produits à oublier.

- Les feuilles de rhubarbe
- Les noyaux d'abricot, pêche, cerise…
- Les feuilles dures des artichauts
- La peau crue des pommes de terre
- Les peaux de banane
- Les peaux de fruits exotiques comme les mangoustans, ramboutans, litchis, fruits de la Passion, mangue, sharon (variété de kakis), etc.
- La peau et le noyau des avocats
- Les bogues des noix et châtaignes
- Les coquilles des fruits à coques
- Les feuilles et tiges extérieures des cardons

LE COMPOST

Le compost est LA solution idéale pour éliminer vos déchets organiques qui vont ensuite fertiliser la terre. Simple et bénéfique, c'est l'un des piliers du Zéro déchet !

RENDRE À LA TERRE

LE COMPOSTEUR DE JARDIN

C'est la solution la plus simple, mais il vous faut une parcelle de terrain en contact avec la terre. Achetez ou fabriquez un composteur pour votre jardin. Mettez-y régulièrement vos déchets organiques et les micro-organismes viendront naturellement faire le reste.

Si vous n'avez pas de jardin, compostez vos déchets grâce à nos amis les lombrics !
(voir ci-contre, p.35 et p.75)

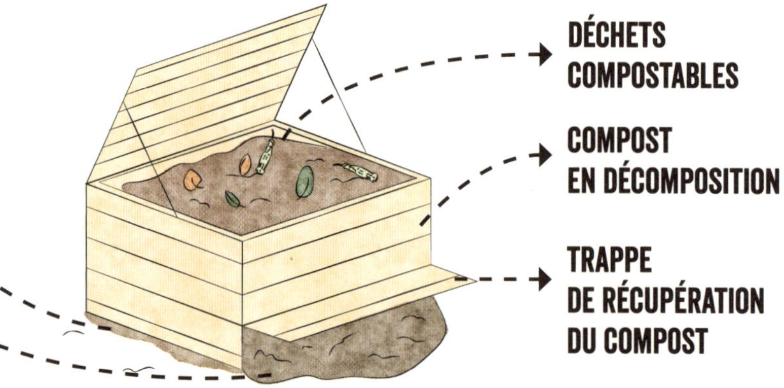

CONSEILS POUR UN COMPOST AU TOP

- Retournez-le à l'aide d'une fourche au moins 1 à 2 fois par mois.
- Mélangez toujours 1/3 de compost sec (feuilles mortes, carton...) pour 2/3 de matière humide (épluchures...).
- Plus vous attendrez (minimum 6 mois avant une première utilisation), plus le compost sera de bonne qualité.
- S'il ne sent pas bon, c'est anormal, il est sûrement trop humide ! Ajoutez du compost sec et/ou laissez l'air circuler dedans en ouvrant le couvercle.
- **Utilisation:** l'engrais naturel généré par le compost est appelé « humus ». C'est un engrais puissant. Mélangez toujours 3 doses de terre avec une dose d'humus pour nourrir vos plantes et votre potager.

ZÉRO DÉCHET ASTUCES

Faute d'un composteur, vous pouvez tout simplement mettre vos déchets organiques en « butte » dans un coin du jardin et le retourner lui aussi régulièrement. Cela fera très bien l'affaire.

LE LOMBRICOMPOSTEUR

Si vous n'avez pas de jardin, compostez vos déchets grâce à nos amis les lombrics

- Les vers sont fragiles et sensibles aux variations de température, gardez votre lombricomposteur dans un endroit où la température se maintient entre 5 et 25 °C.
- Si vous le mettez dehors, d'autres petits invités les rejoindront sûrement, pas de panique, c'est normal.
- Les lombrics peuvent être laissés 3 à 4 semaines sans nourriture supplémentaire, vous pouvez partir en vacances sereinement.
- Mélangez toujours $^1/_3$ de déchets secs à $^2/_3$ de déchets humides pour un bon équilibre.
- Les vers détestent la lumière et le soleil direct, placez le lombricomposteur à l'abri du soleil.
- Avant de mettre vos déchets organiques dedans, découpez-les en petits morceaux (de 2 cm environ). Plus ils seront fins, plus les vers pourront les consommer rapidement.

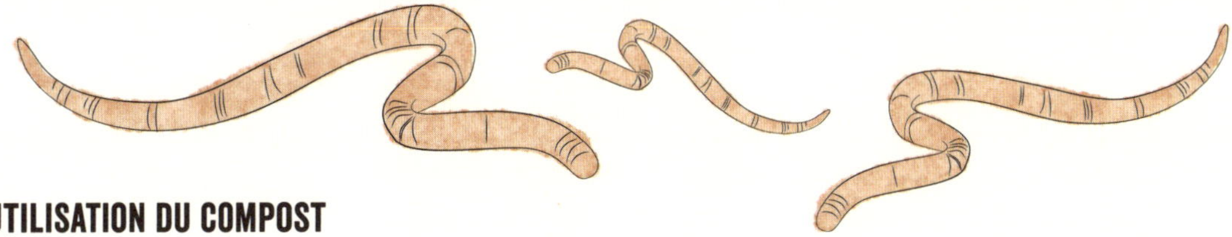

UTILISATION DU COMPOST

L'engrais naturel généré par le lombricomposteur et récolté dans la partie basse du système est appelé « lombrithé ». C'est un engrais très fort qui ne doit surtout pas être versé directement sur les plantes. Diluez 1 dose de lombrithé dans 10 doses d'eau avant de verser le tout dans vos plantes. Soyez patient, votre premier lombrithé peut mettre plusieurs mois à se former. Pour fabriquer votre lombricomposteur, voir p.75.

LE COMPOSTEUR DE CUISINE

C'est une petite poubelle qui permet de valoriser les déchets organiques sans vers à compost, et d'obtenir, grâce à des micro-organismes contenus dans des « activateurs de compost », un engrais liquide et un compost très riche. Vous pouvez vous en procurer sur le site *ecovi.fr.* Utilisez l'engrais liquide du composteur de cuisine comme du lombrithé et le compost comme de l'humus.

D'AUTRES SOLUTIONS DE COMPOSTAGE

- Apportez vos déchets organiques à un jardin partagé.
- Apportez vos déchets organiques à un compost collectif de votre ville, de votre immeuble ou de votre quartier.
- Si vous n'avez pas de solution, proposez à votre copropriété la mise en place d'un composteur dans la cour ou envoyez une demande à votre ville !

QUE METTRE DANS SON COMPOST
OU SON LOMBRICOMPOSTEUR ?

Afin d'éviter tout problème, notamment d'odeur et pour optimiser la qualité de votre compost respectez cette petite charte.

DÉCHETS DE CUISINE

DO

- Épluchures et restes de fruits et légumes
- Marc de café, filtres en papier
- Sachets de thé (sans agrafe), infusions, thé en vrac
- Coquilles d'œufs concassés
- Pain rassis

MODÉRÉMENT
(ET COUPÉ EN PETITS MORCEAUX)

- Ail, oignon
- Restes de pâtes, riz, pomme de terre
- Pelures d'agrumes

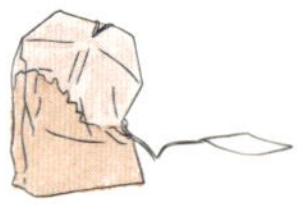

DON'T

- Produits animaux
- Huiles
- Coques, coquilles de fruits de mer
- Gros noyaux

DÉCHETS DU JARDIN

DO

- Tontes de gazon
- Feuilles mortes
- Tailles de haies
- Petits branchages
- Fleurs fanées

DON'T

- Grosses tailles ou branches entières
- Sable, gravats

DÉCHETS NON ALIMENTAIRES

DO

- Paille, foin, écorces (broyées)
- Serviettes et mouchoirs en papier
- Essuie-tout (non imbibé de produits ménagers toxiques)
- Rouleaux vides de papier toilette et d'essuie-tout
- Cendres et copeaux de bois
- Papier journal

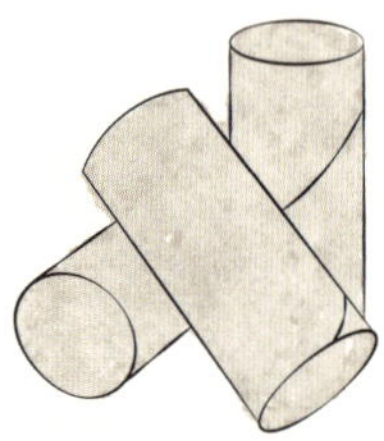

DON'T

- Cendres de charbon
- Excréments, litières
- Cartons imprimés, papier glacé, tissus
- Déchets non organiques (plastique, métal...)

DIY

FABRIQUER SON LOMBRICOMPOSTEUR

OUTILS :

- **2 OU 3 BOÎTES EN PLASTIQUE EMPILABLES, OU 2 ANCIENS GROS POTS DE PEINTURE**
- **1 PERCEUSE** (empruntez-la à votre voisin ou sur Mutum, réseau gratuit de prêt et d'emprunt)
- **1 ROBINET** (type robinet pour récupérateur d'eau)

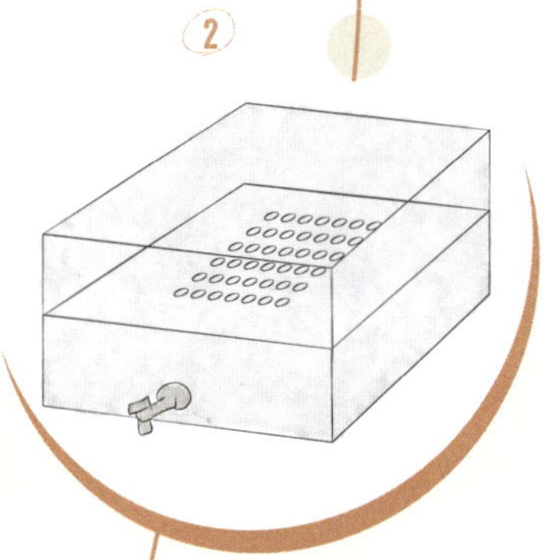

1. Dans la boîte du fond (sans couvercle), faites un trou le plus bas possible sur la paroi de devant pour y fixer le robinet.
2. Empilez une autre boîte plastique sur la première, percez-la de petits trous au fond avec la perceuse. Ils permettront au lombrithé de s'écouler dans le bac inférieur.
3. Posez le couvercle et percez quelques trous dedans pour laisser l'air circuler dans le composteur.
4. Lorsque le bac est plein, ajoutez un autre bac lui aussi percé de trous au fond pour permettre aux lombrics de passer d'un bac à un autre.
5. Pour rendre la récupération du lombrithé plus facile, vous pouvez ajouter des pieds à votre composteur, ou simplement le surélever sur un support.

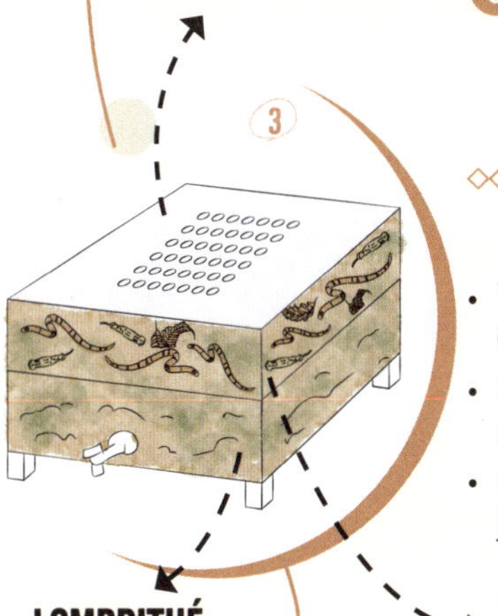

LE DÉMARRAGE DU COMPOST

- Vous pouvez acheter des lombrics en ligne, ou mieux, de seconde main (*leboncoin.fr, donnons.org*).
- Déposez les lombrics dans le bac supérieur et recouvrez-les d'une petite couche de papier journal.
- Chaque jour, coupez vos déchets en petits morceaux, soulevez le papier journal et ajoutez-les aux lombrics.

TABLEAUX D'ACTIONS **ZÉRO DÉCHET**

Où en êtes-vous dans votre démarche alimentaire Zéro déchet ? Pour le savoir, cochez toutes les actions que vous menez déjà et vous saurez si vous êtes Colibri (débutant), Padawan (confirmé) ou Z'héros déchet (expérimenté).

NIVEAU 1 - COLIBRI 	×
J'achète mes fruits et légumes en vrac dans des sacs en tissu.	
Je choisis des légumes de saison.	
Je réduis ma consommation de produits animaux : je suis flexitarien.	
J'achète des produits bio régulièrement.	
Je donne mes boîtes hermétiques aux commerçants pour mes produits frais à la coupe et au poids.	
J'utilise de l'essuie-tout lavable.	
J'apprends à cuisiner.	
Je cuisine « touski » : j'accommode mes restes.	
J'utilise des boîtes hermétiques et/ou des recouvre-bols pour mieux conserver mes restes.	
Je bois l'eau du robinet (éventuellement avec une carafe filtrante ou du charbon actif).	
J'achète du café et du thé en vrac issus du commerce équitable.	
J'achète uniquement des œufs catégorie 0.	

NIVEAU 2 - PADAWAN 	X
J'achète mes féculents, légumineuses et céréales en vrac dans des sacs en tissu.	
Je choisis majoritairement des légumes bio, ocaux et de saison.	
Je ne mange plus de viande.	
Je ne mange plus de poisson.	
J'achète essentiellement en circuit court de distribution (marché, plateformes de circuits courts voir p. 47).	
J'achète essentiellement des produits abellisés bons pour l'environnement et ma santé.	
Je fabrique moi-même mes sacs de vrac voir p.51).	
Je cuisine régulièrement.	
Je composte mes déchets organiques.	
J'achète mon miel à un apiculteur.	
Je réduis ma consommation de thé et de café.	
J'utilise une cafetière italienne, à filtre, ou une capsule à café réutilisable.	
J'utilise mon marc de café avant de le mettre au compost.	
Je réduis ma consommation d'œufs et de lait.	
Je bannis le papier alu, le film plastique et le papier cuisson.	

NIVEAU 3 - Z'HÉROS DÉCHET 	X
Mon régime alimentaire est essentiellement végétal.	
J'offre des sacs de vrac à mon entourage pour les encourager à acheter ainsi.	
Je fais des cueillettes paysannes.	
Je participe à un supermarché coopératif.	
Je m'inscris et participe au fonctionnement d'une AMAP.	
Je ne fais plus mes courses en supermarché.	
Je n'achète plus de silicone, de teflon ni de revêtements antiadhésifs. Je choisis des accessoires de cuisine en bois ou en Inox.	
Je cuisine systématiquement mes repas.	
Je cuisine les épluchures.	
Je soutiens les abeilles en parrainant une ruche sur *untoitpourlesabeilles.fr*	
Je renoue avec mes commerçants de quartier : boulanger, fromager...	
Je fabrique mon lombricomposteur (voir p.75).	

NOTRE SALLE DE BAINS zéro déchet

Hygiène et intimité

ÉTAT DES LIEUX

NOTRE HYGIÈNE ET NOTRE INTIMITÉ

+ de 150 milliards

d'euros par an
C'est le coût infligé à l'Europe par les effets des perturbateurs endocriniens.

soit

1,23 % du PIB européen

En raison des procédures d'aide à la procréation, les traitements pour troubles de l'attention, l'hyperactivité, etc.
Source : CNRS

2 190

cotons démaquillants
sont utilisés en moyenne par une femme en France, chaque année.
Source : consoGlobe

20 milliards

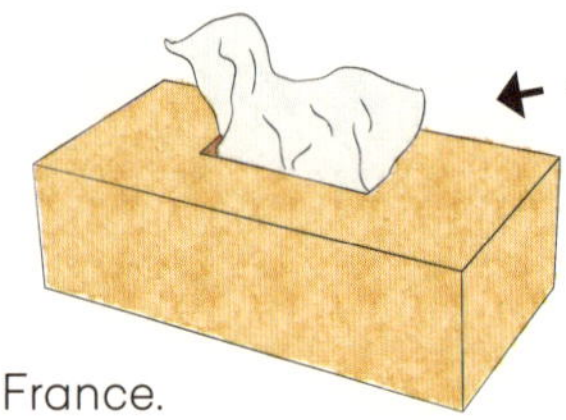

de mouchoirs en papier
sont jetés chaque année en France.
Source : Planetoscope

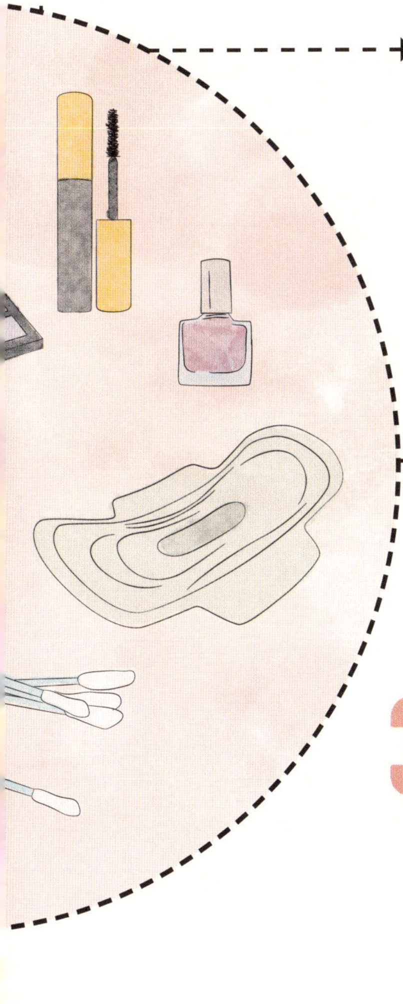

40 % des cosmétiques contiennent **au moins 1** perturbateur endocrinien.

Source : Notéo, institut indépendant qui donnait une note à chaque produit alimentaire (site fermé)

1,2 million de tonnes de Cotons-Tiges sont utilisés et jetés chaque année en France.

Source : L'emballage écologique

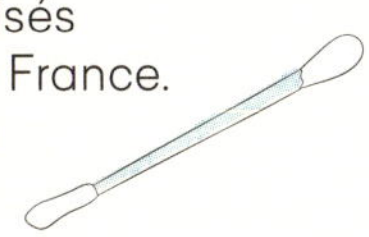

Bonne nouvelle !

2020 c'est l'année où les Coton-Tiges en plastique seront interdits en France en raison de leur pollution massive dans les océans.

Source : décret n° 2017-291 du 6 mars 2017

45 milliards de serviettes hygiéniques sont jetées chaque année dans le monde.

Source : Planetoscope

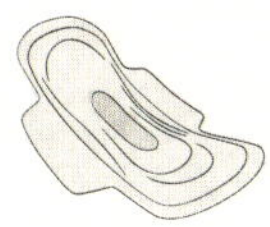

soit

351 000 tonnes de déchets pour un coût de **21 millions d'euros** de gestion des déchets.

Source : *planetoscope.com/hygiene-beauté*

ÉTAT DES LIEUX

LA COSMÉTIQUE

L'histoire des cosmétiques est avant tout celle du regard que nous posons sur nous-mêmes et des besoins créés par le marketing pour nous inciter à faire plus que des soins naturels. Les ménages français dépensent chaque année 3 000 € pour leur apparence, la créer, la changer, la maintenir, l'améliorer. Source : INSEE

Si les vêtements restent le premier poste de nos dépenses, nous consacrons plus de temps aux soins cosmétiques : plus de 3 heures en moyenne chaque semaine pour les femmes. Source : Topsante

Loin d'être anodins, les cosmétiques et produits d'hygiène traversent la barrière cutanée et peuvent menacer notre santé.

⚠ ALERTE MAXIMALE : LES PERTURBATEURS ENDOCRINIENS !

Ce sont des substances chimiques qui ressemblent beaucoup aux hormones et perturbent le système hormonal responsable de nombreux comportements biologiques essentiels : croissance, puberté, température corporelle, métabolisme, faim, satiété, libido... Ils peuvent entre autres réduire la fertilité, provoquer l'obésité, déclencher des pubertés précoces, faire baisser le quotient intellectuel, provoquer des troubles de l'attention...

Ils sont présents dans de nombreux produits du quotidien : cosmétiques, colorations capillaires, maquillage (mais aussi vêtements, peintures, viande, meubles...).

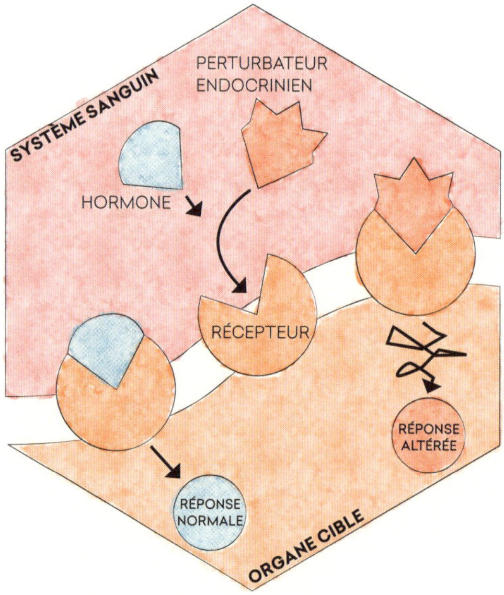

À FUIR

- **Benzène**

- **BHA (Hydroxyanisole butylé):** fréquemment utilisé dans les produits de maquillage et d'hygiène

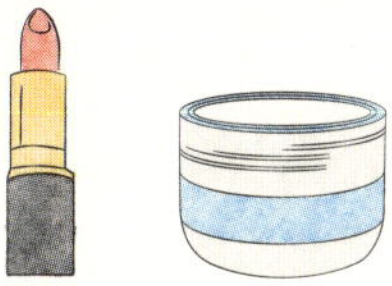

- **Bisphénols**

- **Nonylphenol (NP ou nonoxynol):** utilisé dans les nettoyants, mousses à raser, produits coiffants…
- **Parabens**

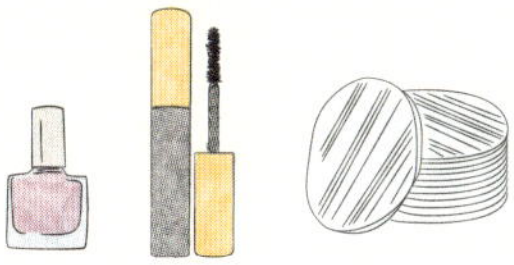

- **Phénoxyéthanol:** souvent présent dans les lingettes pour bébés

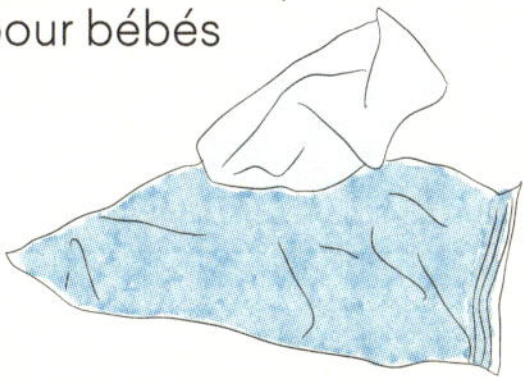

- **Phtalates:** dans les packagings en plastique PET ou PVC

- **Silicones (cyclopentasiloxane, dimethicone, siloxane, méthicone):** dans les shampoings, crèmes, déodorant

- **Sodium lauryl sulphate**
- **Triclosan:** dans les dentifrices notamment

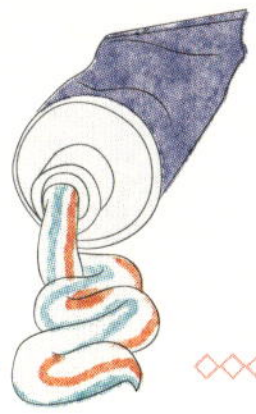

Évitez surtout de multiplier les perturbateurs endocriniens en contact continu avec votre peau, l'« effet cocktail » lié à leurs interactions est encore plus dangereux.

Pour vous aider à choisir vos cosmétiques : téléchargez l'application Generations Cobayes ou Skin Deep®

NOTRE SALLE DE BAINS ZÉRO DÉCHET

Donnez tout de suite votre poubelle de salle de bains ! Avec ces quelques indispensables, vous n'en aurez plus l'utilité !

☐ **KIT DE RASAGE**

Rasoir de sûreté + blaireau + savon de Marseille ou pain de rasage solide. Il suffit de frotter le blaireau humidifié sur le savon, une mousse se forme, il n'y a plus qu'à raser en douceur !

☐ **GEL D'ALOE VERA**

Retrouvez toutes ses utilisations p. 86

☐ **BAUME À LÈVRES MAISON**

recette p. 89

☐ **DÉODORANT MAISON**

recette p. 88

☐ **LINGETTES DÉMAQUILLANTES RÉUTILISABLES**

Les femmes utiliseraient chacune plus de 2000 cotons démaquillants par an. Troquez-les contre des lingettes réutilisables, qui peuvent servir plusieurs années avant de rejoindre la filière de recyclage textile.

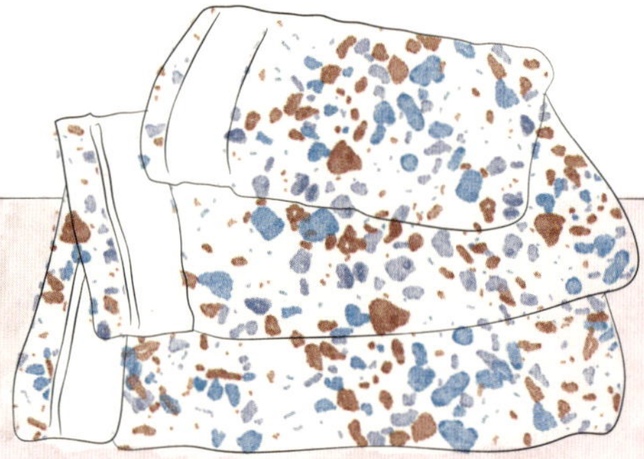

☐ **HUILE VÉGÉTALE (TYPE JOJOBA)**

Pour vous démaquiller ou vous hydrater la peau ! Pour maximiser l'hydratation de la peau après avoir appliqué votre huile végétale, mettez un peu de gel d'aloe vera.

▢ CUPS, SERVIETTES RÉUTILISABLES ET CULOTTES MENSTRUELLES

Les femmes utilisent chacune entre 10 000 et 15 000 produits menstruels au cours de leur vie. Heureusement, il existe des alternatives saines et Zéro déchet (voir p. 93).

Source : consoGlobe

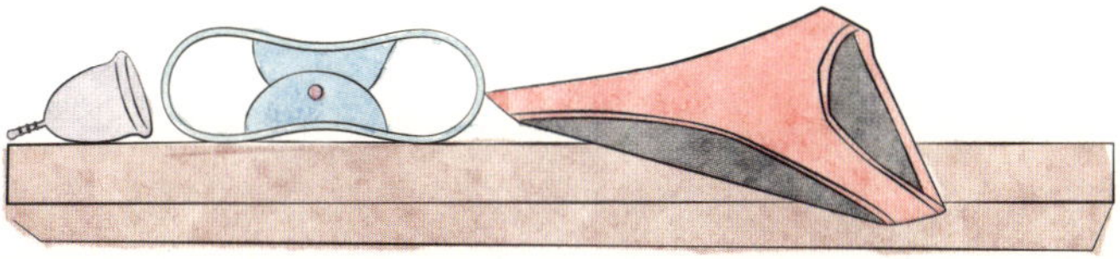

▢ ORICULI (BÂTONNET EN BOIS RECOURBÉ) OU CLEARS®

(instrument en silicone médical).
Au moins 800 Coton-Tiges sont vendus chaque seconde, ce sont autant de ressources gaspillées.

Source : Planetoscope

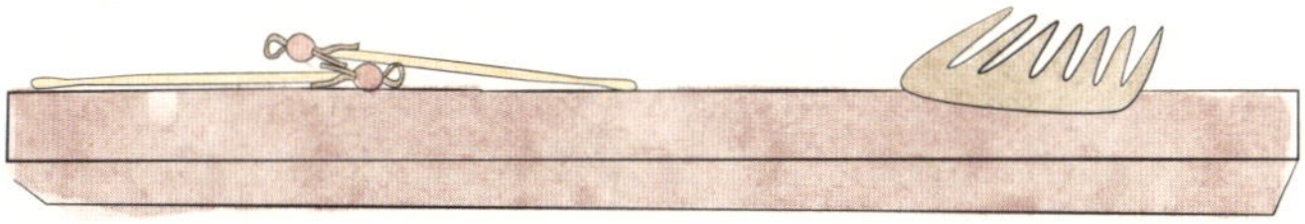

▢ SAVON SOLIDE

186 millions de flacons de gel douche vendus chaque année en France, soit 16 000 tonnes d'emballages : passez au solide !

▢ SHAMPOING SOLIDE

▢ BROSSE À DENTS COMPOSTABLE

ou à **tête interchangeable**

▢ DENTIFRICE MAISON

recette p. 88

LE GEL D'ALOE VERA

*C'est le fait-tout de la cosmétique,
LE produit multi-usage par excellence !*

CRÈME POUR LE VISAGE

Son pouvoir hydratant en fait une excellente crème pour le visage. Il est également parfait pour les peaux matures, car c'est un antirides naturel : effet tenseur garanti !

AISSELLES, JAMBES, BARBE

C'est un excellent après-rasage qui répare très bien les microcoupures.

CONTOUR DE L'ŒIL

Son côté frais et tenseur le rend parfait pour le contour des yeux. Vous pouvez même le conserver au réfrigérateur pour plus d'efficacité !

GERÇURES

Vous avez les lèvres sèches ? Une goutte d'aloe vera suffira à les hydrater.

CRÈME POUR LE CORPS, LES MAINS, LES PIEDS

Eh oui, son pouvoir hydratant est tel qu'il est aussi idéal pour les zones très sèches. Pourquoi on l'aime ? Il n'est pas gras, pénètre instantanément et s'étire si bien qu'il faut peu de matière pour couvrir une bonne surface.

APRÈS-SOLEIL ET SOIN SUR LES BRÛLURES

Apaisant et régénérant, c'est un excellent après-soleil et il fait des merveilles contre les brûlures et les coups de soleil ! #parolesderouquine
Je pense même que c'est là où il est le plus efficace, c'est tout simplement impressionnant!

SOIN POUR LES CHEVEUX

Appliquez ce gel sur cheveux humides pour les hydrater en profondeur. Inutile de rincer.

GEL COIFFANT

Sur cheveux secs, le gel permettra de dessiner vos boucles et de mettre vos cheveux en forme.

PIQÛRES D'INSECTES ET DÉMANGEAISONS

Un peu de gel d'aloe vera sur vos piqûres et adieu les démangeaisons ! Vous pouvez aussi le mélanger à 1 ou 2 gouttes d'huile essentielle de lavande aspic pour plus d'efficacité, idem pour les brûlures et coups de soleil !

CICATRICES

Grâce à son pouvoir cicatrisant, il referme les plaies sans laisser de cicatrices et peut même faire disparaître les anciennes cicatrices (vous avez jusqu'à 2 ans en moyenne pour agir).

ZÉRO GASPI ASTUCES

Si vous achetez du gel d'aloe vera tout prêt, veillez à le choisir bio, dans un contenant recyclable et à 98 ou 99 % pur. Évitez les poudres ou concentrés d'aloe vera. Étant donné les mille et une choses qu'il remplacera dans votre salle de bains, choisissez un grand contenant, il vous coûtera moins cher au litre et génèrera moins d'emballage.

DIY

EXTRAIRE DU GEL DE L'ALOE VERA

MATÉRIEL :

- **1 ALOE VERA** (une feuille)
- **1 COUTEAU OU UNE CUILLÈRE**
- **1 PLANCHE À DÉCOUPER**
- **1 VERRE**

1. Lavez-vous les mains et nettoyez bien vos instruments.
2. Détachez une feuille extérieure de l'aloe vera. Elles sont souvent plus mûres et plus gorgées de gel. Coupez près de la base, d'un geste net, avec un couteau propre.
3. Mettez les feuilles à la verticale dans un récipient et laissez la résine s'écouler 10 minutes au moins. Cette résine jaune foncée peut irriter légèrement la peau, il est préférable qu'il n'en reste pas dans le gel.
4. Coupez ensuite la feuille en deux dans la longueur.
5. Prélevez le gel avec une grosse cuillère sur chacune des deux parties et mettez-le dans un contenant propre.
6. Gardez-le au réfrigérateur une semaine ou deux. Si vous souhaitez le conserver un mois ou deux, ajoutez 500 mg de vitamine C en poudre pour 60 ml d'aloe vera.

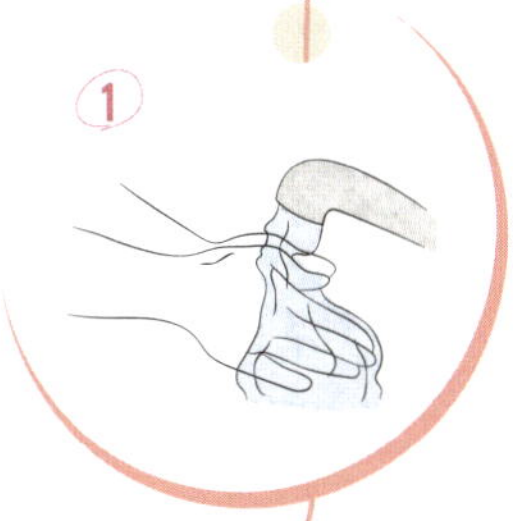

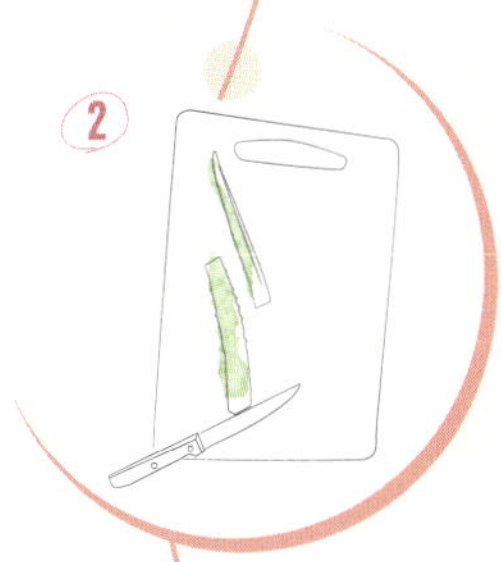

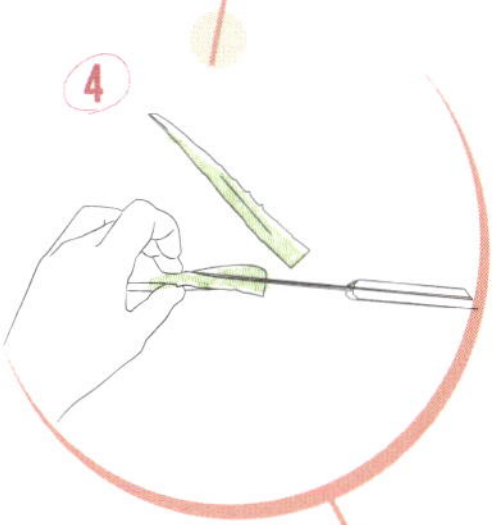

ZÉRO GASPI ASTUCES

Comme l'aloe vera ne se conserve pas longtemps, n'en préparez pas une trop grande dose à la fois, ou donnez le surplus à vos ami(e)s. Si votre aloe vera est encore jeune, ne le coupez pas trop tôt, et soyez patient entre 2 prélèvements. Vous pouvez également trouver des feuilles d'aloe vera en magasin bio ou acheter du gel tout prêt !

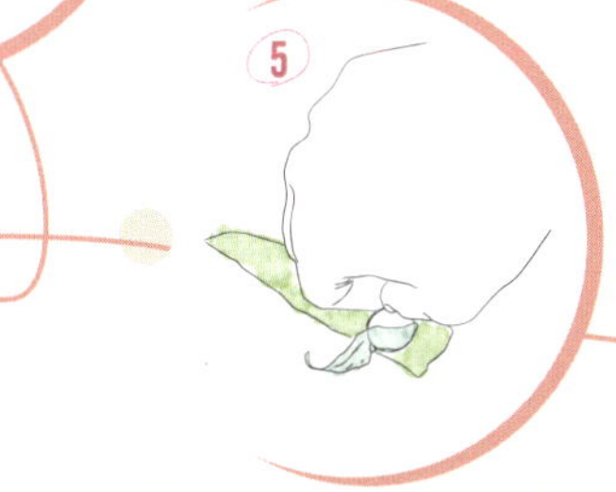

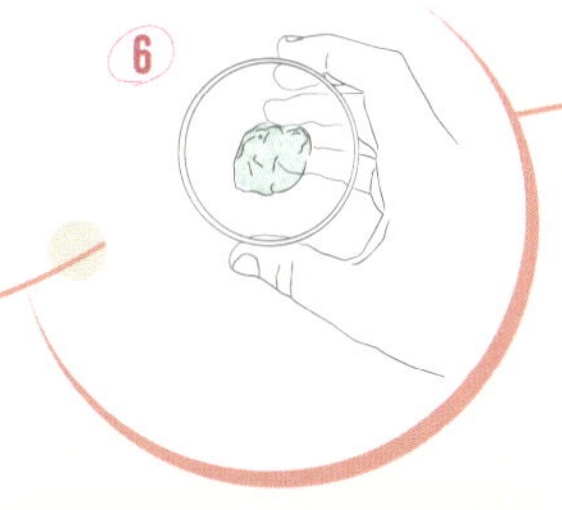

RECETTES POUR SOINS
HYGIÈNE ET BEAUTÉ ZÉRO DÉCHET

Voici les recettes de 6 produits essentiels à notre hygiène. Facile à préparer et peu exigeants, ils vous feront en outre réaliser de belles économies.

DÉODORANT

- 2 c. à c. d'huile de coco (hydratante, antibactérienne, antimicrobienne)
- 1 c. à c. de bicarbonate de soude (désodorisant naturel)
- 3 gouttes d'huile essentielle de palmarosa
- 1 c. à c. de fécule de maïs (ou arrow-root)

- Mélangez l'ensemble des ingrédients et stockez à l'abri de la lumière, jusqu'à 3 mois.

UTILISATION

Prélevez un peu de pâte, étalez sous chaque aisselle.

ASTUCE

L'huile essentielle de palmarosa est à elle seule un déodorant naturel ! 1 goutte sous chaque aisselle et vous êtes parés pour la journée ! D'ailleurs, le bicarbonate de soude peut lui aussi être utilisé seul.

DENTIFRICE

- 1 c. à c. d'argile blanche
- 3 c. à c. de blanc de Meudon (= carbonate de calcium)
- 3 à 5 gouttes d'huile essentielle de menthe poivrée

- Dans un petit pot en verre hermétique, mélangez le tout. C'est prêt ! Conservez jusqu'à 3 mois.

ATTENTION ⚠

Ne dépassez jamais 1 % d'huile essentielle dans la préparation de vos cosmétiques Zéro déchet (1 gramme, pour 100 grammes de préparation).

UTILISATION

Saupoudrez un peu de poudre sur votre brosse à dents mouillée et utilisez-la comme votre dentifrice habituel. Ce dentifrice ne mousse pas, c'est normal, mais il nettoie très bien les dents, ne vous inquiétez pas ! Évitez les dentifrices à base de bicarbonate : une utilisation trop fréquente (plus d'une fois par semaine) peut abîmer l'émail des dents.

GOMMAGE HEBDOMADAIRE

- 1 c. à c. de marc de café
- 1 c. à c. d'huile végétale

- Dans un bol, mélangez le marc et l'huile. Frottez doucement votre visage avec ce mélange pendant 2 minutes.
- Rincez à l'eau froide. Votre peau est gommée et hydratée !

BAUME À LÈVRES

- cire (de soja ou d'abeille) bio
- huile végétale (noisette, jojoba, coco...)

- Dans un petit pot en verre, faites fondre à feux doux, au bain-marie, 1 cuillerée à soupe de cire avec 4 cuillerées à soupe d'huile végétale. Remuez jusqu'à ce que le mélange ait fondu totalement, puis retirez du feu et laissez refroidir. Le baume se solidifie rapidement.

UTILISATION

Étalez ce baume sur vos lèvres pour les hydrater ou sur vos ongles pour les solidifier. Vous pouvez même l'appliquer avec un vieux chiffon sur vos chaussures en cuir pour en raviver l'éclat et renforcer leur imperméabilité, idem pour le bois ! Enfin, vous pouvez aussi verser ce mélange dans votre ancien stick à lèvres !

ZÉRO DÉCHET ASTUCES

Pour nettoyer facilement les ustensiles qui ont été en contact avec la cire, versez de l'eau bouillante dessus.

LAQUE

- 1 vaporisateur
- Eau chaude
- 2 c. à s. rases de sucre
- 3 à 5 gouttes d'huile essentielle d'orange, de citron... (facultatif)

- Dans le vaporisateur, versez une grande tasse d'eau chaude et le sucre. Pour parfumer la laque, ajoutez éventuellement l'huile essentielle. Mélangez pour dissoudre le sucre dans l'eau. Laissez le mélange refroidir.

UTILISATION

Vaporisez sur cheveux secs. Laissez sécher 30 secondes, recommencez si nécessaire.

SHAMPOING SEC

- Fécule de maïs (ou arrow root)
- Huile essentielle d'eucalyptus
- Poudre de cacao (pour les brunes)

- Mélangez 4 cuillerées à café de fécule de maïs avec 3 gouttes d'eucalyptus. C'est prêt !
- Si vous êtes brune, ajoutez un peu de poudre de cacao pour colorer le mélange.

UTILISATION

Lorsque vos cheveux sont gras et que vous n'avez pas le temps de les laver, mettez-en un peu sur les racines grasses, étalez légèrement. Patientez 3 minutes, puis brossez légèrement vos cheveux (à la main ou avec une brosse ou un peigne). Et voilà !

QUELS PRODUITS PRIVILÉGIER ?

Choisir des produits de soin et d'hygiène écologiques offre un triple avantage : renforcer sa démarche Zéro déchet, préserver sa santé et faire des économies. Voici quelques exemples !

SOIN DE LA PEAU

DO

Huile végétale adaptée
+ aloe vera

N'oubliez pas, le meilleur moyen d'hydrater sa peau reste de boire de l'eau !

DON'T

Les produits cosmétiques pleins de perturbateurs endocriniens et chers !

DÉMAQUILLAGE

DO

Lingettes démaquillantes réutilisables

=

Zéro déchet

+ 250 €
d'économie
tous les 5 ans !

DON'T

Les cotons démaquillants jetables : les femmes en utilisent en moyenne

+ de 2 000
par an !

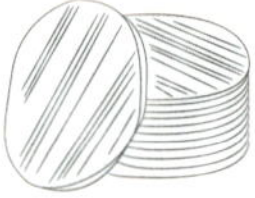

PROTECTIONS HYGIÉNIQUES

DO

Cup/serviettes réutilisables/ culottes menstruelles

=

Zéro déchet

+ 400 € d'économie

tous les 10 ans (durée de vie d'une cup) !

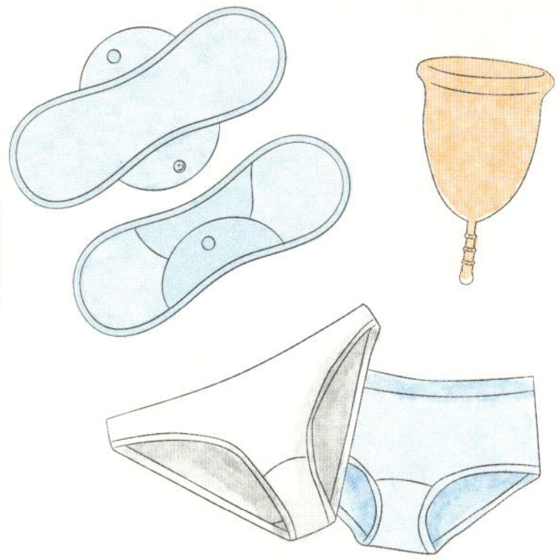

DON'T

~~Protections jetables~~

=

300 déchets

par an pour une femme + des risques pour la santé !

HYGIÈNE DES OREILLES

DO

Oriculi

=

Zéro déchet

et coût de

4,50 €

pour un objet utilisable à vie !

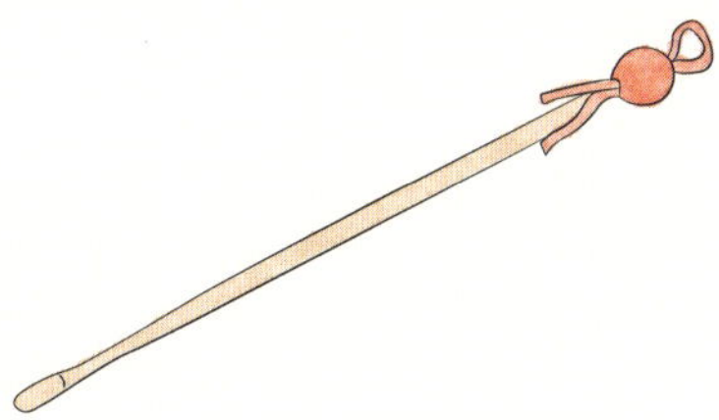

DON'T

~~Cotons-Tiges~~

=

1,2 million de tonnes

de déchets par an dans le monde. Coût : environ

5 € par an

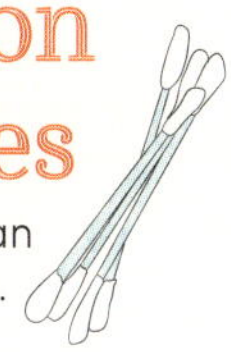

ÉPILATION, RASAGE

DO

Rasoir de sûreté

=

44 € + 2 €

par an pour les lames

=

+ 100 €

d'économie tous les 6 ans !

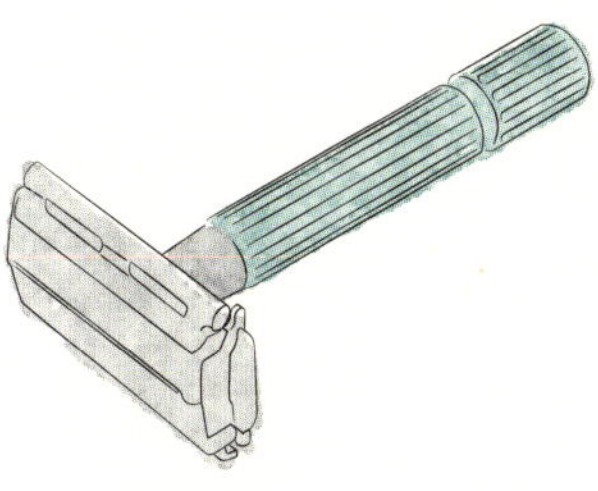

DON'T

~~Rasoirs jetables~~

=

20 € par an

en moyenne

Chaque jour, 2 millions de rasoirs non recyclables sont jetés aux États-Unis.

Source : Les Petits Calculs (Savants)®

L'INTIMITÉ :
CONTRACEPTION ET CYCLE MENSTRUEL

En ce domaine, la surconsommation pollue le quotidien et nuit parfois à l'organisme. Contraception, règles : il n'est pas évident de trouver des alternatives Zéro déchet et fiables. Voici mes conseils.

LA CONTRACEPTION

Les hormones, notamment les contraceptifs féminins, sont des perturbateurs endocriniens et ont un impact non négligeable :

- **Sur l'environnement :** les rejets hormonaux par nos urines opèrent une féminisation des poissons. En 2014, un groupe de scientifiques espagnols a étudié des bancs de mulets sur la côte basque. Selon les zones, entre 12 et 64 % de ces poissons montraient des signes d'intersexuation, menaçant leur reproduction et leur survie. La faute aux perturbateurs endocriniens (que sont les hormones) qui modifient leur fonctionnement, notamment reproductif. Source : consoGlobe
  Les techniques de traitement des eaux n'éliminent que 30 à 70 % des hormones dans l'eau. Cela signifie que ces polluants se retrouvent également dans notre nourriture, lorsque nous mangeons du poisson, et dans l'eau que nous buvons.
  Source: *actu-environnement.com*
- **Sur notre santé :** 2 à 4 femmes sur 10 000, selon le type de pilule utilisée, sont atteintes de thrombose veineuse.
  Source : ANSM (agence nationale de sécurité du médicament)
  Les effets de la pilule sont nombreux et peu réjouissants ! D'après un rapport de 2013 de l'ANSM portant sur la période 2000-2011, la pilule serait la cause d'au moins 20 décès par an et de plus de 2 500 accidents vasculaires. Pourtant, c'est la méthode de contraception la plus utilisée en France où 36,5 % des femmes la prennent quotidiennement.
  Source : Santé publique France, 2016

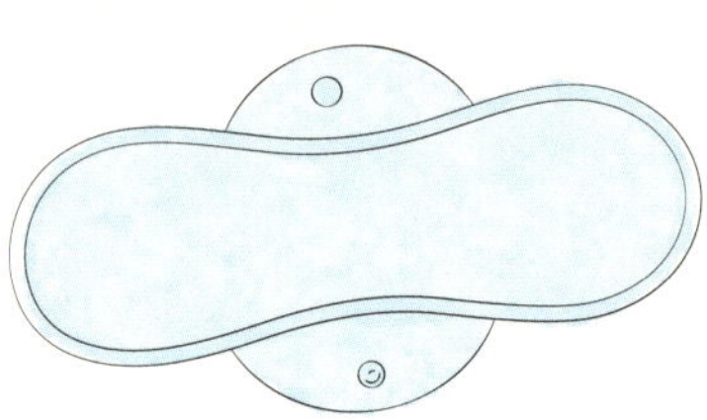

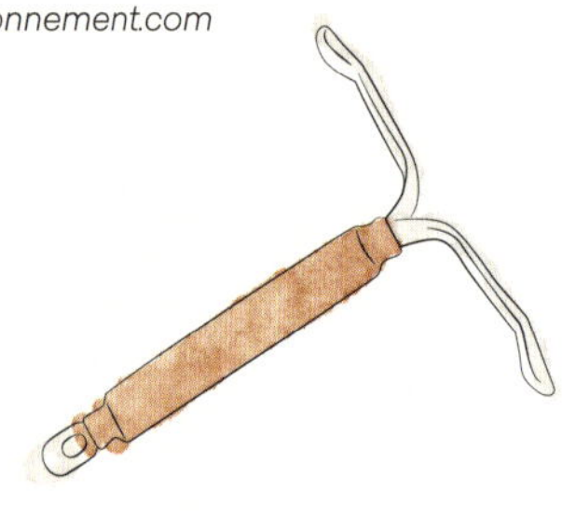

LES ALTERNATIVES

- **Les préservatifs :** ils sont aussi la seule protection contre les IST (infections sexuellement transmissibles). Ce n'est pas une alternative Zéro déchet et tant pis ! **Mieux vaut un déchet qu'un risque pour la santé.** Mais les préservatifs ne sont pas tout roses : fabriqués en dérivés de pétrole ou en latex synthétique souvent à l'autre bout du monde et agrémentés de conservateurs, arômes et produits chimiques (perturbateurs endocriniens), ils peuvent se révéler nocifs. **Choisissez-les vegan, naturels et issus du commerce équitable.** Marques recomandées : Fair Squared®, Green Condom Club®.
- **Le stérilet en cuivre ou DIU (dispositif intra-utérin).** Posé par le médecin (gynécologue), il dure plusieurs années et peut être retiré à tout moment.
- **La méthode symptothermique :** elle combine l'observation des températures et celle de la glaire cervicale afin de détecter les périodes de fertilité.
- **La vasectomie chez l'homme :** il s'agit d'une intervention chirurgicale simple (section des canaux qui transportent les spermatozoïdes), peu coûteuse, réalisée sous anesthésie locale en 15 minutes et réversible à 80 %. Elle est utilisée comme moyen de contraception par 21 % des hommes en Grande-Bretagne contre 0,8 % en France. Source : Nations Unis

LE CYCLE MENSTRUEL

1 femme sur 2 est préoccupée par l'impact des protections hygiéniques sur sa santé.
Source : *fempo.co*

45 milliards de serviettes hygiéniques sont jetées chaque année dans le monde.
Source : Planetoscope

12 000 à 15 000 protections hygiéniques sont utilisées en moyenne par une femme sur la totalité de ses cycles au cours de sa vie.
Source : Planetoscope

LES ALTERNATIVES ZÉRO DÉCHET

- **La coupe menstruelle ou cup :** c'est un petit entonnoir avec une tige qui recueille les flux menstruels. Elle doit être vidée toutes les 6 à 8 heures et nettoyée avant d'être réinsérée. Elle est en silicone médical, utilisable 5 à 10 ans, et elle existe en plusieurs tailles selon la morphologie et le flux. **Où la trouver ?** Sur les sites : *Dans ma culotte, Organicup, Mooncup...* et dans les magasins bio.

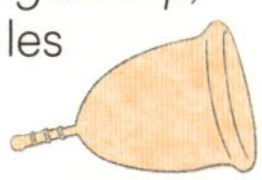

- **Les protections hygiéniques lavables :** elles sont de forme identique aux protections jetables, choisissez-les bio et selon le volume des pertes. **Où les trouver ?** Sur les sites : *Dans ma culotte, Plim...*

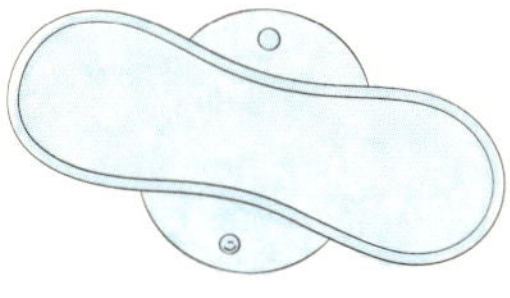

- **Les culottes menstruelles :** elles remplacent les protections hygiéniques et se portent en moyenne 12 heures, sans fuite ni odeur. Le soir, il n'y a plus qu'à rincer légèrement, puis à laver en machine à 30 °C avec le reste du linge. **Où les trouver ?** Sur le site *Fempo.*

RECETTES POUR

SOIGNER LES PETITS BOBOS

Notre utilisation des médicaments est souvent démesurée. Ils sont devenus automatiques dès que notre corps ne va pas bien ! « Tu as mal au ventre? Prends un spasfoune ! Tu t'es cognée ? Mal à la tête ? À la cheville ? N'importe où ? Prends un Doliprout »
Pourtant, loin de renforcer le système immunitaire, une utilisation systématique des médicaments peut provoquer des résistances et rendre les traitements moins efficaces. Ils ne sont pas inutiles, mais il existe souvent des façons plus naturelles de soigner les petits bobos !

UNE PETITE CURE DE DÉSINTOX

Commencez par réduire votre utilisation de médicaments en vous demandant si vous en avez vraiment besoin, et s'il ne serait pas judicieux de traiter la cause réelle du problème. Notre corps nous envoie des messages, écoutons-le. Ainsi, si vous avez des maux d'estomac à répétition, il vaut mieux vous interroger sur votre alimentation avant de prendre un médicament. Si ce sont des maux de tête, peut-être êtes-vous déshydraté(e), ou vous avez besoin de lunettes !

ZÉRO DÉCHET ALERTE

Attention, les huiles essentielles sont déconseillées aux femmes enceintes, aux jeunes enfants (de moins de 3 ans ou moins de 6 ans selon les huiles). Certaines d'entre elles (cyprès de Provence, myrte rouge, etc.) doivent aussi être évitées chez les personnes atteintes d'une maladie hormono-dépendante.

SOIGNER LES BOBOS DU QUOTIDIEN AVEC LES HUILES ESSENTIELLES

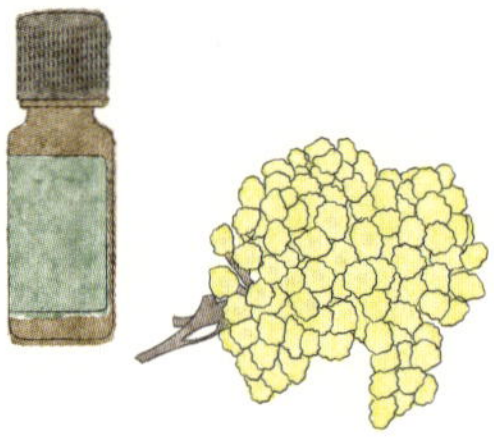

HÉMATOME

Après un choc, appliquez 1 à 2 gouttes d'hélichryse pure sur le bleu, avant même qu'il n'apparaisse. Répétez ce geste 5 fois par jour pendant 2 jours.

COUPURE/PLAIE

Lavez-vous bien les mains au savon, puis nettoyez la blessure. Mélangez une goutte d'huile essentielle de tea tree (arbre à thé) à un peu d'huile végétale ou d'aloe vera. Appliquez sur la blessure (parfait également pour soigner les chatons maladroits lorsque leur plaie n'est pas grave). Ne pas utiliser sur les plaies profondes.

BRÛLURE

Si, comme ma maman, vous préférez rattraper le fer à repasser avec l'avant-bras pour qu'il ne tombe pas par terre, plongez la partie brûlée dans de l'eau froide et laissez-la immergée pendant 10 minutes. Inutile de laisser l'eau du robinet couler pendant 10 minutes. Une bassine (ou un verre s'il s'agit d'un doigt) permettra de ne pas gaspiller d'eau. Puis appliquez sur la blessure 1 à 3 gouttes d'huile essentielle de lavande aspic mélangée à quelques gouttes d'huile végétale. Cela fonctionne aussi pour les coups de soleil !

PIQÛRES D'INSECTES

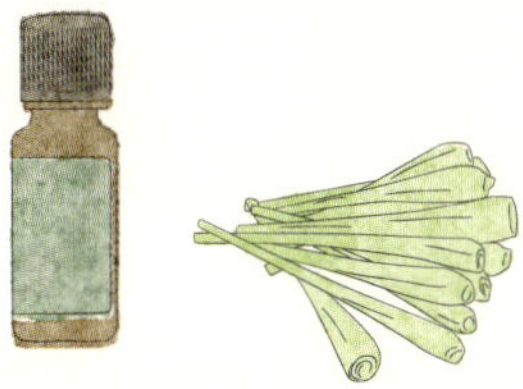

Dès que vous avez été piqué par un insecte, jetez-vous sur votre huile essentielle de lavande aspic et appliquez quelques gouttes sur la piqûre. Renouvelez ce geste 4 fois, toutes les demi-heures. **Pour les éloigner**, vous pouvez aussi vaporiser quelques gouttes d'huile essentielle de géranium rosat ou de citronnelle sur vos vêtements, en frotter derrière les oreilles, sur les poignets et les chevilles, par exemple.

BOUTONS (ACNÉ)

Appliquez une goutte d'huile essentielle de tea tree (arbre à thé) ou de géranium rosat sur le bouton, pure ou diluée dans quelques gouttes d'aloe vera. Recommencez 1 à 2 fois par jour jusqu'à disparition.

ZÉRO DÉCHET INFO

Sauf mention contraire, il faut éviter d'appliquer l'huile essentielle pure sur la peau. Mélangez 1 goutte d'huile essentielle avec 4 gouttes d'huile végétale neutre (amande, coco, bourrache, etc.).

LA MENTHE POIVRÉE

L'huile essentielle de menthe poivrée, c'est l'indispensable de mon sac à main, je l'ai toujours sur moi, car elle permet de soigner la plupart des petits tracas du quotidien de façon naturelle et sans accoutumance !

PETIT TOUR D'HORIZON DE SES VERTUS

- **Maux de tête, nausées, mal des transports, stress...** antalgique et antinauséeux très efficace, elle agit rapidement. Versez une goutte de menthe poivrée sur un morceau de tissu, puis respirez-le quelques minutes. Un conseil, fermez les yeux, ça pique un peu !
- **Crampes, brûlures d'estomac, diarrhées :** versez une goutte de menthe poivrée dans 1 cuillerée à café de sucre, de miel ou de sirop d'érable ou d'agave. Avalez, c'est tout ! Répétez l'opération jusqu'à 3 fois par jour si les douleurs reviennent.
- **Règles douloureuses :** mélangez 1 goutte de menthe poivrée pour 10 gouttes d'huile végétale et massez les ovaires jusqu'à pénétration. Cela calme les crampes.
  Astuce : ajoutez une bouillotte chaude sur le ventre pour détendre les muscles et calmer la douleur.
- **Solution antigueule de bois :** [Maman, Papa, je n'ai, bien entendu, jamais eu besoin de ce remède !] Versez une goutte de menthe poivrée dans 1 cuillerée à café de sucre, de miel ou de sirop d'érable ou d'agave, mélangez le tout dans un thé vert chaud et buvez. Une véritable potion magique, #bientotlarentreeapoudlard, et n'oubliez pas de boire beaucoup d'eau !

BIEN CHOISIR SES HUILES ESSENTIELLES

Choisissez-les bio et non diluées. Elles peuvent paraître chères, mais chaque pot contient plus de 500 gouttes ! Étant donné leur utilisation très ponctuelle et surtout peu importante à chaque prise, chaque flacon peut durer plusieurs mois, voire des années.

ZÉRO DÉCHET ALERTE

Attention, **l'huile essentielle de menthe poivrée est déconseillée aux épileptiques, car elle contient de la cétone qui peut provoquer des convulsions. Et pour tout le monde, en application cutanée ou en usage interne, respectez les doses indiquées, car les huiles essentielles sont très concentrées.**

REMÈDES DE L'HIVER SANS HUILES ESSENTIELLES

Parce que les huiles essentielles ne conviennent pas à tout le monde (notamment aux femmes enceintes, aux jeunes enfants et aux personnes atteintes d'une maladie hormonale), voici des remèdes garantis 100 % efficaces et sans huiles essentielles !

REMÈDE POUR UN DÉBUT D'ÉTAT GRIPPAL

Dans 1 litre d'eau, faites infuser un demi-citron coupé en morceau avec quelques morceaux de gingembre. Ajoutez 1 cuillerée à café de miel (voir p. 53 pour bien choisir votre miel). Buvez tant que c'est chaud !

PASTILLES POUR LA GORGE

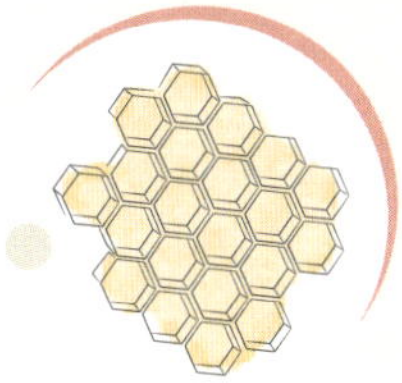

INGRÉDIENTS

- **50 G DE SUCRE**
- **½ CITRON**
- **2 C. À S. DE MIEL**
- **GINGEMBRE**
- **SUCRE GLACE**
- **PAPIER CUISSON** (utilisation exceptionnelle !)

1. Dans une poêle à feu moyen, versez le sucre, 30 ml d'eau et quelques gouttes de jus de citron.
2. Lorsque le mélange arrive à ébullition, mélangez doucement pour répartir le sucre.
3. Ajoutez le miel et quelques bouts de gingembre coupés en tout petit morceaux.
4. Faites chauffer 10 minutes environ en remuant jusqu'à ce que le mélange devienne roux foncé.
5. Coupez le feu et laissez le caramel refroidir un tout petit peu. Attention, ça va très vite !
6. Avec une cuillère, versez quelques gouttes du mélange sur du papier cuisson de façon à former les pastilles.
7. Laissez refroidir 20 minutes, puis enlevez-les une à une du papier (doucement, de façon à pouvoir le récupérer pour une prochaine fois).
8. Enrobez les pastilles d'un peu de sucre glace pour les empêcher de coller entre elles et conservez dans un pot hermétique plusieurs mois !

PRENDRE SOIN
DE SON BÉBÉ

Les bébés… un vaste sujet qui, malgré l'impatience de ma grand-mère, ne me concerne pas encore ! Puisque je n'ai pas cette expérience, j'ai demandé du renfort à Monica Da Silva, maman Zéro déchet, pour vous aider à les réduire au maximum.

INVITÉE
MONICA DA SILVA
du blog

LE ZÉRO DÉCHET FACILE

DU LINIMENT MAISON
(pour nettoyer les fesses de Bébé)
Ingrédients : huile vierge première pression à froid, eau de chaux (vendue en pharmacie), cire d'abeille. Versez 50 % d'huile dans une casserole, faites chauffer un peu, ajoutez 50 % d'eau de chaux, puis quelques copeaux de cire (abeille, soja) pour lier le tout.

DES VOILES BIODÉGRADABLES
à superposer sur les couches lavables pour récupérer les selles (si on a peur de mettre les mains dedans pour le lavage !), vendus en magasin bio ou sur les sites de vente de couches lavables. Si elles n'ont été salies que par de l'urine, elles sont lavables 2 ou 3 fois.

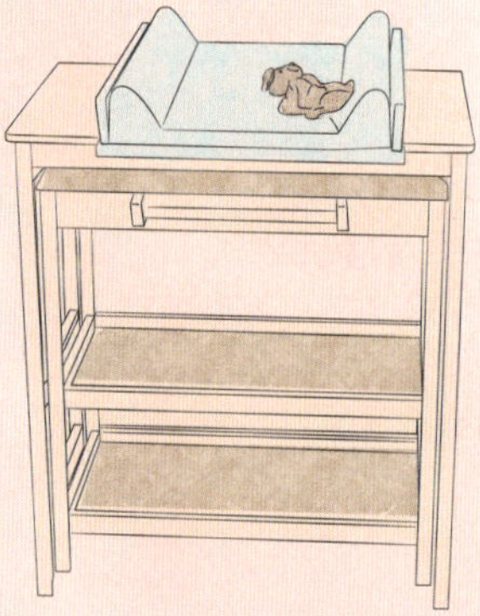

DES COUCHES LAVABLES
250 kg de déchets évités la première année !
Source : Famille Zéro Déchet

SAVON SAPONIFIÉ À FROID ET GANT DE TOILETTE
Ils servent à nettoyer la peau fragile de Bébé. Les premières semaines, un gant mouillé d'eau claire suffit.

DES LINGETTES LAVABLES
pour débarbouiller Bébé après les repas (vendues sur les sites *Les tendances d'Emma, Eliott & Loup*).

COMMENT GÉRER LES COUCHES ?
Popo: jetez le voile biodégradable, mais pas dans les toilettes, il n'a pas le temps de se dégrader avant la station d'épuration et peut boucher les canalisations !

Pipi : mettez les couches sales dans un seau « à sec » (car l'eau génère des champignons) pendant maximum 3 jours. Lavez quand vous en avez suffisamment.

LES COUCHES, LE PROCÈS

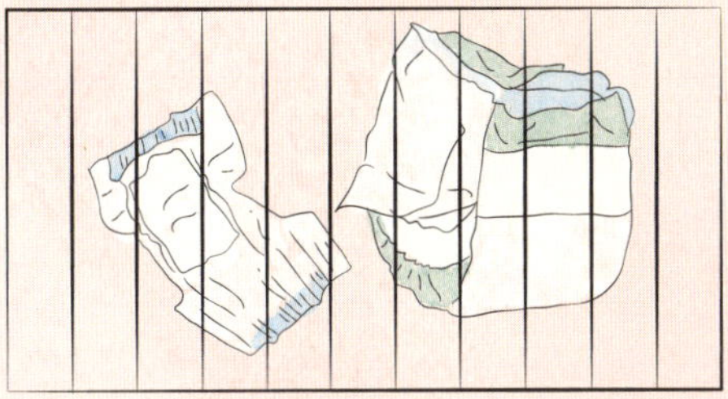

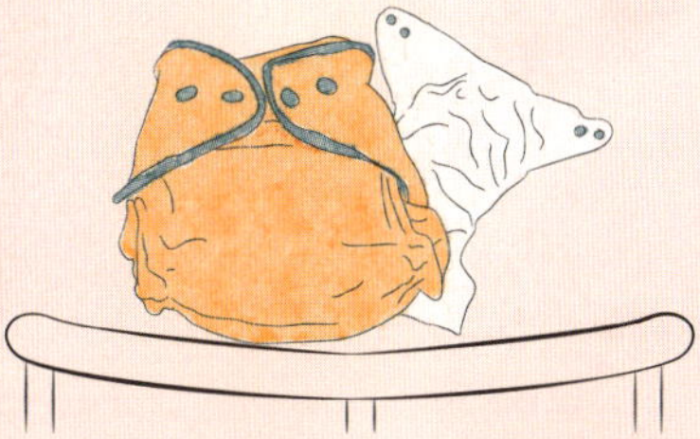

L'ACCUSÉE : LA COUCHE JETABLE

Couche jetable, soupçonnée d'avoir masqué sa véritable composition aux yeux du monde ! Elle a sciemment caché parfums, produits chimiques, trybutil étain, étain dibutylique, monobutylétain, polycrylates de sodium, chlore et autres dioxines. Un danger pour la santé !

LA VICTIME : LA COUCHE LAVABLE

Couche lavable, victime de honteuses calomnies, accusée d'être vieillotte, sale et non pratique ! Elle s'est pourtant parée de ses motifs les plus tendance alliant style et ergonomie incluant des systèmes de fermetures par pression ou Velcro ! Certaines suivent même la croissance de Bébé avec des attaches différentes selon la taille.

0,25 €	**Prix unitaire**	de 5 € (d'occasion) à 25 € (neuve)
2 500 couches environ la première année	**Besoin**	20 couches environ la première année
250 kg	**Déchets générés la première année**	0 !
600 €	**Coût total sur un an**	300 €
600 €	**Coût total après la première année**	0 €

LES PLUS +

- Pas besoin de laver !

LES MOINS -

Elles contiennent souvent :

- Des perturbateurs endocriniens qui peuvent gêner la croissance de Bébé.
- Des matières utilisées et gaspillées très polluantes, qui participent à la déforestation et à l'épuisement des ressources.
- Des centaines de kilos de déchets qui seront incinérés ou enfouis.

LES PLUS +

- Bien moins chères ! Un investissement rentabilisé en moins d'un an.
- Utilisables plusieurs années, pour plusieurs enfants.
- Écologiques et saines pour Bébé.

LES MOINS -

- Il faut les laver (mais en machine, pas au lavoir et à la main comme le faisaient nos grand-mères).

Conseil : vous pouvez également les louer via *locacouche.com*. Sinon, rendez-vous sur *apinapi.fr* pour en acheter des neuves.

LES LABELS
DE LA COSMÉTIQUE

Les labels bio incitent tous à la préservation de la biodiversité et des ressources, en encourageant des méthodes d'extraction, de production et d'emballage responsables et une meilleure gestion des déchets.

SLOW COSMÉTIQUE

- Les produits privilégient les ingrédients naturels et biologiques, les moins transformés possible.
- Ils excluent les ingrédients nocifs pour l'environnement, la peau et les animaux et minimisent leur impact écologique dans l'ensemble du cycle de vie.
- Les produits doivent répondre à des besoins fondamentaux de la peau - nettoyage, hydratation, protection - et ne doivent pas tromper le consommateur par de fausses promesses.

NATURE & PROGRÈS

- 95 % minimum d'ingrédients d'origine naturelle dans le produit fini, tous issus de l'agriculture biologique (si disponible).
- Les dérivés d'huile de palme sont interdits.

DEMETER

- 90 % minimum des ingrédients d'origine agricole sont produits en biodynamie, les autres doivent être bio.

ECOCERT

- Les emballages sont biodégradables ou recyclables.
- Les ingrédients sont issus de l'agriculture biologique ou sont naturels (à 95 % minimum).
- Les ingrédients sont transformés par des procédés respectueux de l'environnement.
- Les ingrédients controversés ou toxiques sont bannis : OGM, paraben, nanoparticules, silicones, parfum, colorants de synthèse, ingrédients testés ou issus d'animaux (sauf lait et miel).

Deux labels Ecocert possibles :

- **Cosmétique biologique (proche du label Cosmebio) :** 95 % minimum d'ingrédients végétaux issus de l'agriculture biologique et 10 % minimum d'ingrédients biologiques dans le produit fini.

- **Cosmétique écologique :** 50 % minimum d'ingrédients végétaux issus de l'agriculture biologique et 5 % minimum d'ingrédients bio dans le produit fini.

VEGAN

- Il garantit une absence de tests sur les animaux, une absence de chair animale et d'ingrédients d'origine animale dans le produit ou l'emballage. Par contre, il ne garantit pas que le produit n'est pas testé sur les animaux sur les marchés étrangers ou encore que le produit est issu d'une agriculture biologique vegan.

CRUELTY FREE

- Il garantit l'absence de tests sur les animaux, même sur les marchés étrangers.

CRUELTY FREE ET VEGAN

- Il combine les engagements des labels VEGAN et CRUELTY FREE !

Les tests cosmétiques sur les animaux sont interdits en Europe depuis 2013. Source : *cosmebio.org*

TABLEAUX D'ACTIONS ZÉRO DÉCHET

Où en êtes-vous de votre démarche Zéro déchet dans le domaine de l'hygiène ? Pour le savoir, cochez toutes les actions que vous menez déjà et vous saurez si vous êtes Colibri (débutant), Padawan (confirmé) ou Z'héros déchet (expérimenté).

NIVEAU 1 - COLIBRI 	X
Je ne jette rien d'autre que du papier toilette dans la cuvette des WC (même lorsque c'est dit biodégradable).	
Je termine mes produits cosmétiques habituels qui ne correspondent plus à mes valeurs et ne les rachète pas.	
J'achète des produits labellisés.	
J'utilise du shampoing solide (acheté en vrac).	
J'utilise du savon solide (de Marseille, d'Alep, savon saponifié à froid, etc.).	
J'utilise des lingettes démaquillantes réutilisables.	
J'utilise un dentifrice solide.	
J'achète du maquillage bio, vegan, commerce équitable.	
J'achète des préservatifs qui respectent mes valeurs.	
Je réduis mon utilisation de médicaments.	

NIVEAU 2 - PADAWAN	×
J'utilise une solution Zéro déchet pour me nettoyer les oreilles (oriculi ou Clears®).	
J'utilise une huile végétale pour me démaquiller.	
Je fabrique moi-même mon dentifrice (voir p.88).	
Je fabrique moi-même mon déodorant (voir p.88).	
Je fabrique moi-même mon shampoing sec (voir p.89).	
Je réfléchis à mon utilisation du maquillage et la diminue.	
J'utilise une solution Zéro déchet pour mes menstruations.	
Je fabrique mon baume à lèvres (voir p.89).	
J'utilise des huiles essentielles pour soigner les bobos du quotidien.	
Pour Bébé, je fabrique mon propre liniment.	
J'utilise un rasoir de sûreté pour me raser.	

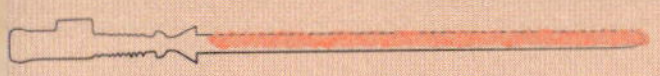

NIVEAU 3 - Z'HÉRO DÉCHET	×
Je fabrique mes propres lingettes démaquillantes réutilisables et j'en offre autour de moi.	
Je passe au « no-poo ». Finis les produits pour les shampoings !	
Je fabrique ma « laque » naturelle (voir p.89).	
Je ne me maquille que rarement.	
J'arrête la contraception hormonale.	
Pour prendre soin de ma peau, j'utilise essentiellement de l'huile végétale et de l'aloe vera.	
Je fais pousser un aloe vera et je prélève le gel sur la plante.	
Je fabrique mes pastilles pour la gorge (voir p.97).	
Pour Bébé, j'utilise des couches lavables.	

ÉTAT DES LIEUX

ASTUCES

SAVOIR POUR AGIR AU QUOTIDIEN

NOTRE DRESSING zéro déchet

Industrie textile et mode

ÉTAT DES LIEUX

L'INDUSTRIE TEXTILE

L'impact environnemental de l'industrie textile est bien plus lourd qu'on ne l'imagine : celle-ci arrive deuxième sur le triste podium des industries les plus polluantes au monde après l'industrie pétrolière, et deuxième également sur celui des industries les plus consommatrices d'eau après l'agriculture. État des lieux des dégâts causés par la « fast fashion ».

L'ESPRIT FAST FASHION

1 vêtement est porté en moyenne **5 fois**

Source : mrmondialisation

LA FABRICATION TEXTILE

2 700 litres d'eau pour produire **1 T-shirt**

Source : consoGlobe

7 000 litres d'eau pour produire **1 jean**

Source : mrmondialisation

100 milliards de vêtements vendus en une année.

C'est le seuil historique franchi en 2014.

Source : ADEME

2,5 % des cultures mondiales

20 % des pesticides utilisés

10 % des engrais chimiques employés

Source : *encyclo-ecolo.com/coton*

LA CULTURE DU COTON

5 200 litres d'eau au moins pour produire **1 kg de coton**

Source : CNRS

1,7 million de tonnes de produits chimiques utilisés chaque année pour la teinture des vêtements.

Source : mrmondialisation

GASPILLAGE ET POLLUTION

12 kg de vêtements par personne jetés tous les ans en France.

Source : Planetoscope

500 000 tonnes de microparticules relâchées chaque année dans les océans pour l'entretien de nos vêtements soit l'équivalent de **50 milliards** de bouteilles plastique.

Source : ADEME

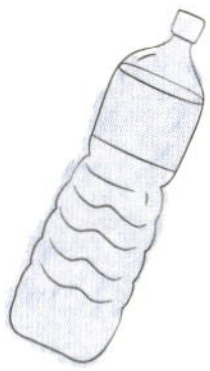

70 % des vêtements jetés en France finissent dans une décharge ou à l'incinérateur.

Source : mrmondialisation

ÉTAT DES LIEUX

LA MODE

Notre rapport à la mode s'est totalement transformé. Aujourd'hui, les grandes marques produisent une nouvelle collection toutes les deux semaines. Cela génère des milliards de vêtements dont les matières premières pèsent lourd sur le stock de ressources. La « fast fashion » est devenue la norme. En raison de ce système de production effréné, nous consommons 400 % de vêtements en plus depuis 20 ans, et ce n'est pas sans conséquence.

LA MODE À BAS PRIX : UN COÛT EXORBITANT

Les prix en magasin sont toujours plus doux, mais la note sociale et environnementale est salée ! Assèchement des nappes phréatiques, pollution massive des cours d'eau, scandales sanitaires liés aux méthodes de fabrication, travail des enfants, esclavage... les impacts sont massifs.

ZÉRO DÉCHET INFO

Le 24 avril 2013 au Bangladesh, le Rana plaza, atelier de confection de grandes marques (Zara, H&M, C&A, Primark...) s'effondre, faisant 1 133 victimes et 2 500 blessés. Une négligence gouvernementale et commerciale qui montre le manque d'éthique dans l'industrie textile et l'impact des cadences de production.

NOTRE SANTÉ À LA CLÉ

Chlore, ammoniaque, soude, métaux lourds, formaldéhydes, phtalates sont largement utilisés dans les usines de fabrication textile, notamment dans les teintures. Les colorants comportant des métaux lourds et du formaldéhyde (composant polluant) sont interdits en Europe, mais le contrôle sur les produits importés est rare. En contact prolongé et direct, ces substances toxiques pénètrent la peau, polluent l'air et contaminent l'eau.

ZÉRO DÉCHET INFO

ENGAGEZ-VOUS DANS LA FASHION RÉVOLUTION !

Chaque année en avril, citoyens et acteurs de la mode responsable se mobilisent pour demander plus de transparence aux multinationales de la mode, et des processus de production plus éthiques et écologiques. Participez en prenant une photo de vous avec une pancarte #WhoMadeMyClothes

L'ITINÉRAIRE D'UN JEAN

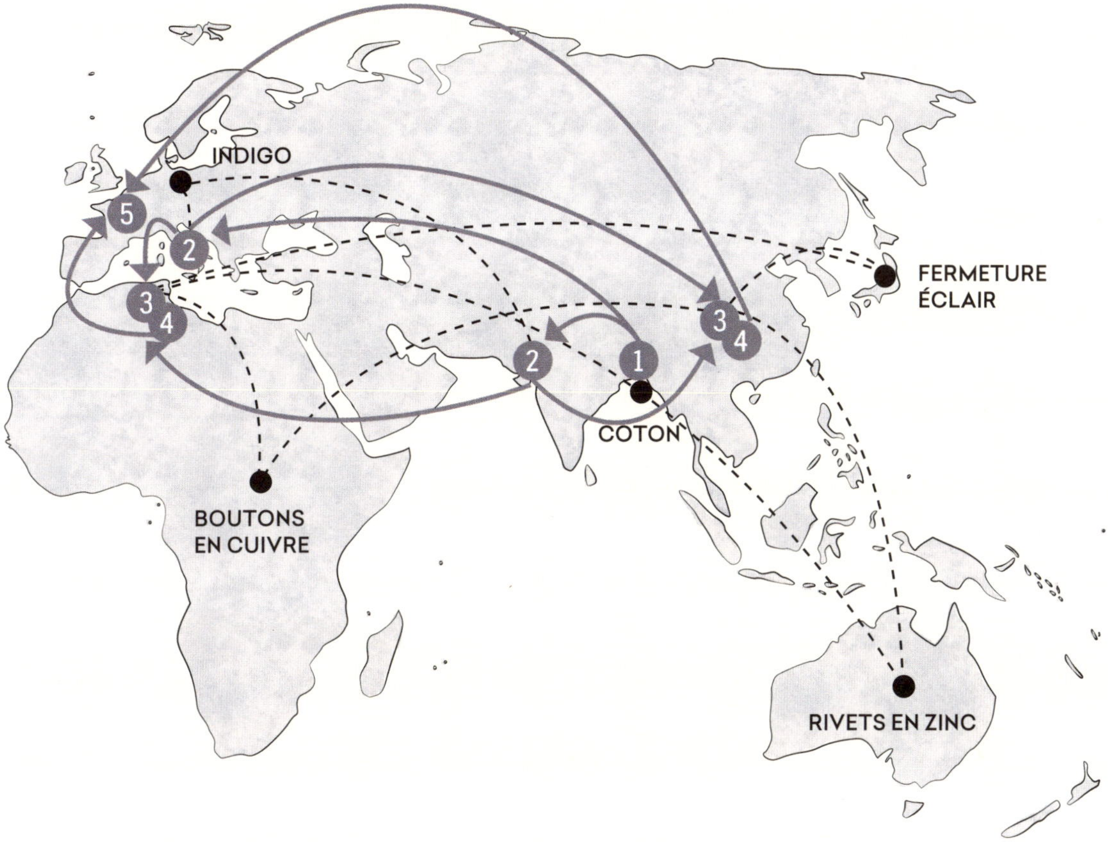

1. Coton, récolté au Bangladesh.
2. Le coton est acheminé vers une filature au Pakistan ou en Italie où le tissu est filé, puis teint avec de l'indigo souvent venu d'Allemagne.
3. Le tissu est envoyé en Tunisie ou en Chine pour être assemblé avec d'autres éléments : boutons en cuivre (d'Afrique), rivets en zinc (d'Australie), fermeture éclair (du Japon).
4. Là, les jeans sont également traités (délavage, ponçage, blanchiment).
5. Ils partent ensuite vers les points de vente (France).

Au total, un jean parcourt environ

65 000 km

(une fois et demie le tour de la Terre) avant d'arriver dans nos armoires.

Source : Carnet de vie d'un jean dans la mondialisation, ADEME

ADOPTER UNE GARDE-ROBE

MINIMALISTE ET JOYEUSE

Parce que minimalisme n'est pas synonyme de déprime, voici les étapes pour atteindre une garde-robe aussi joyeuse qu'éthique. Exit la privation et la frustration !

CONSEIL 1 : LE GRAND NETTOYAGE

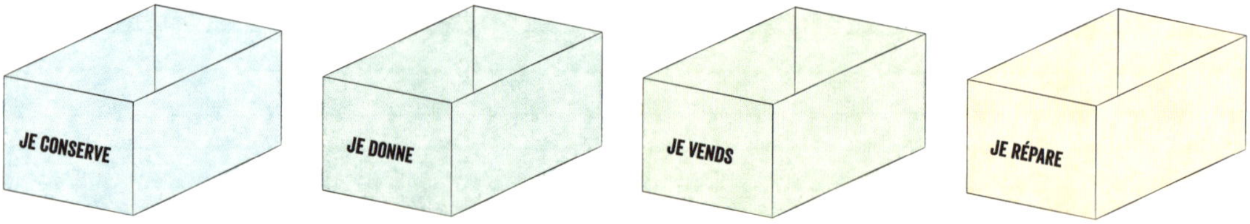

Commencez par mettre tous vos vêtements en pile, sur votre lit par exemple. Préparez 4 boîtes (je conserve, je donne, je vends et je répare). Puis pour chaque vêtement, demandez-vous si vous le portez, si vous l'aimez, s'il vous va... Faites votre tri en fonction de votre ressenti !

CONSEIL 2 : VARIEZ LES TENUES

Si vous vous lassez vite de vos vêtements, inventez sans cesse de nouvelles combinaisons. Vous n'aurez plus l'impression de porter toujours la même chose.

CONSEIL 3 : FAITES TOURNER VOTRE GARDE-ROBE

Adoptez cette règle d'or : pour un vêtement qui sort, un autre peut entrer. Pour ne plus accumuler, faites en sorte de n'acheter que lorsque vous vendez ou donnez.

Pour apporter de la nouveauté dans vos tenues, vous pouvez aussi louer des vêtements. Au final, passée l'excitation de l'achat, on se lasse assez vite. La location permet de garder un vêtement juste le temps du plaisir de la nouveauté, et pas de déchet en fin de parcours !

DOIS-JE CONSERVER CE VÊTEMENT ?

Posez-vous ces questions :

- Est-il à ma taille ?
  - **OUI** → Est-il à mon goût ?
    - **OUI** → En ai-je un autre presque identique ?
      - **NON** → Est-ce que je le porte régulièrement ?
        - **OUI** → Je le garde
        - **NON** → Je le place dans le bac de mon choix selon mon ressenti
      - **OUI** → (voir NON : Est-il en bon état ?)
    - **NON** → (voir NON : Est-il en bon état ?)
  - **NON** → Est-il en bon état ?
    - **OUI** → Je vends
    - **NON** → Je donne

ZOOM SUR

LA FATIGUE DÉCISIONNELLE

Imaginez un baromètre qui mesure la qualité de nos décisions au fil de la journée. Chaque prise de décision réclame de l'énergie et détériore peu à peu la qualité de nos choix. Pourquoi, dans ce cas, gaspiller nos aptitudes et notre énergie dans des décisions superficielles comme notre tenue vestimentaire ? C'est ce qu'a compris Steve Jobs, qui s'habille chaque jour de la même façon : jean/T-shirt !

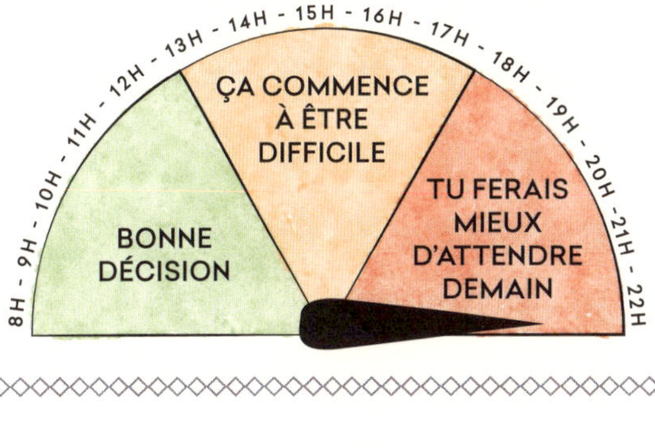

LES LABELS
DE LA MODE ÉCORESPONSABLE

Comment acheter responsable ? Pour s'y retrouver sur les étiquettes, voici une liste de différents labels qui garantissent une qualité environnementale et sociale aux vêtements.

LABELS DÉLIVRÉS PAR ECOCERT

- **Global organic textile standard (GOTS)**
    - Ce label certifie l'origine biologique des matières et un processus de fabrication socialement responsable et respectueux de l'environnement.
    - Il bannit les produits chimiques dangereux (métaux lourds, perturbateurs endocriniens, OGM, brome, chlore, chrome, phtalates, etc.).
    - Il cherche à limiter les effets externes négatifs : limitation de l'arrosage des cultures, assainissement des eaux usées, emballages recyclables, etc.
    - Il protège les travailleurs : interdiction du travail forcé et du travail des enfants, conditions de travail, de rémunération, de sécurité et d'hygiène correctes...
    - Il atteste de la qualité du produit final : résistance aux lavages, durée de vie longue...
- **Oeko-tex®, Standard 100**
    - Ce label interdit métaux lourds, colorants allergènes ou cancérigènes, phtalates, benzène...
    - Il limite l'utilisation de pesticides, les substances polluantes et allergènes, l'utilisation de ressources dans la confection.
    - Il représente un gage de qualité sanitaire, plus qu'environnementale ou sociale...
- **OCS : organic content standard**
    - Ce label garantit la traçabilité des textiles en fibres biologiques.
- **Textiles Écologiques et Recyclés**
    - Ce label revendique la qualité écologique d'un vêtement.

WORLD FAIR TRADE ORGANIZATION

- Les vêtements sont issus du commerce équitable.
- Ce label garantit entre autre une rémunération et des conditions de travail justes, une limitation du nombre d'intermédiaires, et le respect des droits des travailleurs.

EU - ECOLABEL EUROPÉEN TEXTILE

- Ce label est essentiellement environnemental.
- Il impose une teneur minimale en fibres recyclées pour les textiles à base de polyester.
- Les vêtements pour enfants de moins de 3 ans doivent être composés au minimum de 95 % de coton bio.
- Il interdit l'utilisation de pesticides, substances cancérigènes, mutagènes ou toxiques (hors dérogations).
- Il encourage l'efficacité énergétique des processus de production, le traitement des eaux usées, des pratiques sociales respectueuses des hommes.

ORIGINE FRANCE GARANTIE

- Il garantit une confection faite intégralement en France et une origine française à hauteur de 50 % minimum du coût de production.
- Il soutient une pratique qui favorise l'emploi en France et permet de réduire l'impact carbone de nos vêtements.

Attention, si les vêtements sont confectionnés en France, les textiles sont, eux, souvent issus de l'étranger.

LES MATIÈRES
TEXTILES

Toutes les matières n'ont pas le même impact écologique ni le même intérêt pour la santé. Suivez le guide !

LES SYNTHÉTIQUES

70 % des fibres synthétiques (Nylon®, acrylique, élasthanne, Lycra®, polyester…) produites dans le monde proviennent du pétrole (Source : ADEME « La mode sans dessus-dessous » 2017). Les processus de fabrication sont extrêmement polluants et énergivores.

La viscose est issue de matières premières naturelles. Ce textile est pourtant le résultat d'une transformation chimique incluant solvant, disulfure de carbone, acide sulfurique, etc. : pas très joyeux pour la planète tout ça !

Le polyester et les autres fibres issues du pétrole perdent 2 000 microparticules de plastique à chaque lavage. Cette pollution est difficilement endiguée par le traitement des eaux et termine dans les fonds marins, ingérée par les poissons… que nous mangeons.

LES FIBRES NATURELLES

Le coton : bien que naturel, ses besoins en eau et en pesticides (s'il n'est pas bio) sont forts, et en France, il est loin d'être très local ! Quitte à porter du coton, choisissez-le toujours bio !

Le chanvre : est l'une des matières premières textiles les plus respectueuses de l'environnement et de notre peau.

Le lin: requiert peu d'eau et de traitement (même pour les cultures non biologiques). Sa culture ravive même les sols !

LES FIBRES RECYCLÉES

Même si elles ne sont pas parfaites (comme le plastique recyclé qui libère des microparticules), elles permettent de ne pas piocher dans les réserves de la nature, et de réutiliser l'existant.

ZOOM SUR

LE COTON

Les cultures de coton représentent 2,5 % des surfaces cultivées sur la planète pour 20 % des pesticides, sans compter un grand appétit en eau :

5 200 litres pour 1 kilo de coton.

PRIVILÉGIER LA SECONDE MAIN POUR CES MATIÈRES

La soie est issue des cocons de vers à soie. Pour la produire, les cocons sont jetés dans l'eau bouillante ou gazés.

Il faut tuer environ **6 600** vers à soie pour produire **1** kg de soie.

La laine, le cachemire ou autres fibres textiles d'origine animale : ces industries d'apparence sans cruauté pour les animaux cachent pourtant souvent des maltraitances, notamment à cause des cadences imposées par l'industrie et de la pression sur les coûts. En outre, comme l'industrie de l'œuf, les animaux sont eux aussi envoyés à l'abattoir lorsqu'ils ne sont plus productifs. L'aspect environnemental n'est pas brillant non plus, avec la diffusion de méthane, l'usage des pesticides, des insecticides et autres traitements après « récolte ».

Si vous souhaitez en savoir plus sur la condition animale, rendez-vous sur : *petafrance.com*

ZÉRO DÉCHET ALERTE

Soie, laine, cachemire supposent le plus souvent des pratiques discutables et une exploitation animale dont nous pouvons nous passer. Ce sont néanmoins des matières solides et durables, si vous en avez, conservez-les, ne les jetez pas. Et si vous souhaitez en acheter, optez pour du seconde main, afin de ne pas encourager leur production.

5 CONSEILS POUR UN DRESSING ÉCORESPONSABLE

Avant d'acheter un nouveau vêtement, ouvrez votre armoire et faites l'inventaire de son contenu. Parfois, nos penderies regorgent de tant de pièces que nous en oublions quelques-unes dans les coins. ***Passez votre dressing au crible pour ne pas faire d'achat inutile****.*
Si une pièce vous manque (ou si vous avez envie de nouveautés), voici 5 astuces pour le compléter sans vider votre tirelire.

1 ÉCHANGER AVEC SON ENTOURAGE

Pour vos besoins ponctuels ou bien tout simplement pour faire évoluer votre penderie de temps en temps, allez chiner des vêtements dans les dressings de vos amis, vos frères et sœurs et vos parents.

Papa sera sûrement ravi de vous prêter une cravate, Maman une veste de tailleur par exemple ?

Vous pouvez même organiser des soirées troc ! Rassemblez-vous chez l'un d'entre vous, apportez les vêtements que vous ne portez plus et échangez-les.

2 ACHETER DE SECONDE MAIN

En plus d'être écologiques, les achats de seconde main sont aussi beaucoup moins chers ! Profitez de ces prix bas pour acheter des pièces bien coupées et fabriquées dans des matériaux nobles et respectueux de l'environnement et de votre peau !

Vous pouvez acheter de seconde main...

- En vide-dressing
- Dans des friperies
- Dans des brocantes
- Sur Internet : Vinted, le Bon Coin, videdressing...
- En ressourceries ou à des associations comme Emmaüs

3 LOUER !

Au lieu d'acheter des tenues hors de prix que vous porterez très peu, pensez à louer. Pour un mariage, une soirée à thème ou simplement une envie particulière, la location est aussi écologique qu'économique ! Comptez 30 € de location en moyenne avec frais de port et nettoyage de la tenue compris sur le site Les Cachotières, 39 € pour 3 vêtements et 2 accessoires pour homme ou femme sur « le closet » !

4 VENDRE OU DONNER SES VÊTEMENTS INUTILISÉS

Nos vêtements ne sont portés en moyenne que 5 à 10 fois au cours de leur vie. Source : *loveyourwaste*.com
Lorsque vous vous en lassez ou qu'ils ne vous conviennent plus, vendez-les sur Vinted ou le Bon Coin ! Cela vous permettra de mettre un peu d'argent de côté ou de vous racheter une pièce dont vous avez vraiment besoin.

5 RÉPARER SES VÊTEMENTS

Petite piqûre de rappel sur l'un des piliers du Zéro déchet, « réutiliser », qui invite à allonger la durée de vie de nos produits. Un dressing éthique et écoresponsable est avant tout constitué de vêtements dont on prend soin et dont on respecte la valeur. Lorsque l'on sait l'impact de nos vêtements au niveau éthique et environnemental, et l'approximation du processus de recyclage, il est de bon ton de les réparer plutôt que de les jeter. Rendez-vous chez un cordonnier ou dans une retoucherie, ou apprenez à les restaurer vous-mêmes !

LES SOUS-VÊTEMENTS

Saviez-vous que la transmission des perturbateurs endocriniens est plus importante au niveau des muqueuses, ces endroits de notre corps humides et chauds ? Oui, oui, ces zones-là. Ainsi, les sous-vêtements nous exposent aux perturbateurs quotidiennement, et tout au long de la journée. Bref, autant vous dire qu'ils s'éclatent dans nos petites culottes ! Pas très classe comme image, mais on comprend bien l'idée... Ils ne se contentent pas de perturber notre système hormonal, ils peuvent aussi altérer la fertilité et se transmettre à l'enfant lorsque Maman attend un heureux événement.

L'ALTERNATIVE

Choisissez des sous-vêtements en tissus biologiques, labellisés GOTS et Oeko-tex Standard 100 pour les teintures. Choisissez des marques au processus de production transparent et respectueux de l'environnement autant que des personnes qui fabriquent leurs produits. Parmi ces marques : Olly Lingerie®, Do You Green®, Peau-Éthique®, Bluebuck®...

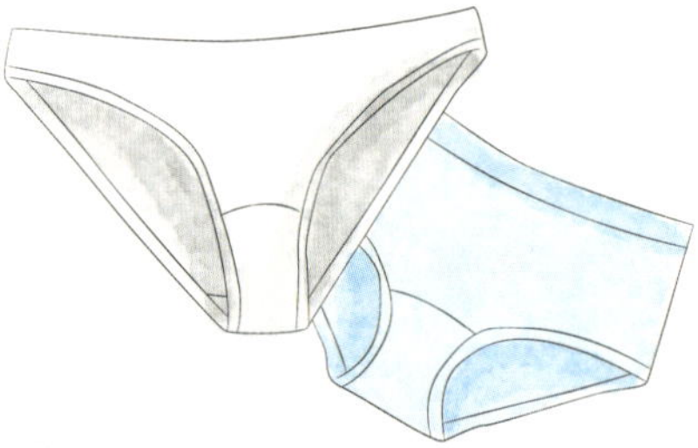

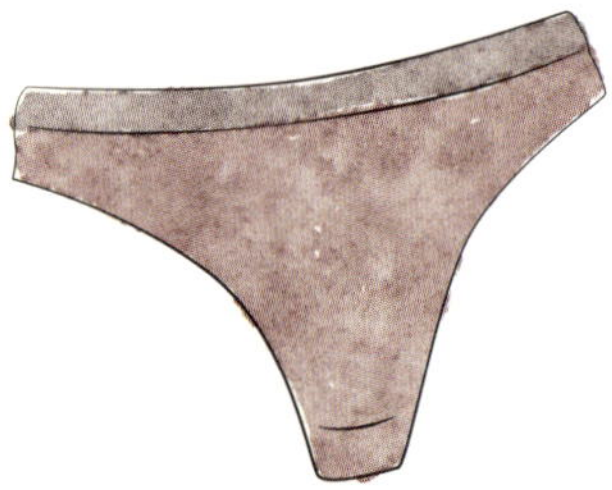

ZOOM SUR

LE MOUVEMENT #NOBRA

Et si on arrêtait tout simplement de porter des soutiens-gorge ? C'est la question posée par le mouvement NoBra. Demandez-vous si vous en avez réellement besoin, si vous en portez par confort réel ou à cause du regard des autres ? Il est temps de s'assumer, de changer son regard sur soi. #NoBra

Si ce n'est pas votre choix, sachez que le soutien-gorge compresse parfois les ganglions et canaux lymphatiques qui éliminent naturellement les toxines. Évitez donc les modèles trop serrés ou trop asphyxiants et privilégiez les soutiens-gorge confortables.

LA JOAILLERIE ÉTHIQUE

Hormis en regardant Blood Diamond, *pour les beaux yeux de Di Caprio, qui s'est déjà demandé d'où venaient tous ces métaux brillants et ces pierres précieuses exposés à des prix relativement abordables ?*

1 bague en or  = 2 000 kg de déchets cachés

Source : sibresca

Sur le podium de l'esclavage moderne et des négligences gouvernementales, le diamant, l'or et autres matériaux utilisés en joaillerie sont les champions. Derrière ces merveilles taillées soigneusement, des pratiques peu reluisantes et malheureusement peu dénoncées, mais que nous pouvons changer par des choix plus respectueux des ressources et des droits humains.

LES LABELS

- **Le label Fairmined** est une certification de la traçabilité des matières qui garantit le respect des droits de l'homme, le développement économique et social des communautés minières et la protection de l'environnement.
- **Le label Kimberley process** garantit quant à lui que diamants et métaux précieux sont « conflict-free », c'est-à-dire qu'ils ne proviennent pas de zones de conflits.

LES ENGAGEMENTS

- L'utilisation de métaux précieux recyclés et/ou labellisés.
- Une fabrication traçable de l'extraction à la confection.
- Un processus de création qui limite les intrants chimiques polluants.
- Une limitation des recours au placage ou au rhodiage.
- Des bijoux vraiment durables, qu'on garde toute la vie (pas de laiton ni d'alliages).

FAIRMINED

KIMBERLEY PROCESS

LES ADRESSES ÉTHIQUES

Trier ses vêtements et changer sa façon de consommer la mode n'est pas toujours simple sans alternatives concrètes. Voici donc quelques bonnes adresses et des marques pour entamer votre cheminement vers le « slow fashion ».

POUR DONNER

- Les associations : Emmaüs, Le Secours populaire, La Croix-Rouge…
- Les organismes spécialisés : ressourceries
- L'application GEEV
- Les bornes de collecte : conteneurs Relais (*lerelais.org*) ou La Fibre du Tri (*lafibredutri.fr*). Dans les bornes, les sacs doivent être fermés, les chaussures attachées par paires dans des sacs fermés et les vêtements dans des sacs de 50 litres maximum.
- Pour vos vêtements de travail : La Cravate Solidaire
- Pour vos chaussettes célibataires ou trouées : Chaussettes Orphelines
- Pour vos lunettes : Lunettes Sans Frontières (ou tout simplement chez votre opticien !)

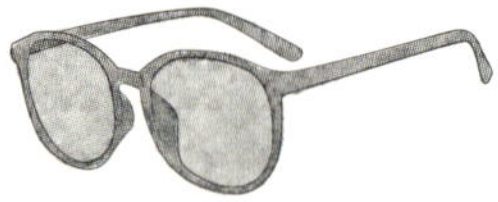

ZOOM SUR

LA COLLECTE DES VÊTEMENTS

MAIS QUE DEVIENNENT-ILS ?

BORNES DE COLLECTE → **COLLECTE PAR CAMION** → **TRI**

TRI → **RÉUTILISATION** : revente en boutique de seconde main à prix solidaires.

TRI → **RECYCLAGE** : chiffons d'essuyage, production de nouveaux textiles, isolation, rembourrage, etc.

TRI → **USINE DE TRAITEMENT DES DÉCHETS** → valorisation énergie / combustible solide de récupération / élimination

Source : La Fibre du Tri

POUR VENDRE

- Vinted
- Le Bon Coin
- *Videdressing.com*
- Vestiaire Collective
- Braderies
- Vide-dressing : Violette sauvage...

POUR LOUER

- Vêtements enfants et femmes enceintes : Tale Me
- Vêtements hommes et femmes : Le Closet
- Vêtements femmes : Les Cachotières (pour louer des tenues de soirée)

OÙ ACHETER DES VÊTEMENTS ÉCORESPONSABLES ET BIO ?

- Vêtements pour enfants : Kidikado, La Cotonnière, Citron Macaron, Lootz, Éveil et Nature, Bootaboo...

- Vêtements femmes : La Révolution Textile, Atelier Unes, Kipluzet, Márcia de Carvalho, Nudie Jeans®, 1083, Le Basiq, People Tree, Rhumaa, Hopaal, Les Hirondelles...
- Vêtements hommes : Nudie Jeans®, Hopaal, le t-shirt Propre, Thinking Mu, Knowledge Cotton Apparel, Le Basiq, 1083...

- Sous-vêtements femmes : Olly®, esquisse lingerie, Pop'line (sur *poplinelingerie*), Peau-Éthique®, The nude label, Do you green® (DYG), Sloggi®...

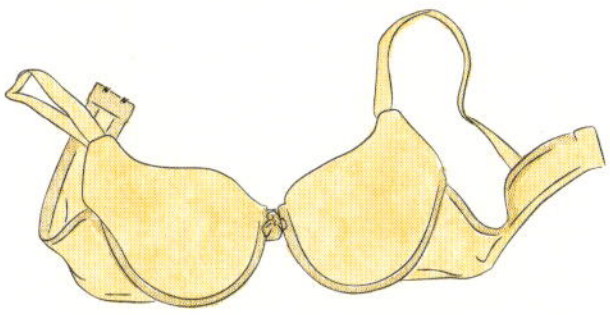

- Sous-vêtements hommes : Bluebuck, FilaBio, Do you green (DYG)...

- Bijoux éthiques : Paulette à bicyclette, JEM (Jewelery ethically minded), Flore et Zéphyr, April Paris...

- Chaussures : Minuit sur Terre, Veja (baskets), Ector Sneakers, Panafrica...

TABLEAUX D'ACTIONS **ZÉRO DÉCHET**

Où en êtes-vous de votre démarche Zéro déchet sur le plan vestimentaire ? Pour le savoir, cochez toutes les actions que vous menez déjà et vous saurez si vous êtes Colibri (débutant), Padawan (confirmé) ou Z'héros déchet (expérimenté).

NIVEAU 1 - COLIBRI	X
Je fais le tri dans mon armoire.	
Je donne les vêtements que je ne porte plus.	
Je réduis ma consommation de vêtements.	
Je n'achète plus de vêtements de marques de « fast fashion ».	
Je n'achète pas de nouveaux vêtements pendant 2 mois.	
J'ai 3 vêtements en matières biologiques.	
Je me renseigne sur l'origine de mes vêtements avant d'acheter.	
Je respecte les consignes de lavage de mes vêtements pour les préserver.	
Je bannis la vraie fourrure.	

NIVEAU 2 - PADAWAN 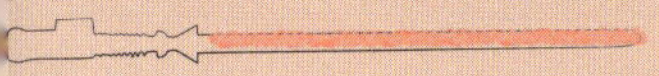	×
Je fais réparer mes vêtements abîmés.	
J'apprends à réparer mes vêtements.	
J'achète des vêtements d'occasion (vinted, vide-dressing, brocante...)	
Je n'achète pas de nouveaux vêtements pendant 6 mois.	
J'ai besoin d'un vêtement pour une occasion, je l'emprunte à une ou à un ami.	
Si j'achète neuf, je me tourne vers des marques engagées au niveau social, environnemental et éthique (voir p.121).	

NIVEAU 3 - Z'HÉROS DÉCHET 	×
Je répare moi-même mes vêtements abîmés.	
Je loue ma tenue de soirée.	
Je couds mes vêtements selon mes besoins.	
Je n'achète pas de nouveaux vêtements pendant 1 an.	
J'organise un troc de vêtement avec mes amis.	
Je n'achète plus de vêtements en matières non bio (hors seconde main).	
Je n'achète plus de vêtements qui ne respectent pas la cause animale (hors seconde main).	
Je préserve ma peau et ma santé en portant le plus souvent des tissus biologiques.	
Je parle de ma démarche autour de moi.	
Je remplace les habituels après-midis shopping par des moments de vie et de partage avec mes proches.	
Lorsque je décide de ne pas acheter un vêtement après réflexion, je mets l'argent correspondant de côté pour voir combien j'économise chaque mois.	

NOTRE MAISON ET NOTRE JARDIN zéro déchet

Énergies et eau

ÉTAT DES LIEUX

LES ÉNERGIES ET L'EAU

Afin de soutenir l'objectif des 2 °C visés par la COP 21, la France devra réduire de 50 % sa consommation d'énergie d'ici à 2050. Pour cela, il est impératif d'interroger nos modes de consommation énergétique à domicile, tant les habitations sont énergivores.

Source : *gouvernement.fr/special-cop-21*

25 %

de l'énergie électrique consommée en France relève du gaspillage (ordinateurs en veille, ventilations la nuit...).

Source : ONG NegaWatt

L'ÉNERGIE ÉLECTRIQUE

11 % de la facture d'électricité annuelle viennent d'une consommation « passive » des appareils domestiques.

correspondant à

7 ou 8 ampoules allumées

365 jours par an 24 h sur 24

soit

2 milliards d'euros gaspillés

Source : « baromètre » AFP Powermetrix

moins de 1 %
de l'eau sur Terre est à la fois douce et liquide.

148 litres d'eau
sont consommés par habitant chaque jour en France
sans compter les utilisations collectives et celles des activités économiques.

dont

40 % sont dédiés à nos douches et bains et

moins de 1 %
à l'hydratation.
Source : *cieau.com* (centre d'information de l'eau)

L'EAU

20 %
de pertes d'eau
sont liées aux fuites, en France.
Source : eaufrance

1 robinet qui fuit pendant **1 an**
représente
1 500 à 35 000 litres d'eau gaspillés

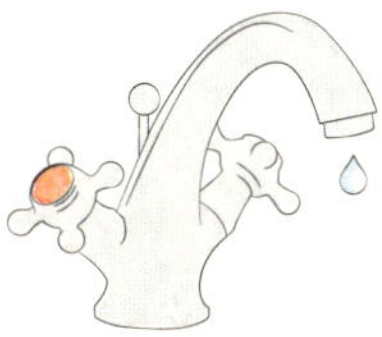

L'AUTOSUFFISANCE

250 à 300 m²
cultivés en permaculture peuvent satisfiaire les besoins alimentaires d'une personne.
Source : vivredemain

LA SOBRIÉTÉ
ÉNERGÉTIQUE ET HYDRIQUE

Gourmandes en énergie, mais lieux potentiels de nouvelles ressources, les habitations comptent énormément dans notre impact carbone.

RÉDUIRE

Un quart de l'énergie que nous consommons en France relève du gaspillage, nous parlons alors «**d'ébriété énergétique**», une surconsommation inconsciente et incontrôlée de nos appareils électriques. Au contraire, la «sobriété énergétique» invite à utiliser nos appareils en pleine conscience, à faire la chasse au gaspillage et à choisir des machines et des appareils plus performants en termes d'efficacité énergétique.

CHOISIR DES APPAREILS ÉLECTROMÉNAGERS EFFICACES

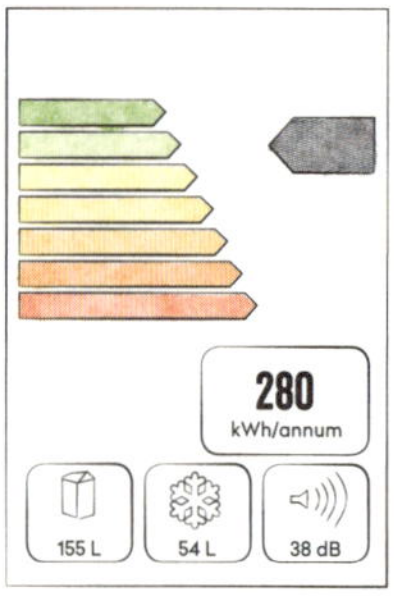

Regardez bien l'étiquette énergie collée sur les appareils électroménagers. Elle indique leur performance énergétique et hydrique. La performance énergétique est notée de A+++, pour les appareils les plus performants, à D ou pire, pour les appareils les plus énergivores.

DES ÉNERGIES CRÉATRICES DE RESSOURCES

Récupérateurs d'eau, panneaux solaires, éoliennes, jardins cultivés : notre habitat peut aussi se révéler producteur de richesses et générateur d'économies sur le long terme. À nous de l'aménager au mieux pour limiter les dépenses et surtout notre dépendance à l'industrie et aux énergies fossiles.

TANT VA LA CRUCHE À L'EAU...

L'eau potable est une ressource beaucoup plus rare qu'il n'y paraît. Si la planète est composée à 72 % d'eau, seuls 2,8 % de l'eau disponible sur Terre est douce et 2,1 % provient des glaciers. **Seulement 0,7 % de l'eau terrestre est donc à la fois douce et liquide, donc consommable.** Pourtant, notre utilisation de l'eau est inconsidérée ! **Notre génération utilise 8 fois plus d'eau que celle de nos grands-parents.**

Source : Centre d'Information sur l'Eau (cieau)

Et si, en France, **l'agriculture représente environ 48 % de la consommation d'eau,** 24 % sont utilisés pour les usages domestiques, sur lesquels nous pouvons agir.

Source : ministère de l'Écologie, 2011

LES LABELS DE L'ÉNERGIE

- **Energy Star :** il certifie l'efficacité énergétique des appareils en fonctionnement et en mode veille.
- **Ecolabel EU (européen) :** il garantit l'efficacité énergétique, l'utilisation raisonnable de l'eau pour les appareils de lavage et l'utilisation limitée de substances dangereuses, sur l'ensemble du cycle de vie du produit.
- **TCO Certified (certification internationale):** il certifie l'efficacité énergétique, la qualité du matériel, l'ergonomie de l'appareil et la limitation des substances polluantes dans le cycle de vie du produit.

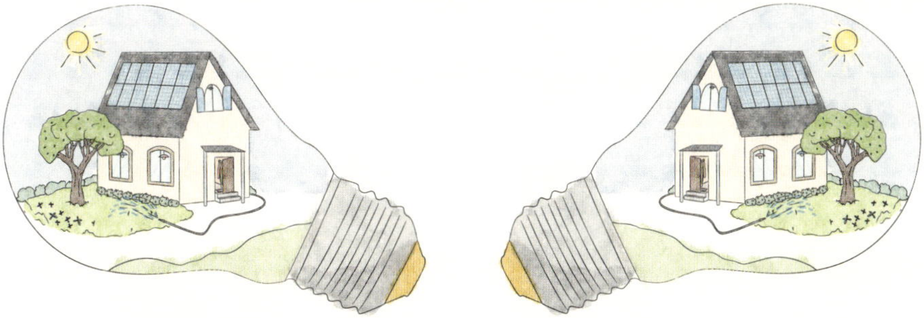

Économisez en dépensant plus: si les appareils les plus efficaces sont souvent plus chers, ce sont aussi les plus durables et ceux qui vous feront faire le plus d'économies sur le long terme. Votre investissement sera rentabilisé !

NOTRE MAISON
ZÉRO DÉCHET

Découvrez quelques indispensables pour une maison plus écoresponsable et économique. N'oubliez pas que «économies d'énergie» riment forcément avec «économies financières» !

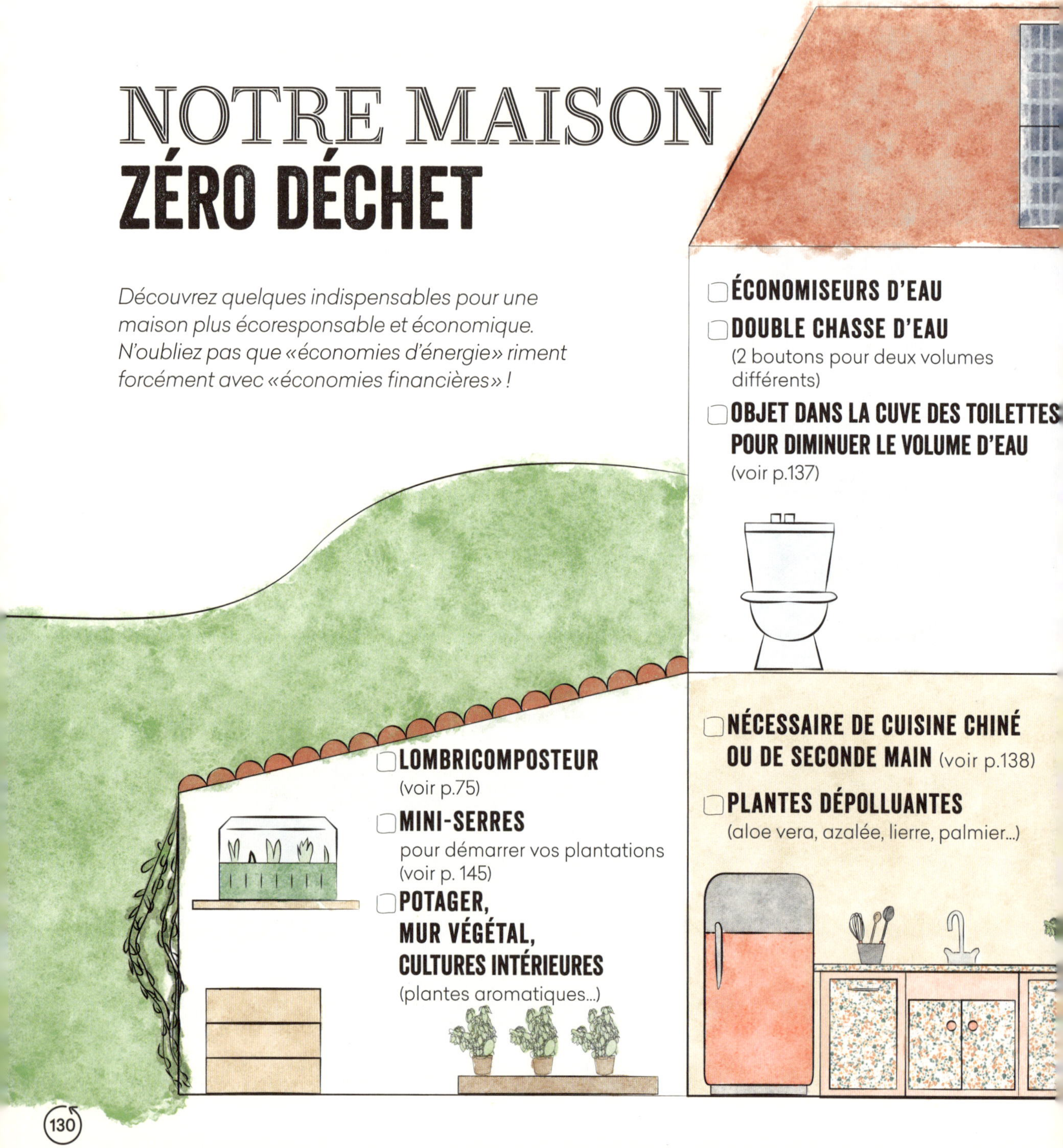

- ▢ **ÉCONOMISEURS D'EAU**
- ▢ **DOUBLE CHASSE D'EAU** (2 boutons pour deux volumes différents)
- ▢ **OBJET DANS LA CUVE DES TOILETTES POUR DIMINUER LE VOLUME D'EAU** (voir p.137)
- ▢ **NÉCESSAIRE DE CUISINE CHINÉ OU DE SECONDE MAIN** (voir p.138)
- ▢ **PLANTES DÉPOLLUANTES** (aloe vera, azalée, lierre, palmier...)
- ▢ **LOMBRICOMPOSTEUR** (voir p.75)
- ▢ **MINI-SERRES** pour démarrer vos plantations (voir p. 145)
- ▢ **POTAGER, MUR VÉGÉTAL, CULTURES INTÉRIEURES** (plantes aromatiques...)

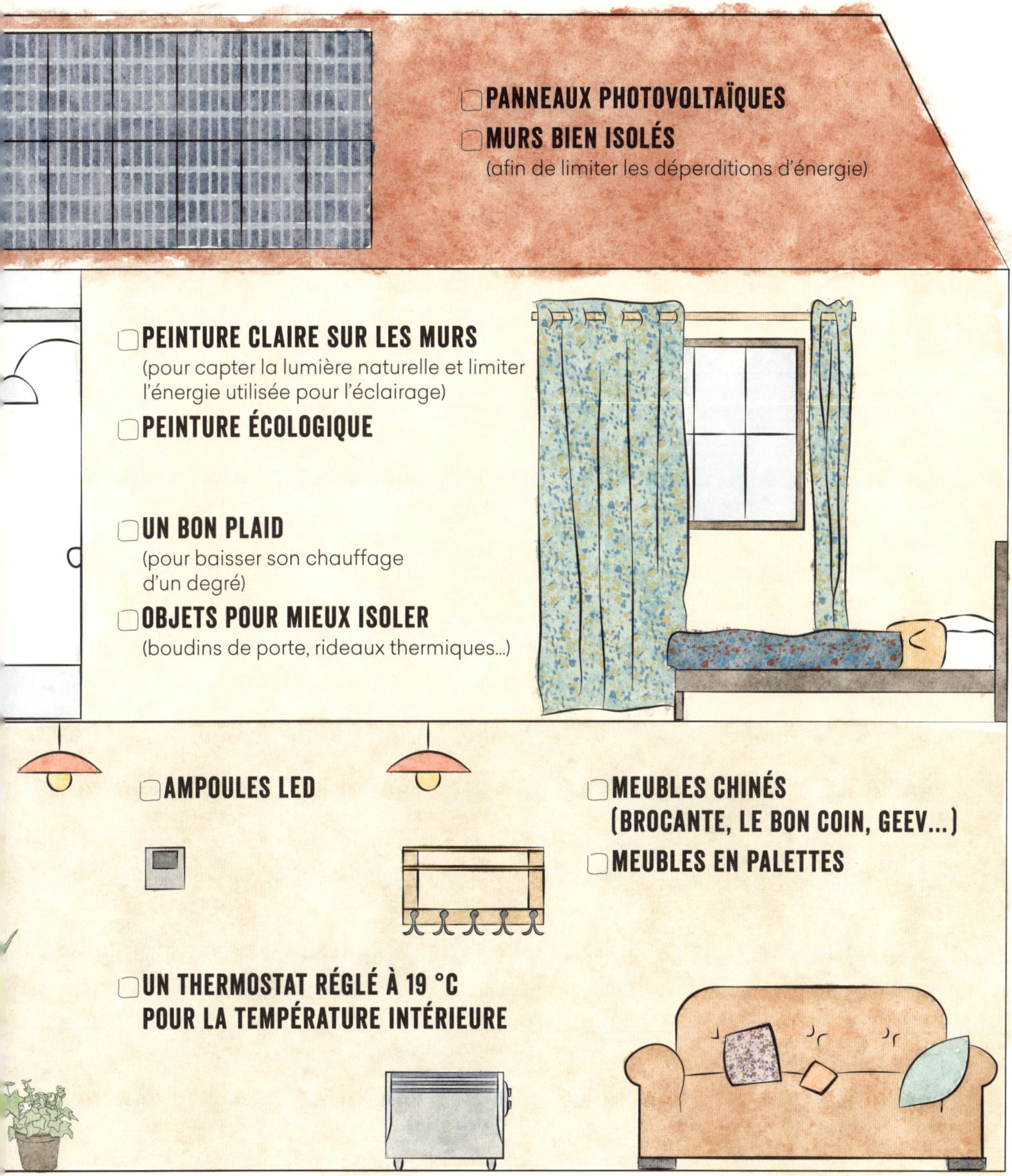

- [ ] **PANNEAUX PHOTOVOLTAÏQUES**
- [ ] **MURS BIEN ISOLÉS**
(afin de limiter les déperditions d'énergie)
- [ ] **PEINTURE CLAIRE SUR LES MURS**
(pour capter la lumière naturelle et limiter l'énergie utilisée pour l'éclairage)
- [ ] **PEINTURE ÉCOLOGIQUE**
- [ ] **UN BON PLAID**
(pour baisser son chauffage d'un degré)
- [ ] **OBJETS POUR MIEUX ISOLER**
(boudins de porte, rideaux thermiques...)
- [ ] **AMPOULES LED**
- [ ] **MEUBLES CHINÉS (BROCANTE, LE BON COIN, GEEV...)**
- [ ] **MEUBLES EN PALETTES**
- [ ] **UN THERMOSTAT RÉGLÉ À 19 °C POUR LA TEMPÉRATURE INTÉRIEURE**

10 CONSEILS
POUR CONSOMMER MOINS D'ÉNERGIE

RÉDUIRE

1 — 1°C de moins = 7 % d'économie

Source : consoGlobe

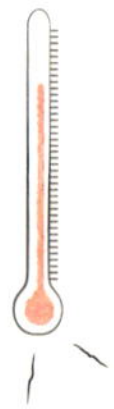

Finis les 20 °C à l'intérieur, la température idéale d'une pièce est estimée à 19 °C, voire 17 °C dans une chambre, puisque nous dormons mieux quand l'air ambiant est plus frais. Et pour 1 °C de moins dans une pièce, c'est 7 % d'économie. Si vous avez un peu froid, habillez-vous plus chaudement, buvez des boissons chaudes et portez des chaussons (nos extrémités sont plus frileuses que le reste du corps).

2 — UNE MACHINE À LAVER À 30 °C = 60 % D'ÉCONOMIES D'ÉNERGIE

Source : consoGlobe

À 60 °C, 80 % de l'énergie de la machine sert à chauffer l'eau, c'est dommage quand on sait qu'un lavage moins chaud lave souvent aussi bien. À 30 °C, vous faites 60 % d'économies d'énergie, les couleurs restent belles plus longtemps, le linge est moins froissé, c'est tout bénef ! Réservez les lavages à 60 °C aux lessives qui ont besoin d'être désinfectées (torchons, chiffons, mais aussi draps et serviettes de bain lorsque vous avez été malade).

3 — UN MODE « ÉCO » PAS SI ÉCO

Si vous avez tendance à utiliser le mode «normal» de votre lave-vaisselle, alors oui, dans ce cas-là, adopter le mode «éco» (qui allonge le temps du cycle, mais abaisse la température de l'eau utilisée). Il vous permettra de faire jusqu'à 45 % d'économie d'énergie. Sinon, le mieux, c'est le petit cycle «express» qui, en 30 minutes (contre plus de 2 h 15 pour un cycle normal), fait sensiblement la même chose, avec toutefois une baisse de consommation d'eau et d'électricité allant jusqu'à 50 %.

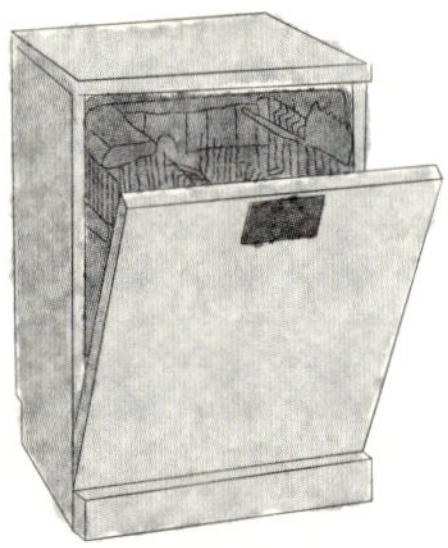

4 — DÉBRANCHER LES APPAREILS AU LIEU DE LES LAISSER EN VEILLE : C'EST 10 % D'ÉCONOMIES !

C'est un geste ultra simple, mais une habitude à prendre. Lorsque vous éteignez la télé le soir, éteignez aussi les autres appareils. Et quand vous partez le matin, vérifiez si tout est éteint.

5 FAIRE CHAUFFER L'EAU AVEC UNE BOUILLOIRE ÉLECTRIQUE

En utilisant une bouilloire plutôt qu'une gazinière classique, vous économisez près de 60 % d'énergie en moyenne. Source : engie-electrabel. Pensez-y la prochaine fois que vous faites des pâtes ! Préchauffez l'eau dans la bouilloire, juste l'eau nécessaire, pas 4 fois plus, car plus il y a d'eau, plus il faut d'énergie pour parvenir à l'ébullition.

6 PRENDRE SOIN DE SON CONGÉLATEUR

Un congélateur doit-être nettoyé et dégivré tous les 6 mois, car **3 mm de givre, c'est 30 % de consommation en plus.**

7 RÉGLER LA TEMPÉRATURE

La température idéale du réfrigérateur est de 4 °C (celle d'un congélateur se trouve entre – 6 °C et –18 °C). **Au-delà, c'est 10 % de consommation en plus pour chaque degré en moins !** Pour limiter les déperditions de chaleur, attendez que vos plats aient refroidi avant de les mettre au frais et veillez à n'ouvrir la porte que lorsque c'est nécessaire. En bref... on évite de contempler l'intérieur du réfrigérateur pour trouver ce qu'on va bien pouvoir grignoter !

8 PLACER LES APPAREILS RÉFRIGÉRANTS LOIN DES SOURCES DE CHALEUR

(four, plaques chauffantes, endroit ensoleillé)

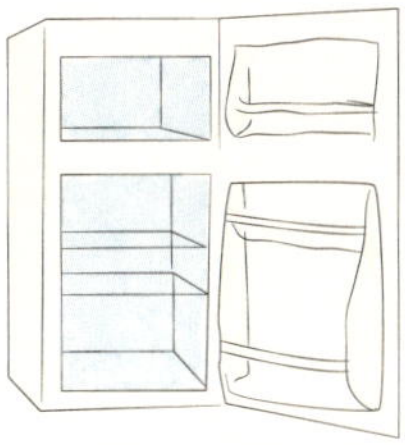

Un congélateur consomme 3 fois moins s'il est dans une pièce à 18 °C au lieu d'une pièce à 23 °C ! Finalement, le placer dans la cave est une bonne idée !

9 ADOPTER UN ÉCLAIRAGE BASSE CONSOMMATION

Si elles coûtent en moyenne 2 fois plus cher que des ampoules classiques, les LED (light-emitting diode) durent jusqu'à 8 fois plus longtemps et consomment 3 fois moins !

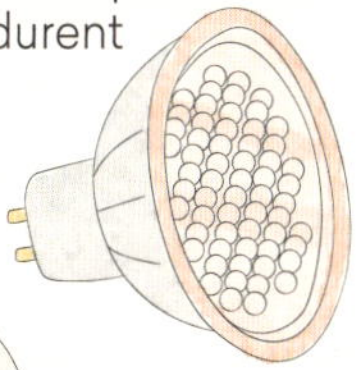

10 DÉPOUSSIÉRER LES AMPOULES

Un luminaire dépoussiéré, c'est jusqu'à 40 % de faisceau lumineux en plus. Du coup, nul besoin d'allumer les 6 lampes du salon et les 12 spots de la cuisine pour y voir clair !

CONSEIL EN BONUS : PRIVILÉGIER LA LUMIÈRE NATURELLE

N'allumez pas la lumière si vous n'en avez pas besoin : pensez à dégager les fenêtres et à adopter des couleurs claires sur vos murs.

RÉDUIRE

LES ÉNERGIES VERTES

Les énergies vertes, ou « renouvelables », sont cette part d'énergie issue des éléments naturels (soleil, vent, eau, chaleur, marées...) qui est considérée comme inépuisable à l'échelle du temps humain. À l'heure où nos ressources s'épuisent à la vitesse de la lumière, il est largement temps de miser sur elles !

EN FRANCE

16 %
d'énergie renouvelable
dans la consommation finale brute d'énergie en France
La France s'est engagée à porter cette part à 32 % d'ici 2030.

75 %
de l'électricité française est d'origine nucléaire.
Source : *guide-electricite-verte.fr*

2 Français sur 3
souhaitent que soient fermées plusieurs centrales nucléaires françaises.
Source : *guide-electricite-verte.fr*

PROVENANCE DES ÉNERGIES RENOUVELABLES EN FRANCE

- **41,2 %** : bois, énergie
- **19,8 %** : hydraulique
- **9,3 %** : biocarburants
- **8,4 %** : pompes à chaleur
- **7,1 %** : éolien
- **5,9 %** : déchets
- **2,9 %** : biogaz
- **2,7 %** : solaire photovoltaïque
- **2,8 %** : autres (géothermie, résidus de l'agriculture et solaire thermique...)

Source : *ecologie-solidaire.gouv.fr*

CHANGER DE FOURNISSEUR D'ÉNERGIE

Si vous voulez contribuer au développement d'une énergie verte et éthique, il vous suffit de changer de fournisseur d'énergie. Mais attention, tous les fournisseurs d'énergie verte ne se valent pas.

CLASSEMENT 2018 DES FOURNISSEURS D'ÉLECTRICITÉ VERTE EN FRANCE

VRAIMENT VERTS

enercoop L'énergie militante, Énergie d'ici, ilek

EN BONNE VOIE

alterna électricité - gaz, ekWateur, énergem, GEG, planète OUI, Sélia

À LA TRAÎNE

Énergies du Santerre, lucia, plüm énergie, proxelia

VRAIMENT MAUVAIS

direct énergie, EDF, ENGIE, Happ-e, sowee, Total spring

Source: Greenpeace

BON À SAVOIR

- Changer de fournisseur d'électricité est gratuit. Il n'y a pas de frais de résiliation.
- Vous ne subirez pas de coupure d'électricité lors du changement de fournisseur.
- C'est sans engagement ! Si ce nouveau fournisseur ne vous convient pas, ou plus, vous êtes libres d'en changer de nouveau.
- Il n'y a pas de travaux à faire, l'énergie verte provient du même réseau que votre fournisseur habituel. En fait, nous recevons un « mix énergétique », un réseau unique alimenté par diverses sources d'énergie.

Source : *guide-electricite-verte.fr*

TRANSITION ÉNERGÉTIQUE

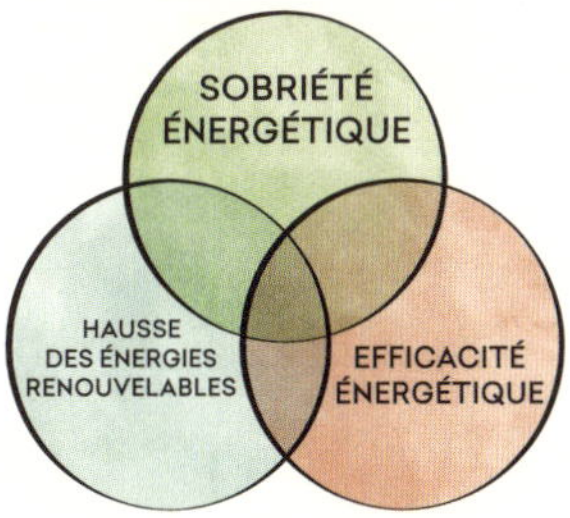

LES ÉNERGIES RENOUVELABLES POLLUENT AUSSI !

Si les sources d'énergies renouvelables (vent, soleil, eau…) sont considérées comme inépuisables à l'échelle de l'Homme, les équipements liés aux énergies renouvelables, eux, ne le sont pas. Batteries au lithium pour alimenter les installations de production d'énergie, énergies fossiles pour l'extraction des matériaux, la confection, le transport etc., leur impact est loin d'être nul. Voilà pourquoi **une transition énergétique passe d'abord par la réduction de nos besoins en énergie.** Il est utopique de penser que nous pourrons passer à des énergies non carbonées tout en continuant à consommer autant. Réduction de la production mondiale, amélioration des services de transports collectifs, rénovation des bâtiments pour limiter le gaspillage énergétique dû à une mauvaise isolation… les solutions sont là. Il ne reste plus qu'à les mettre en place.

10 CONSEILS POUR CONSOMMER MOINS D'EAU

RÉDUIRE

1 PRENDRE DES DOUCHES PLUTÔT QUE DES BAINS

Une douche, c'est **15 à 18 litres d'eau par minute, un bain, c'est 150 litres d'eau !** Par contre, le concept de la douche économique consiste tout de même à ne pas rester 15 minutes sous l'eau courante, sinon le bénéfice est annulé. Quinze minutes dans la douche pourquoi pas, mais pensez à éteindre le robinet pendant que vous vous savonnez. **Après tout, ça ne vous viendrait pas à l'idée de laisser l'eau du robinet couler quand vous vous brossez les dents** (enfin j'espère) !

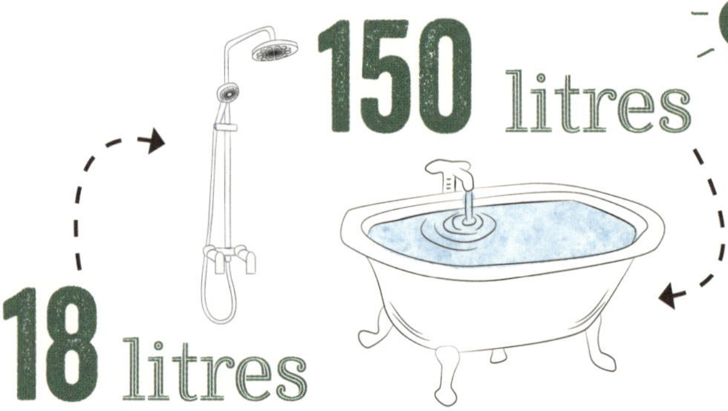

2 LIMITER LA QUANTITÉ DE SHAMPOING

Plus il y aura de produit et de mousse, plus vos cheveux seront longs à rincer.

3 ÊTRE VIGILANT SUR LES FUITES !

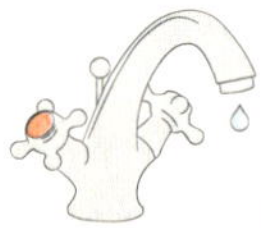

Un robinet qui fuit représente un gaspillage de 1 500 à 35 000 litres d'eau par an. Cela équivaut à un coût de **20 à 150 € chaque année !**

4 ÉQUIPER SES ROBINETS D'ÉCONOMISEUR D'EAU

Ils permettent de mélanger air et eau sous pression et d'économiser 50 % d'eau en moyenne. Ils offrent un débit de **6 litres par minute contre 10 à 17 litres en moyenne pour un robinet classique.**

ZÉRO DÉCHET INFO

20 % de notre consommation d'eau provient des toilettes. En moyenne, une chasse d'eau tirée consomme 9 litres d'eau. Cela représente 36 litres d'eau par jour et par personne.

Source : consoGlobe

5 NE PAS TIRER LA CHASSE À CHAQUE PASSAGE...

... ce sont des litres d'eau économisés.

6 FAIRE PIPI SOUS LA DOUCHE...

... pour économiser une chasse d'eau.
Eh oui, il fallait bien y venir à un moment !

7 INSTALLER UN RÉSERVOIR À DOUBLE COMMANDE

Celui-ci permet de choisir entre 2 volumes d'eau en fonction de vos besoins. C'est jusqu'à 6 litres d'eau économisés par chasse en actionnant le volume le plus faible !

8 METTRE UN VOLUME DANS LA CUVE DE SES TOILETTES

Prenez 1 ou 2 bouteilles en plastique de 1 ou 1,5 litre, remplissez-les d'eau, fermez-les et placez-les dans le réservoir des toilettes. Vous économiserez des centaines de litres d'eau par mois !

9 PRÉFÉRER LE LAVE-VAISSELLE AU LAVAGE DANS L'ÉVIER

Il consomme 12 à 15 litres d'eau, selon l'appareil, pour plusieurs repas.
La vaisselle à la main consomme jusqu'à 2 à 3 fois plus, sauf si vous apprenez à laver la vaisselle en mode Zéro déchet !

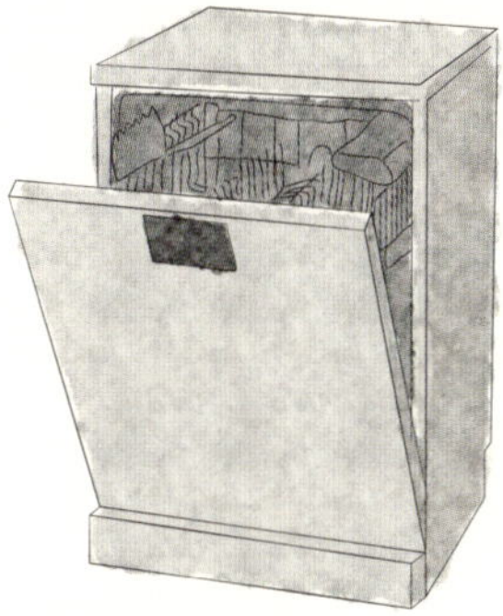

10 LAVER LA VAISSELLE À LA MAIN EN MODE ZÉRO GASPI

Rassemblez votre vaisselle sale dans une bassine et mettez de l'eau à niveau. Utilisez l'eau de la bassine pour laver sans eau supplémentaire à l'aide d'une brosse à vaisselle, d'un tawashi et de savon de Marseille. Videz l'eau sale, rincez légèrement la bassine. Au-dessus de la bassine, rincez la vaisselle avec un filet d'eau. Gardez l'eau de la bassine, déposez-y votre vaisselle sale des prochains repas, puis recommencez en utilisant directement cette eau de rinçage.

SE MEUBLER
EN MODE ZÉRO DÉCHET

Oubliez Ikea et autres fournisseurs de fast déco : retour aux sources, au plaisir de chiner, de remettre au goût du jour de vieux objets ou même de fabriquer soi-même ses meubles pour un intérieur aussi éthique que personnel !

RÉUTILISER

CHINER DES MEUBLES DE SECONDE MAIN

- **Commencez par interroger les membres de votre famille.** Ils auront sûrement entassé plein de meubles et accessoires dont ils seraient ravis de se débarrasser !
- **Faites un tour sur Le Bon Coin :** on y trouve tout, près de chez soi, en bon état et à des prix ultra intéressants.

- **Consultez l'application GEEV**, sur laquelle des particuliers mettent des objets dont ils veulent se séparer gratuitement !

- **Ouvrez les yeux** : parfois des trésors sont entreposés dans les rues en attente de ramassage : une raison de plus de ne pas être rivé à l'écran de son portable !
- **Faites un tour en vide-grenier** ou dans les brocantes !

MODERNISER D'ANCIENS MEUBLES

Ne vous limitez pas à l'apparence d'un meuble, regardez sa structure, sa taille, son style. Peut-être qu'un petit rafraîchissement peut le moderniser ? Pensez à tout ce qu'il est simple d'effectuer, sans se ruiner :

- poncer les meubles trop vernis,

- retapisser une ancienne chaise, ajouter une assise,

- repeindre un meuble ou lui ajouter du papier peint,

- garder des coussins et changer les housses.

FABRIQUER SES MEUBLES AVEC DES PALETTES

Quoi de mieux pour coller à ses besoins et faire des économies que de fabriquer ses propres meubles, notamment avec des matériaux chinés comme des palettes ?

LES PALETTES SONT-ELLES TOXIQUES ?

Certaines palettes sont traitées par fumigation au bromure de méthyle, c'est le cas des palettes marquées « MB » (voir logo ci-contre). Si la palette ne présente pas de marquage, elle n'est pas traitée, le bois est brut, utilisé pour de courtes distances et pour un usage unique, sans consigne. Les palettes marquées « EPAL » ne sont, quant à elles, plus traitées chimiquement depuis 2010.

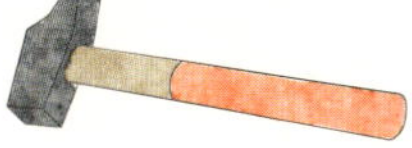

ZÉRO GASPI ASTUCES

Évitez de vous suréquiper. Si vous ne disposez pas de tous les outils dont vous avez besoin, empruntez-les à vos voisins, parents, amis (ou sur Mutum) ou louez-les dans un magasin spécialisé (Kiloutou, Bricolib) ou en bricothèque. A-t-on vraiment besoin de posséder une perceuse ? Selon une étude de Zero Waste France (2011), le temps moyen d'utilisation d'une perceuse ne serait que de 12 minutes sur toute sa durée de vie. Vous pouvez aussi vous rendre dans des Fab Labs (lieux de partage de machines et appareils divers) ou des ateliers de bricolage, qui mettent à disposition outils et conseillers. Vous pouvez aussi vous rendre dans un repair café (voir p.214-215).

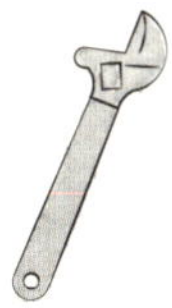

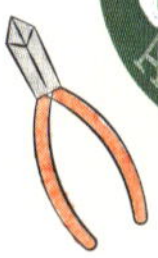

DIY

FABRIQUER UN PORTE-MANTEAU EN PALETTES

par @PAPA_LETTES

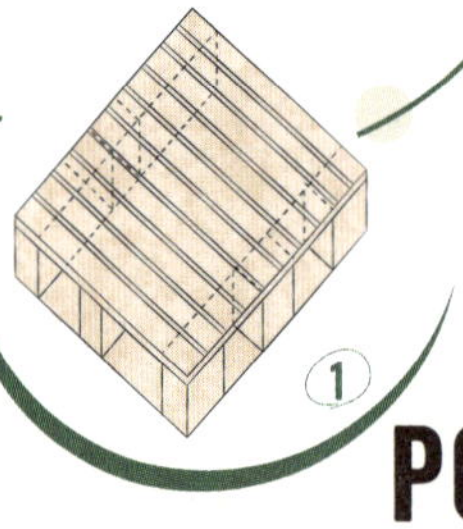

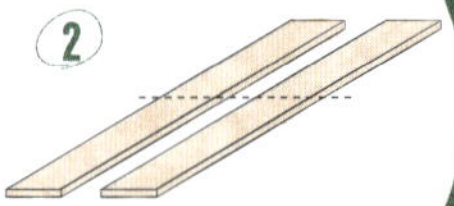

MATÉRIEL :

- **UN MÈTRE RUBAN**
- **UNE SCIE SAUTEUSE OU AUTRE SCIE**
- **UNE PERCEUSE-VISSEUSE**
- **UN FORET À BOIS DE 4 MM**
- **UNE PONCEUSE**
- **UN PINCEAU**
- **UNE PALETTE DE 80 X 120 CM**
- **DEUX AUTRES PLANCHES DE PALETTE** de 80 cm de long
- **CINQ PATÈRES** (achetées en magasin de bricolage)
- **UN POT DE VERNIS**
- **DES VIS DE 30 MM**

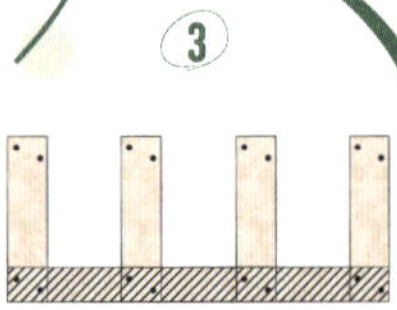

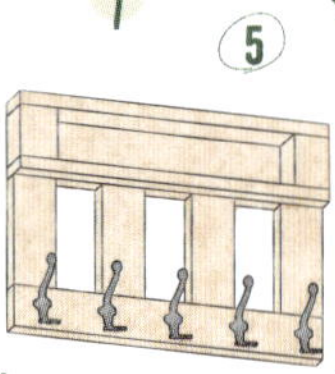

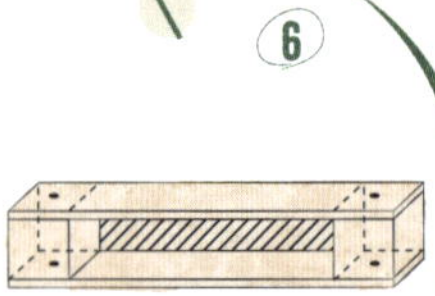

1 **Le ponçage :** commencez par poncer chaque planche sur une de leur face ainsi que les deux cubes pour que le bois soit le plus propre possible.

2 **Les découpes :** coupez deux planches en leur milieu pour obtenir les 4 planches verticales du porte-manteaux.

3 **L'assemblage des planches :** disposez ces planches verticalement et posez une troisième planche au-dessus. Fixez avec les vis aux points mentionnés sur la figure n°3.

4 **La fixation des patères :** répartissez sur la largeur et fixez sur la troisième planche les cinq patères comme indiquées sur la figure n°4.

5 **Les vide-poches :** formez le vide-poches du porte-manteau en disposant les cubes de palettes sur les extrémités d'une quatrième planche et vissez-les comme indiqué sur la figure n°5.

6 **La fixation des planches :** fixez une cinquième et une sixième planche pour former les côtés du vide-poches.

7 **L'assemblage des vide-poches :** assemblez le vide-poches au reste du porte-manteau en haut des planches et fixez à l'endroit des vis de la figure n°3 pour obtenir la structure finale.

Les finitions : Si vous le souhaitez, pour unifier la couleur, peignez le meuble avec une ou deux couches de verni.

JARDINER EN MODE ZÉRO DÉCHET

Le jardin a tout à gagner de votre démarche Zéro gaspi, car vos déchets organiques sont des engrais potentiels et naturels qui feront le bonheur de vos plantes.

UTILISER SES EAUX DE CUISSON POUR L'ARROSAGE

- Eau de cuisson des légumes (bio) : elle doit être non salée et refroidie. Riche en vitamines et minéraux, elle constitue un engrais naturel.
- Eau de cuisson des œufs (durs) : laissez-la refroidir avant de l'utiliser. Elle est riche en calcium, un engrais naturel.

- Eaux de cuisson des pâtes, des pommes de terre, du riz : ce sont d'excellents désherbants, encore plus efficaces si on les utilise chaudes et légèrement salées, de préférence là où les mauvaises herbes ne sont pas enterrées (au pied d'un mur, entre des pavés...).

DES DÉCHETS « SUPER ENGRAIS »

- Coquilles d'œufs : faites-les sécher, puis réduisez-les en petits morceaux ou en poudre, mélangez-les avec la terre de vos plantes. C'est un engrais riche en calcium.
- Peaux de banane : coupez-les en morceaux et mettez la partie interne face à la terre en couverture. Elles apportent du potassium.
- Tous les déchets organiques : utilisez-les pour en faire du compost ou du lombricompost (voir p. 74).

DIY

FABRIQUER UN INSECTICIDE ZÉRO PUCERON

1. Dans un pulvérisateur, mélangez 50 ml de vinaigre blanc et 500 ml d'eau.
2. Vaporisez sur les plantes pour éloigner les pucerons.

(voir aussi insecticide au savon de Marseille p.154)

L'AGROÉCOLOGIE

L'agroécologie est un système de production agroalimentaire qui s'inspire du fonctionnement naturel des écosystèmes. Il s'agit d'observer l'efficacité habituelle de la nature pour créer et raviver la vie des sols, assurer leur fertilité et préserver les ressources naturelles tout en les cultivant.

PROTÉGER SON SOL ET CRÉER UNE TERRE FERTILE : LA TECHNIQUE DE LA BUTTE-SANDWICH !

Il s'agit de créer pendant l'hiver une terre fertile, grâce à l'action des micro-organismes. L'idée est simple : superposer des couches de nutriments qui sont complémentaires. En l'espace de quelques mois, le sol sera idéal pour votre potager.

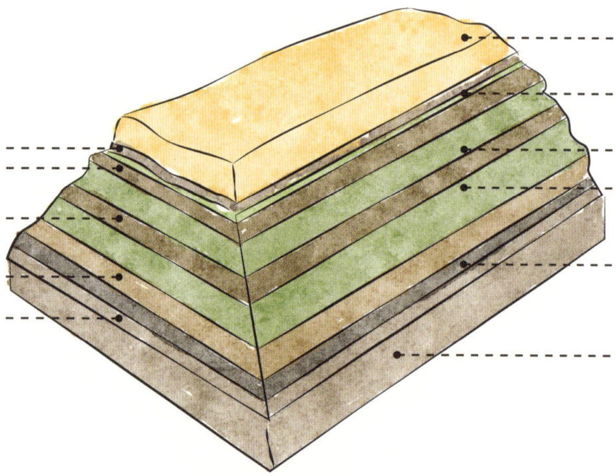

NE PAS LES JETER À LA POUBELLE, ILS NOURRISSENT LE SOL !

- Le compost
- Le fumier (demandez-le à la ferme ou au centre équestre près de chez vous)
- L'herbe tondue
- Les feuilles mortes (faites des réserves en automne)
- La paille
- Les cendres de feu de bois (gardez-les l'hiver !)
- Les copeaux de bois

POURQUOI LE PAILLAGE ?

- Le paillage limite la prolifération des mauvaises herbes.
- Le paillage améliore la fertilité du sol.
- Il stabilise le taux d'humidité.
- En été, il réduit l'évaporation et permet d'arroser moins souvent.
- En hiver, il protège la terre du froid.

CES PLANTES QUI SE PROTÈGENT

N'oublions jamais que la nature a pensé à tout. La plupart du temps, il est possible de se passer de produits chimiques en se focalisant sur une bonne association des plantes entre elles ! Et si vous les mariez bien, leur croissance sera elle aussi stimulée par la proximité des autres.

- Le basilic associé aux tomates repousse les pucerons.
- Le fenouil à proximité des carottes évitera la mouche de la carotte.

- La menthe (en pot, car elle est invasive) à proximité des choux repousse la mouche du chou.
- Les myosotis à proximité des framboisiers tiendront éloignés les vers du framboisier.
- La lavande (tout comme la menthe) repousse les limaces, les escargots et les fourmis, et les soucis repoussent de nombreux insectes nuisibles. Plantez-en autour des carottes, des choux et des laitues.

CES PLANTES QUI SE FONT GRANDIR

- ail + pommes de terre
- betteraves + céleri
- carottes + ciboulette
- fraises + poireaux
- œillets d'Inde + tomates

ZÉRO DÉCHET INFO

La lavande, le thym, les soucis et le romarin sont des plantes mellifères qui attirent les abeilles et facilitent la pollinisation, ce qui augmente les récoltes.

REPLANTER SES LÉGUMES,
FRUITS ET HERBES AROMATIQUES

Oui, oui, même en appartement, on peut se créer un tout petit potager simplement en replantant les légumes que l'on a consommés ! Explications.

REPLANTER DES LÉGUMES

- **Laitue :** coupez le cœur de la laitue en gardant 5 cm environ. Placez-le dans un fond d'eau pendant 5 à 7 jours, puis plantez-le dans la terre, il va repousser.
- **Oignons nouveaux:** coupez les têtes (avec racines) sur 5 cm environ, placez-les dans un fond d'eau pendant 5 à 7 jours, puis plantez.
- **Céleri branche :** coupez la base du céleri sur 5 cm, placez-le dans un fond d'eau pendant 5 à 7 jours, puis plantez-le.
- **Oignon :** sans enlever la peau, coupez-le 2 à 3 cm au-dessus des racines. Utilisez la chair sans racines dans un plat et plantez immédiatement la partie avec les racines en la recouvrant entièrement de terre.

REPLANTER DES FRUITS

- **Agrumes :** prélevez les pépins, rincez-les, mais ne les séchez pas. Mettez-les directement en terre dans un pot et placez au-dessus le fond découpé d'une bouteille en plastique percé de petits trous afin de créer une petite serre. Gardez dans un endroit chaud. Replantez dans un pot plus grand lorsque les graines ont suffisamment germé (environ 6 semaines).

- **Fraises :** prélevez les graines, à l'aide d'un cure-dent par exemple, rincez-les et faites-les sécher sur du papier journal pendant 2 ou 3 jours. Plantez dans un petit pot, gardez le sol toujours humide. Transférez-les dans un pot plus grand après 6 semaines environ.

REPLANTER DES HERBES AROMATIQUES

- **Basilic, menthe :** gardez les tiges et les feuilles sommitales. Placez-les dans un fond d'eau d'au moins 2 cm. Replantez lorsque les racines font environ 3 à 5 cm.
- **Coriandre :** placez les tiges dans l'eau, replantez quand les racines font 3 à 5 cm.
- **Romarin :** enlevez le romarin des branches, laissez quelques feuilles au niveau supérieur, plongez les branches dans quelques centimètres d'eau. Replantez quand les racines apparaissent. Gardez humide.
- **Ail :** plantez une gousse d'ail dans la terre, recouvrez de terre, gardez humide.

DIY

RECYCLER

FABRIQUER UNE MINI-SERRE

Elle vous aidera à démarrer un jardin d'intérieur. Vos graines à germer pourront grandir dans une petite serre de récup !

MATÉRIEL

- **UN PISTOLET À COLLE**
- **5 BOÎTES À CD**

1. Enlevez l'intérieur des boîtes à CD afin qu'il n'y ait plus que les carrés lisses et transparents.
2. Déposez une première boîte à CD ouverte sur la table.
3. À l'aide du pistolet à colle, montez les côtés de la serre d'abord avec la deuxième boîte, collez-la sur la longueur. Puis ouvrez une troisième boîte, fixez-la.
4. Sur les extrémités, fixez la moitié des deux boîtes restantes (voir schéma), de façon que les deux autres moitiés constituent le haut de la serre et puissent s'ouvrir facilement.
5. Déposez la mini-serre dans un endroit ensoleillé, semez vos graines dans de petits pots et mettez-les à l'intérieur. La structure va retenir la chaleur et favoriser la germination.

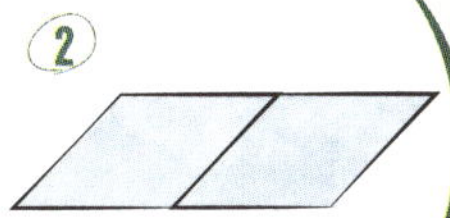

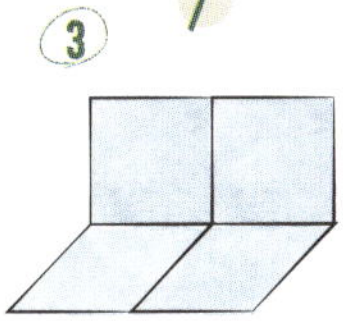

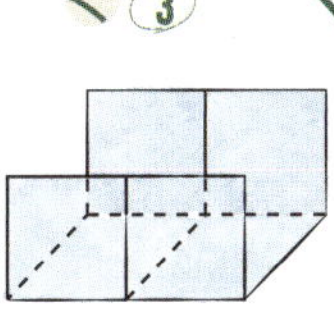

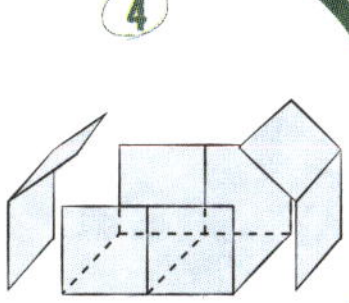

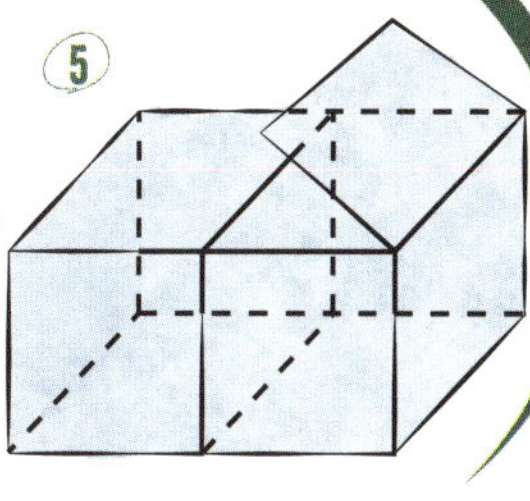

TABLEAUX D'ACTIONS **ZÉRO DÉCHET**

Où en êtes-vous dans votre démarche Zéro déchet énergétique ? Cochez toutes les actions que vous menez déjà et vous saurez si vous êtes Colibri (débutant), Padawan (confirmé) ou Z'héros déchet (expérimenté).

NIVEAU 1 - COLIBRI 	
J'éteins mes appareils électriques (je fais jusqu'à 10 % d'économies).	
Je coupe l'eau lorsque je me savonne dans la douche.	
Si je remplace/rachète des appareils électroménagers, je les choisis labellisés.	
Je mets 1 ou 2 volumes d'eau dans mes toilettes (voir p.137).	
Je règle mon thermostat à 19 °C dans la maison.	
Je lave mes vêtements à 30 °C.	
J'utilise le cycle 30 minutes sur mes appareils de lavage.	
Je fais chauffer mon eau dans une bouilloire électrique.	
Je place mes appareils réfrigérants loin des sources de chaleur.	
Je dépoussière mes ampoules.	
J'emprunte des outils à mes amis, mes voisins ou ma famille.	
J'achète des fleurs de saison/locales/ biologiques.	

IVEAU 2 - PADAWAN 	X
e fais la chasse aux fuites d'eau.	
e passe à un fournisseur d'énergie verte.	
e ne prends plus de bain.	
e règle mon thermostat à 17 °C ans la chambre à coucher.	
e dégèle mon congélateur tous les 6 mois.	
e mets des ampoules LED.	
e lave la vaisselle en mode Zéro déchet.	
'utilise le compost de mon jardin.	
e fabrique mon insecticide zéro puceron oir p. 141).	
e plante les plantes mellifères qui attirent les pollinisateurs).	
e fabrique une mini-serre (voir p.145).	
e loue mes outils à un magasin u je les emprunte à une bricothèque.	

NIVEAU 3 - Z'HÉROS DÉCHET 	X
Je prends des douches de chat régulièrement (je me nettoie au gant de toilette).	
Je cultive dans mon jardin et sur mon balcon.	
J'installe un récupérateur d'eau.	
Je crée ma propre énergie (panneaux solaires, éoliennes).	
Je fabrique mes meubles en palettes (voir p.139 et p.140).	
J'utilise les eaux de cuisson pour mes plantes.	
J'achète des plantes (dépolluantes) (voir p.130 et 153).	
Je couvre la terre de mes plantes et de mon potager pendant l'hiver.	
J'associe intelligemment mes plantations pour un potager plus efficace et respectueux des sols (voir p. 143).	
Je fabrique ma mini-serre Zéro déchet (voir p.145).	
Je replante mes fruits, légumes et herbes aromatiques (voir p.144).	

NOTRE MAISON ET SON ENTRETIEN

Pollutions domestiques et air

ÉTAT DES LIEUX

LES POLLUTIONS DOMESTIQUES

Nous passons en moyenne 80 % du temps dans des endroits clos (lieu de travail, domicile, établissement scolaire, mais aussi transports en commun, voiture…)
Source : ADEME 2015
Or, il est aujourd'hui prouvé que l'air intérieur est autant, sinon plus, pollué que l'air extérieur. Tour d'horizon.

L'AIR INTÉRIEUR

5 à 7 fois + pollué

que l'air extérieur.
En cause : produits d'entretien, tabac, peintures, etc.
Source : OMS

LES EFFETS DE LA POLLUTION SUR L'HOMME DANS LE MONDE

+ de 7 millions
de décès dus à la pollution de l'air (intérieur et extérieur), en 2012.
Source : OMS, 2014

1 décès sur 8

4,3 millions
de décès prématurés
liés à la pollution de l'air intérieur, en 2012.
Source : OMS, 2014

1 personne sur 3
née après 1980
souffre d'une forme d'allergies (rhinite, asthme…) en partie due à l'exposition à des allergènes, à la pollution de l'air extérieur et intérieur.
Source : *asthme-allergie.com*

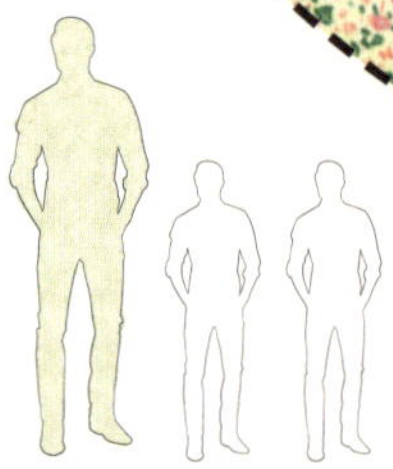

ET LES CONSÉQUENCES FINANCIÈRES

19 milliards d'euros / an

= coût socio-économique des polluants de l'air intérieur en France.

Source : ANSES (Agence nationale de sécurité sanitaire)

220 millions de litres

d'eau de Javel utilisés par an en France.

Source : consoGlobe

+ de 1/4

des intoxications à domicile dues aux produits d'entretien.

dont

40 %

sont dues à l'eau de Javel.

Source : consoGlobe

STOP AUX PRODUITS TOXIQUES !

CONSTAT

L'EAU DE JAVEL NETTOIE À MORT...

L'eau de Javel est un biocide puissant, c'est-à-dire **qu'elle tue toute forme de vie.** Ce produit « désinfectant » et non « nettoyant » pose problème, car son utilisation systématique affaiblit les défenses immunitaires des occupants de la maison et favorise la résistance des germes à long terme. En fait, désinfecter ne serait utile qu'en cas d'épidémie ou de risque pathogène.

L'eau de Javel n'est pas un nettoyant, mais un blanchissant toxique qui peut donner illusion de propreté. Elle n'est pas biodégradable et pollue massivement l'eau. Elle peut également dégager des vapeurs de chlore toxiques.

COMMENT REMPLACER L'EAU DE JAVEL

- Désodoriser : recette p.158-159
- Assainir : recette p.157
- Blanchir : recette p.158

ÉTAT DES LIEUX

L'AIR DANS NOTRE MAISON

Nous serions tentés de penser que l'air est moins pollué à l'intérieur de nos maisons qu'à l'extérieur. Il n'en est rien !

LA POLLUTION DE NOS MAISONS

Les endroits clos dans lesquels nous passons 80 % de notre temps sont souvent bien plus pollués du fait de la multiplicité des polluants qui s'exercent sur eux : pollution atmosphérique ou émanant des bâtiments (ameublement, décoration, peinture, solvants, vernis), des activités quotidiennes (produits d'entretien, tabac)... **L'air intérieur serait en moyenne 5 à 7 fois plus pollué que l'air extérieur !**

Source : OMS

LES CONSÉQUENCES

Selon l'ANSES, **la pollution de l'air intérieur serait à l'origine de la mort de près de 20 000 Français par an.** Notons que cette étude établit des liens entre cancers du rein et inhalation de trichloréthylène, entre leucémies et exposition au benzène, entre cancers du poumon et radon (gaz radioactif) ou tabagisme passif, entre intoxication et monoxyde de carbone, entre exposition prolongée aux microparticules et maladies cardiovasculaires.

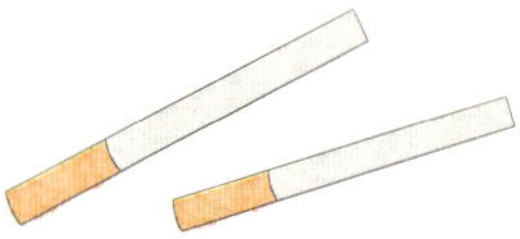

UN ENJEU DE SANTÉ PUBLIQUE

La qualité de l'air intérieur est aujourd'hui une véritable préoccupation de santé publique. Une étude réalisée en 2014 par l'ANSES, l'Observatoire de la Qualité de l'Air intérieur, et Pierre Kopp, professeur d'économie de l'université de la Sorbonne, **a estimé autour de 19 milliards d'euros le coût socio-économique de la pollution de l'air intérieur.** Dans cette étude, les conséquences économiques sont intimement liées aux coûts sanitaires générés par une exposition prolongée à certains polluants (benzène, radon, trichloréthylène, monoxyde de carbone, particules et fumées de tabac…).

Ces quelques milliards reflètent notamment le coût estimé des décès prématurés, de la prise en charge des soins, de la perte de production, et du coût de la recherche médicale sur les maladies liées à la pollution de l'air.

N'incluant pas certains polluants communément présents dans l'air intérieur comme le formaldéhyde, les solvants, le plomb, les phtalates (contenus dans le plastique) ou encore les moisissures, ni la coexposition aux différents polluants, il y a fort à parier que ces 19 milliards soient une estimation basse du coût de la pollution de l'air intérieur.

AMÉLIORER LA QUALITÉ DE L'AIR INTÉRIEUR

- Aérez (oui, oui, même en hiver) au minimum 10 minutes le matin et 10 minutes le soir.
- Préférez les peintures biologiques et écologiques.
- Limitez les achats de produits vernis, peints ou simplement réalisés avec des matériaux peu écologiques comme le plastique, ou encore achetez de seconde main, les particules toxiques émises par ces objets ayant déjà eu le temps de s'évaporer.
- Évitez les tapis, moquettes, etc., qui sont des nids à pollution et à saletés.
- Ne fumez pas à l'intérieur.
- Évitez les bougies parfumées et tout produit à base de parfum.
- Fabriquez vous-même vos produits ménagers (recettes p.157-159) inoffensifs pour la santé.
- Agrémentez votre maison de plantes dépolluantes (aloe vera, azalée, chrysanthème, lierre, palmier, philodendron…).
- Évacuez au mieux l'humidité. Celle-ci favorise la prolifération des moisissures et des acariens. Elle entraîne aussi la dégradation de certaines colles qui dégagent du formaldéhyde et peuvent induire des pathologies respiratoires et favoriser les allergies.

Source : *notreplanete.info*

LE SAVON
DE MARSEILLE

Indispensable, ce grand classique est l'auxiliaire parfait de l'entretien de la maison !

BIEN LE CHOISIR

- Il doit être de couleur verte (et non beige), car fabriqué à partir d'huile d'olive.
- Le premier ingrédient de la liste doit être «Sodium Olivate» (huile d'olive), puis 4 ou 5 ingrédients de plus, pas davantage.
- Évitez à tout pris les solvants, parfums, paraben ou huile de palme (désignée « palm » ou « palmate » dans la liste des ingrédients).
- Achetez-le plutôt en magasin bio, en vrac ou artisanal.

POUR LE NETTOYAGE

- Il constitue une base pour fabriquer sa lessive (voir p.159).
- C'est un pain pour la vaisselle et la lessive à la main.
- Il aide à venir à bout des taches : frottez la tache avec du savon avant de la mettre au lave-linge.
- En fait, il est utile pour tout nettoyer : il suffit de le frotter avec l'instrument dont vous avez besoin, une brosse, un tawashi ou un torchon mouillé.

EN COSMÉTIQUE

- C'est un bon savon pour le corps (attention, il est un peu agressif pour le visage).
- Il est parfait pour le lavage des mains.
- Il sert aussi de mousse à raser : frottez-le avec un blaireau et appliquez la mousse sur la zone à raser.
- Vous pouvez même vous brosser les dents avec !

POUR LE JARDIN

- C'est un insecticide naturel. Mélangez 1 à 2 cuillerées à soupe de savon de Marseille avec de l'eau chaude dans un spray. Secouez. Pulvérisez sur vos plantes infestées. Recommencez 1 fois par jour jusqu'à disparition des nuisibles (pucerons, vers...).

Attention, les insecticides même naturels ne sont pas sélectifs et sont susceptibles de nuire à tous les insectes. Utilisez-les à bon escient et avec parcimonie. Pour en savoir plus sur l'importance des insectes pour la biodiversité, allez sur la chaîne YouTube Permavenir TV « La biodiversité : des insectes utiles ».

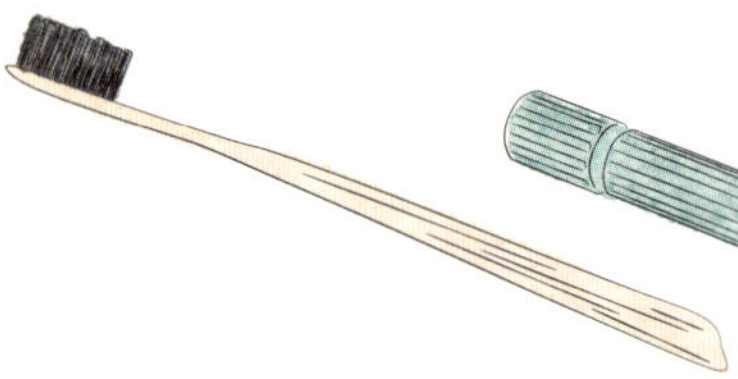
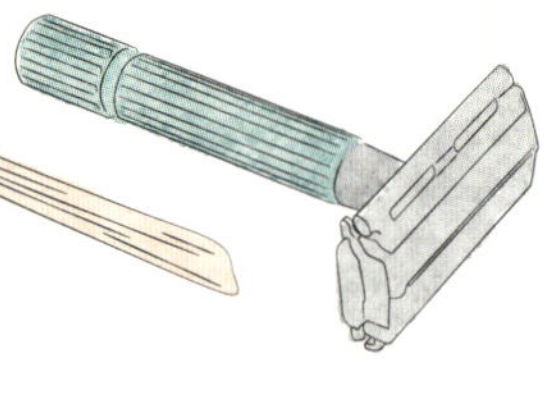
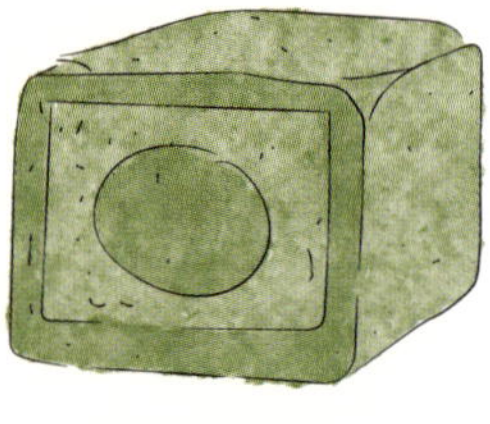

DIY

FABRIQUER UN TAWASHI

Les éponges classiques sont loin d'être idéales, elles sont issues de produits pétroliers et contiennent de nombreux additifs chimiques : il est temps de passer à autre chose… La solution ? Le tawashi, cette éponge durable d'origine japonaise, réutilisable et réalisée à partir de matériaux de récup ! Les tawashis fabriqués avec des chaussettes sont parfaits pour le ménage ou la vaisselle, ceux fabriqués avec des collants pour la poussière ou pour faire briller la robinetterie.

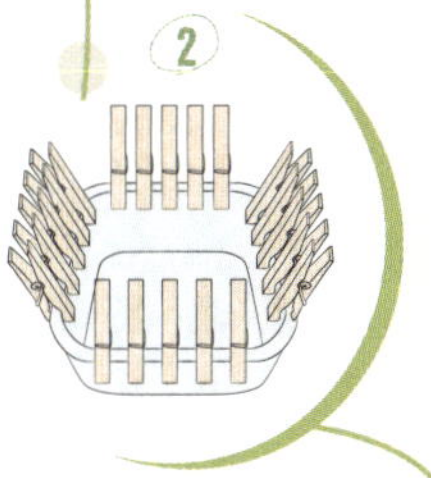

MATÉRIEL

- **TUPPERWARE®** (d'environ 15 cm de côté)
- **20 PINCES À LINGE**
- **2 OU 3 VIEILLES CHAUSSETTES**
- **DES CISEAUX**

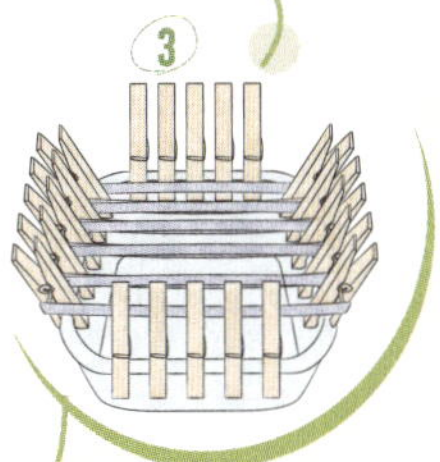

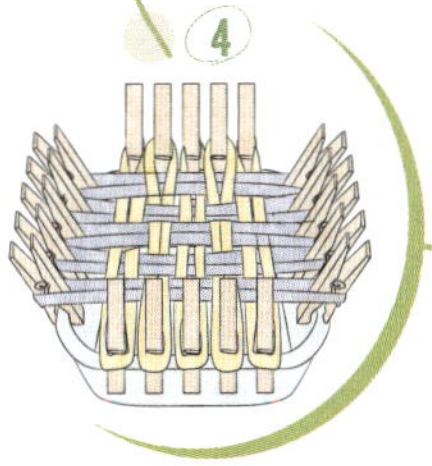

1. Découpez vos chaussettes dans la largeur, pour former 10 bandelettes d'environ 4 cm de largeur.
2. Disposez 5 pinces à linge par côté du Tupperware® à égales distances.
3. Enfilez 5 bandelettes d'un bout à l'autre du Tupperware® en passant derrière les pinces.
4. À l'horizontale, tissez en passant sous une bande, puis sur la suivante, puis sous celle qui suit, etc. Pour la deuxième bande, commencez au-dessus de la première, puis sous la deuxième et ainsi de suite.
5. Lorsque toutes les bandes sont tissées, prenez la boucle en haut à gauche, passez-la sur la pince d'à côté. Passez la boucle de la deuxième pince à l'intérieur de la première, puis continuez de même avec toutes les pinces.
6. Arrivé à la dernière pince, enfilez la boucle à votre doigt et enlevez toutes les boucles des pinces. Vous pouvez laisser ainsi, ou faire un nœud. Cette boucle vous permettra d'accrocher le tawashi au robinet !
7. Pour remplacer le côté « grattant » de l'éponge classique, utilisez une brosse à vaisselle.

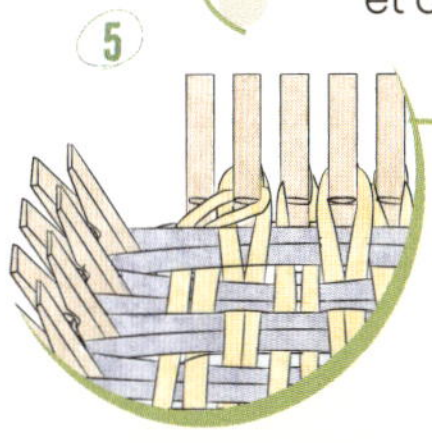

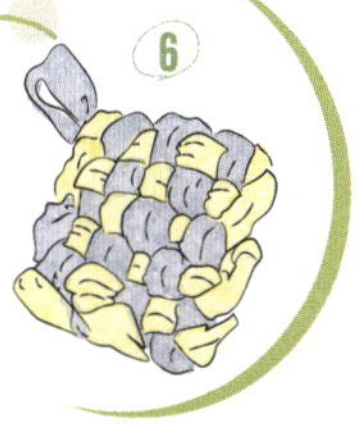

LE VINAIGRE BLANC

Avec ce produit naturel ultra-économique et multi-usage, exit les produits chimiques abrasifs et dangereux.

- Le vinaigre blanc (dit aussi vinaigre d'alcool) nettoie et désinfecte naturellement.
- Il entretient siphon et canalisation.
- Il débouche les canalisations (voir recette ci-contre).
- C'est un bon dégraissant, pour les plats bien gras par exemple.
- Il permet d'entretenir le lave-vaisselle et la machine à laver: ajoutez une tasse de vinaigre blanc de temps en temps à votre produit habituel.
- Il détartre les appareils électriques, cafetière et bouilloire: faites bouillir de l'eau et une petite tasse de vinaigre d'alcool, laissez agir quelques minutes, rincez, c'est comme neuf !

- Il sert à nettoyer le micro-ondes facilement : faites chauffer pendant 2 minutes une tasse de vinaigre blanc avec une cuillerée à soupe de jus de citron. Patientez quelques minutes, passez un coup d'éponge (tawashi) ou d'essuie-tout (réutilisable), la crasse s'enlève très facilement !

- C'est un excellent détachant pour les textiles maculés d'urine.
- Il décape le calcaire sur la robinetterie.
- Il prévient les moisissures sur le carrelage des salles de bains.
- Il fait briller le cuir : passez simplement un chiffon imbibé d'un mélange d'eau et de vinaigre blanc (50/50) sur vos chaussures, sacs à main, etc. (faites un essai préalable sur un petit carré non visible).
- Il enlève les taches difficiles de chocolat, confiture, café, vin, moutarde, fruits rouges : versez le vinaigre, laissez agir 15 minutes, puis frottez, avant de passer au lavage.
- Il enlève la rouille : saupoudrez du bicarbonate sur l'objet rouillé, puis versez du vinaigre dessus. La réaction chimique va dissoudre la rouille. Frottez légèrement, séchez et voilà !
- Il enlève les odeurs tenaces des tissus : transpiration, vomi, urines (utilisez votre nettoyant multi-usage, voir page ci-contre).
- C'est un adoucissant naturel : mettez un petit verre de vinaigre d'alcool dans votre lessive et voyez le résultat.

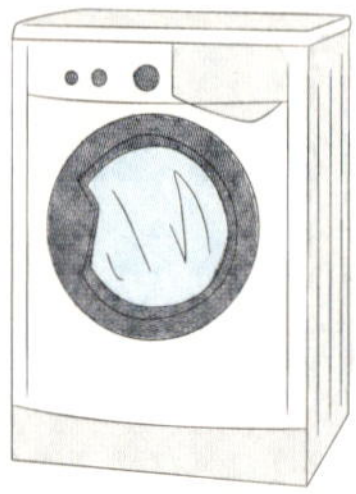

11 RECETTES ZÉRO GASPI POUR L'ENTRETIEN

NETTOYANT MULTI-USAGE

- 500 ml d'eau
- 250 ml de vinaigre blanc
- 10 gouttes d'huile essentielle de votre choix (citron, pamplemousse, lavande, etc.), ou quelques pelures d'agrumes (facultatif, mais cela compense l'odeur forte du vinaigre).

Mélangez l'eau et le vinaigre, ajoutez l'huile essentielle, ou faites macérer quelques pelures d'agrumes dans la préparation pendant 5 à 10 jours. Avec ce produit, vous pourrez pratiquement tout nettoyer : plan de travail, sol, cuvette, vitres, j'en passe et des meilleurs.

Zéro gaspi astuces – Gardez les pelures d'agrumes imbibées de vinaigre et faites-les tremper toute une nuit dans les toilettes pour en nettoyer le fond. Le lendemain, tirez la chasse.

Zéro déchet alerte – Attention, les huiles essentielles peuvent laisser des taches sur les vitres. Pour les nettoyer, faites un spray séparé : eau + vinaigre d'alcool seuls.

DÉBOUCHEUR (POUR ÉVIER, LAVABOS, ETC.)

- 2 c. à s. de gros sel
- 2 c. à s. de bicarbonate de soude
- Vinaigre blanc
- Eau bouillante

Mélangez le sel et le bicarbonate et versez le mélange dans la canalisation de l'évier. Faites chauffer du vinaigre blanc et versez-le dans la canalisation (non sur les côtés, directement dans le trou, c'est important). Il se produit une réaction chimique, attendez qu'elle s'arrête, puis versez de la même façon l'eau bouillante.

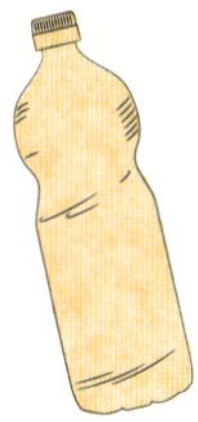

NETTOYANT POUR LES JOINTS DE LA SALLE DE BAINS

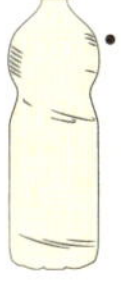

- 100 g de blanc de Meudon
- 4 c. à s. d'eau

Mélangez le blanc de Meudon (le même que pour le dentifrice maison) et l'eau, laissez poser ce mélange sur les joints pendant une heure. Frottez avec une ancienne brosse à dents, puis rincez !

ANTICALCAIRE

- 1 dose d'eau chaude
- ½ dose de vinaigre blanc (d'alcool)

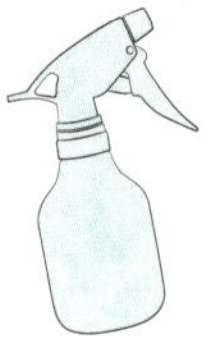

Mélangez l'eau et le vinaigre. Vaporisez ce mélange sur les surfaces entartrées, laissez agir quelques minutes et essuyez avec un chiffon propre.

ASTUCE

Lorsque votre pommeau de douche envoie des jets inhabituels à gauche et à droite, c'est sûrement à cause du calcaire. Nettoyez-le avec ce mélange au lieu de le remplacer en pensant qu'il est cassé !

NETTOYANT POUR TOILETTES (OUI, LES TRÈS ENCRASSÉES)

- vinaigre blanc (d'alcool) chaud à volonté
- 1 c. à s. d'acide citrique
- 1 ou 2 c. à s. de bicarbonate de soude

Coupez l'arrivée d'eau des toilettes, puis tirez une dernière chasse. Versez ensuite du vinaigre chaud jusqu'à ce qu'il recouvre entièrement les traces à enlever. Ajoutez l'acide citrique (attention, il est abrasif, évitez le contact avec la peau). Laissez tremper plusieurs heures avec la brosse des toilettes dans le fond de la cuvette. Pour finir, ajoutez le bicarbonate et frottez avec la brosse si besoin.

DÉSODORISANT TOILETTES

- 1 l d'eau
- 10 gouttes d'huile essentielle au choix (lavande, menthe poivrée...)

Mélangez l'eau et l'huile essentielle dans un vaporisateur. Secouez. Pulvérisez dans les toilettes quand c'est nécessaire !

POUDRE LAVE-VAISSELLE

- 400 g de cristaux de soude
- 200 g d'acide citrique
- 150 g de gros sel

Mélangez le tout dans un bocal en verre hermétique. Saupoudrez directement sur la vaisselle 2 à 3 cuillerées à soupe de cette poudre et faites tourner le lave-vaisselle ! Le gros sel joue le rôle d'anticalcaire, les cristaux de soude font briller les verres. S'ils sont très entartrés, ajoutez un peu de vinaigre d'alcool dilué dans un peu d'eau en guise de liquide rinçage.

BLANCHISSEUR DE TEXTILES

- 1 l d'eau
- 1 c. à s. de percarbonate
- 1 l d'eau bouillante
- 1 c. à s. rase de cristaux de soude

Dans un bac, mettez vos tissus blancs (torchons, lingettes démaquillantes réutilisables...) à tremper dans l'eau bouillante. Ajoutez le percarbonate et les cristaux de soude. Laissez agir une nuit, puis mettez-les à la machine avec le reste du linge.

LESSIVE

- 1 l d'eau
- 1 c. à s. rase de cristaux de soude
- 25 g de savon de Marseille en paillettes (ou votre savon de Marseille râpé à l'économe)
- 25 g de savon noir liquide

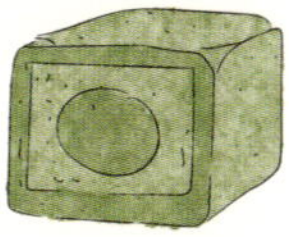

Dans une cocotte, mettez l'eau, les cristaux de soude, les paillettes de savon et le savon noir. Portez à ébullition, remuez, puis enlevez du feu. Attendez que le mélange refroidisse un peu, puis versez 15 gouttes de l'huile essentielle de votre choix. À l'aide d'un entonnoir, versez ce mélange dans votre ancien bidon de lessive. Secouez avant chaque utilisation, puis versez-en un petit verre sur le linge.

ASTUCE
Utilisez de l'huile essentielle de lavande si votre enfant a un risque d'attraper des poux à l'école !

La lessive que j'achetais auparavant coûtait **7,50 €** pour **3 LITRES**.
Celle-ci coûte exactement 78 centimes le litre, soit **2,34 €** pour **3 LITRES** !
L'investissement vous paraîtra peut-être un peu plus cher au début, mais vous pourrez utiliser ces matières premières (vendues en magasins bio) pendant plusieurs mois. C'est très rentable à moyen terme.

ADOUCISSANT

Le vinaigre blanc ou d'alcool est un adoucissant naturel, versez un demi-verre dans le bac spécifique de votre machine à laver. Pas de panique, il ne donne pas d'odeur au linge et ne le décolore pas.

4 à 5 €/L
adoucissant classique

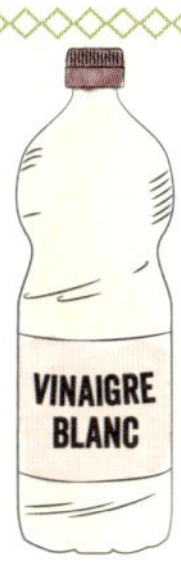

0,50 cts/L
vinaigre blanc

ZÉRO GASPI ASTUCES
Pour le linge blanc, vous pouvez utiliser 1 cuillerée à soupe de percarbonate de soude, à verser directement sur le linge. Son action permet de rendre le blanc éclatant. Si votre linge est taché, prélavez les taches en les frottant avec du savon noir ou de Marseille.

DÉSODORISANT POUR LE LINGE

- 10 gouttes d'huile essentielle au choix
- 60 ml de vinaigre blanc (d'alcool)
- 2 c. à c. d'alcool à 70 °C
- 1 vaporisateur

Dans un vaporisateur, mettez chaque ingrédient un à un, puis complétez avec de l'eau. Secouez avant chaque utilisation. Vaporisez sur vos textiles pour plus de fraîcheur et une douce odeur !

ZÉRO DÉCHET ALERTE
Attention, si vous êtes enceinte, allaitante ou que vous avez de jeunes enfants, l'utilisation des huiles essentielles est déconseillée. Pour les remplacer, faites infuser quelques écorces d'agrumes dans du vinaigre d'alcool pendant 10 jours, elles donneront une douce odeur à votre préparation.

TABLEAUX D'ACTIONS **ZÉRO DÉCHET**

Où en êtes-vous de votre démarche Zéro déchet dans le domaine de l'entretien de la maison ? Cochez toutes les actions que vous menez déjà et vous saurez si vous êtes Colibri (débutant), Padawan (confirmé) ou Z'héros déchet (expérimenté).

NIVEAU 1 - COLIBRI 
J'apporte mes produits ménagers les plus toxiques à la déchetterie (tous ceux avec des pictogrammes effrayants).
Si j'achète un produit ménager, je le choisis labellisé.
J'aère mon habitation 10 minutes minimum par jour.
Je ne fume pas à l'intérieur de mon habitation.
Je ne fais pas brûler de bougies parfumées.
J'utilise du vinaigre blanc comme adoucissant (voir p.159).
Je chasse le calcaire au vinaigre blanc (voir p.158).

ɪIVEAU 2 - PADAWAN 	×
ɜhaque fois que je termine un produit ɪénager classique, je ne le rachète pas, ɜ fabrique une alternative plus ɜspectueuse de l'environnement.	
e fabrique mon nettoyant multi-usage oir p.157).	
e débouche mon évier avec es produits naturels (voir p.157).	
e nettoie mes toilettes naturellement ʼoir p. 158).	
utilise un désodorisant our toilettes maison (voir p.158).	
e fabrique ma poudre pour le lave-ɑisselle (voir p.158).	
e fabrique ma propre lessive (voir p.159).	
e remplace mes éponges par des tawashis ʼoir p.155).	
achète une brosse à vaisselle pour gratter ɪes plats.	
e fais la vaisselle en économisant l'eau ʼoir p.137).	

NIVEAU 3 - Z'HÉROS DÉCHET 	×
Je désodorise mon linge grâce à une solution naturelle (voir p.159).	
Je nettoie mes joints avec du blanc de Meudon (voir p.157).	
J'utilise de l'essuie-tout lavable et non jetable.	
Je blanchis mon linge grâce au percarbonate (voir p.158).	
Je place des plantes dépolluantes dans mon habitation.	
Je choisis des peintures écologiques pour ma maison.	
J'achète des meubles et de la décoration de seconde main, pour limiter les émissions de particules toxiques contenues dans les vernis, la peinture...	

NOTRE VIE ACTIVE zéro déchet

Activités pro, déplacements et école

ÉTAT DES LIEUX

LA VIE ACTIVE

Que ce soit par nos déplacements de plus en plus nombreux, par l'usage du papier ou même du numérique, nos vies actives ne sont pas exemptes d'impacts environnementaux ! Petit bilan.

58 %
des actifs qui ont leur lieu de travail à moins de 1 km y vont en voiture.
Source : INSEE, 2015

LES DÉPLACEMENTS

74 %
des salariés
se rendent à leur travail en voiture.
Source : étude de la DARES, service Statistiques du ministère du Travail

contre seulement

2 %
à vélo.

40 %
de CO_2 en moins
consommé par un usager du métro VS voiture.

et

35 %
de CO_2 en moins
pour un passager de bus.
Source : ADEME, « Optimiser ses déplacements », 2014

LES DÉCHETS PROFESSIONNELS

120 à 140 kg de déchets produits par → **1 salarié** en moyenne sur son lieu de travail, chaque année.

Source : ADEME, janvier 2019

3/4 de ces déchets sont du papier !

Source : ADEME, «Écoresponsable au bureau», janvier 2019

900 000 tonnes de déchets papier par an générés par les employés de bureau.

Source : Planetoscope

dont **35 %** sont recyclés, en France.

90 % d'eau économisée pour la fabrication d'un papier recyclé VS un papier classique.

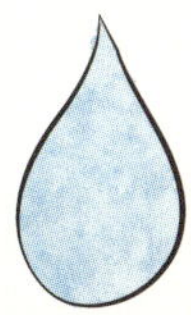

Sources : colourlink, écoconso

et

50 % d'énergie économisée.

+ 50 % d'émissions de CO_2 en moins.

Source : enquête riposte verte déchets, avril 2017

1 recherche sur Internet consomme autant que 1 ampoule 100 Watts allumée pendant 1 heure.

Source : ADEME, novembre 2018, « La face cachée du numérique »

2 à 4 % des émissions de CO_2 mondiales sont dues à l'activité numérique.

Source : Novethic

ÉTAT DES LIEUX

NOS DÉPLACEMENTS ET ACTIVITÉS PRO

RÉDUIRE

Nos activités quotidiennes génèrent de la pollution et des déchets. Transport, activité professionnelle et/ou étudiante. Déchets des repas à emporter et des cafés quotidiens, émissions de carbone dues au transport, utilisation massive de fournitures : nous avons le pouvoir d'agir sur cette consommation !

LES DÉPLACEMENTS

De plus en plus accessible (et nous, de plus en plus paresseux), la voiture est devenue un réflexe pour de nombreux travailleurs, même pour de tout petits trajets. Pourtant, selon le rapport « Optimiser ses déplacements » de l'ADEME, publié en 2015, **en ville, le vélo est plus rapide que la voiture, avec une moyenne de 15 km/h** (¼ d'heure pour faire 3 km) contre 14 km/h pour la voiture… Sans compter le temps pour trouver une place de parking !

Vous n'aimez pas le vélo ? Aujourd'hui, de nombreuses alternatives plus douces que la voiture individuelle se multiplient pour les citadins. Systèmes d'autopartage, covoiturage, transports en libre-service, tramway, bus, trottinettes, gyroroue, skate, aménagement de voies piétonnes, chacun peut trouver chaussure à son pied (sans jeu de mots), pour des déplacements plus durables, mais aussi plus conviviaux. Les déplacements urbains sont à l'origine de nombreuses perturbations à commencer celles produites par les émissions de gaz à effet de serre et de microparticules, mais aussi celles de la pollution sonore et de la saturation de l'espace ! Les villes sont saturées et cette situation influe grandement sur la qualité de vie des citadins. Ne serait-il pas temps de lever le pied ?

ZOOM SUR

LA VOITURE ÉLECTRIQUE

EST-CE UNE FAUSSE BONNE IDÉE ?

Une voiture électrique a besoin de terres rares pour être construite. Des métaux rares extraits en Chine, le plus souvent, triés et raffinés par des processus extrêmement polluants. Il faut 3 à 4 fois plus d'énergie pour fabriquer une voiture électrique que pour un véhicule conventionnel. Par ailleurs, l'impact est aussi variable selon le type d'électricité utilisé à la borne de recharge. En France, nos voitures électriques ne sont rien d'autre que des voitures nucléaires, en Allemagne, des voitures au charbon, pour faire simple. C'est peut-être moins d'émissions de micro-particules chez nous, mais une pollution massive délocalisée dans les pays extracteurs. Pas de doute, en termes de transport, la solution se trouve dans la sobriété, dans les transports collectifs et les déplacements « doux » (voies cyclables, piétonnisation des villes…).

Source : Guillaume Pitron, *La Guerre des métaux rares*, Édition des Liens qui libèrent, Paris, 2018

REPENSER NOTRE ACTIVITÉ À LA SOURCE

Dans un souci de cohérence, nous ne pouvons aborder l'activité universitaire et professionnelle et leur effet sur le monde sans nous interroger. Quel est l'impact de notre travail sur la société ? Qu'est-ce que j'étudie ? **Suis-je en train d'apprendre les lois du système qui nous a mené à l'effondrement de la biodiversité et à des inégalités record ?** Le directeur de Monsanto aurait beau être végétalien et se déplacer à vélo qu'il n'aurait toujours pas un impact négligeable.

À partir du schéma ci-contre, examinez vos valeurs et tentez de peser votre activité quotidienne à l'aune de ce à quoi vous croyez. À l'intersection, où se confrontent vos passions, vos compétences et vos qualités, vous trouverez votre « Ikigaï », votre « raison d'être ». Le bonheur se trouve dans la cohérence !

RATIONALISER

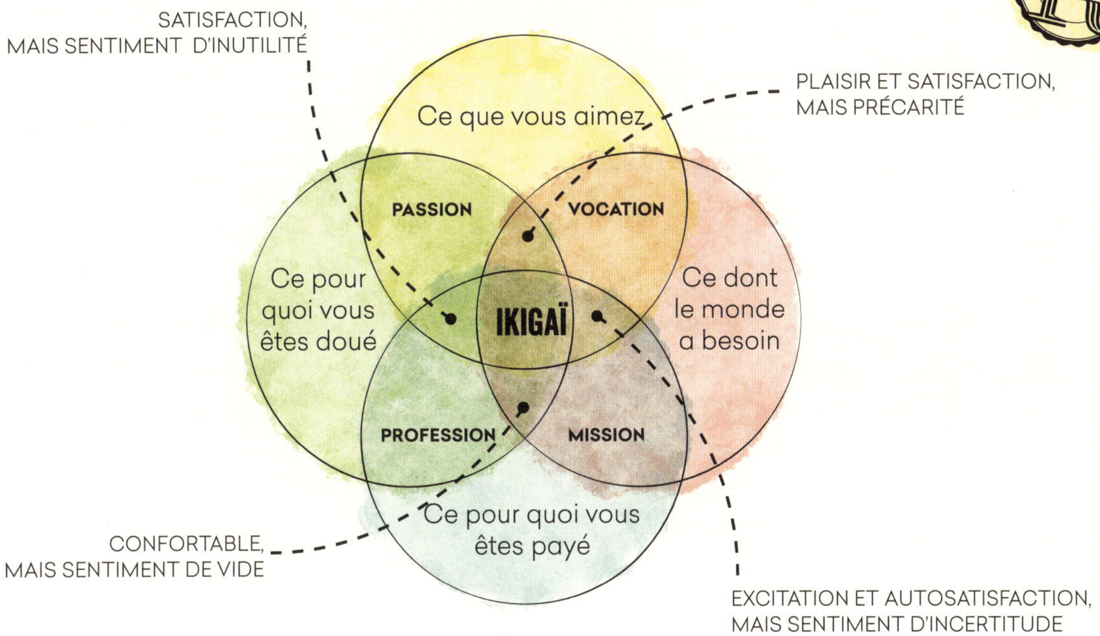

Pour utiliser ce schéma, couchez sur le papier ce que vous aimez faire, non pas une activité, mais un verbe. Le « verbe de votre vie », comme dit Sarah Roubato dans son livre[1]. **Inspirer, aider, créer, transmettre, chercher, soigner... découvrez celui qui résonne en vous et faites-en la source de vos choix.** Confrontez-le à ce qui, selon vous, manque à la société, puis à vos talents, capacités et savoir-faire, et vous trouverez peut-être l'activité que vous souhaitez exercer.

C'est ainsi qu'en 5e année d'études, en étant bien partie pour devenir cadre, j'ai compris que ce qui me rendrait vraiment heureuse serait de devenir productrice permacole, et d'animer des conférences pour « inspirer » et « incarner » [le changement].

1. *Lettre à un ado. Trouve le verbe de ta vie*, Éditions La Nage de l'Ourse, 2017

15 CONSEILS
ZÉRO DÉCHET AU BUREAU

1. Utilisez votre propre mug à la machine à café.

2. Préférez votre gourde aux bouteilles en plastique.

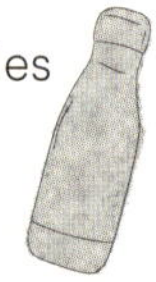

3. Pour la pause déjeuner, passez au réutilisable : apportez votre repas, ou préparez de quoi acheter à emporter : Tupperware®, lunchbox, sacs en tissu pour les sandwiches, couverts et gobelet réutilisables.

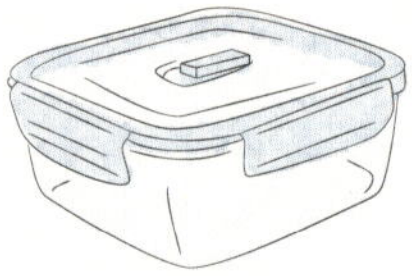

4. Limitez vos impressions : imprimez toujours recto verso, en noir & blanc et 2 pages par feuille lorsque c'est possible.

5. Triez régulièrement votre boîte mail (conseils p.171).

6. Pour vos cartes de visite, choisissez du papier ensemencé (à planter) : *growingpaper.fr*.

7. Installez un moteur de recherche responsable (voir p.173).

8. Faites-vous faire un tampon sur mesure : *tamporelle.com.*

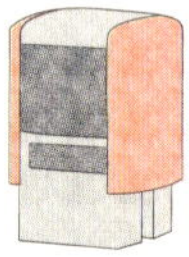

9. Il existe des prestataires de ménage engagés dans une démarche plus éthique et écoresponsable pour les bureaux. Vous pouvez même leur demander d'utiliser du matériel réutilisable plutôt que jetable ainsi que des produits ménagers entièrement naturels. À vous de détailler votre demande dans votre cahier des charges.

10. Triez vos déchets au bureau. C'est obligatoire pour les entreprises de plus de 20 salariés. Optez pour des consignes de tri claires et détaillées pour éviter les erreurs.

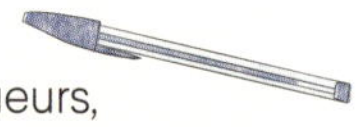

11. Collectez les stylos, marqueurs, surligneurs… pour les recycler ! Inscrivez l'entreprise au programme TerraCycle® de recyclage des instruments d'écriture, ou déposez les fournitures dans l'un des 4 100 points de collecte prévus à cet effet.

12. Mettez en place une boîte à brouillons pour les papiers qui ne sont utilisés que sur une seule face.

13 – Collectez les cartouches d'imprimante pour les recycler :

- Envoyez-les à des spécialistes du rachat de cartouches vides : *cartouche-vide.fr, eco-collecte.fr...*
- Rapportez-les à votre fournisseur (Office Dépôt, magasin spécialisé, etc.).
- Ne les mettez ni à la poubelle ni en déchetterie, elles nécessitent un traitement spécifique.

14 – Collectez les biodéchets : mettez en place une solution de compost adéquate (partenariat avec des associations, contrat avec des collectivités locales, des entreprises de gestion des biodéchets comme Véolia, etc.). Certaines entreprises en profitent même pour mettre en place un jardin partagé et des ruches sur les balcons et les toits des immeubles.

15 – Collectez les mégots : en partenariat avec des associations (MéGo, MéGomNet, GreenMinded) ou des entreprises (Cy-Clope), qui les recyclent et les revalorisent, et surtout participent à éviter une pollution massive. Sachez que 137 000 mégots sont jetés chaque seconde dans le monde.

Source : OMS 2011, Ocean Conservacy®

MES ÉCONOMIES

Un café standard
(gobelet, dosette, touillette, sachet de sucre)
coûte environ

0,62 €

alors qu'un café Zéro déchet
(machine à piston, tasse/cuillère réutilisable)
revient à

0,11 €

soit presque

6 fois moins cher

Source : *zerowastefrance.org*

ZÉRO DÉCHET ASTUCES

Rendez le tri des mégots ludique pour les employés. Mettez en place un « nudge », une petite installation qui incite à modifier son comportement de façon ludique ! Installez 2 boîtes transparentes qui servent de cendrier, et posez une question qui fait réagir. « Pain au chocolat ou chocolatine ? » ou « La coupe du monde la plus mythique : 1998 ou 2018 ? » Mettez une réponse sur chaque boîte et incitez les fumeurs à voter avec leur mégot ! Au lieu d'être jetés par terre, les mégots seront jetés dans les boîtes !

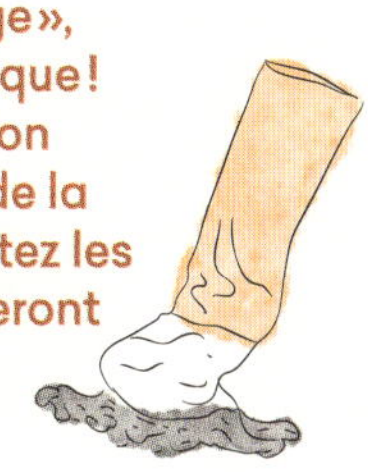

LA POLLUTION NUMÉRIQUE

RÉDUIRE

La pollution numérique (ou pollution digitale) émane des nouvelles technologies de l'information et de la communication. C'est une pollution virtuelle avec un impact bien réel. Ainsi, le secteur informatique représente 12 % de la consommation mondiale d'électricité !

FONCTIONNEMENT DES RÉSEAUX

+

STOCKAGE DES DONNÉES

+

FABRICATION DES OUTILS

=

2 à 4 %

DES ÉMISSIONS DE CO_2 MONDIALES

Exemple : 1 ordinateur a un sac à dos écologique de 1 500 kg environ, son impact environnemental est fort, car il est constitué de métaux rares.

Source : sibresca

LE NUMÉRIQUE C'EST :

45 millions de serveurs

Source : supinfo

3,7 milliards d'internautes

Source : Internet World Stats

800 millions d'équipements réseau

Source : supinfo

4 400 data center, dans 122 pays

Source : datacentermap, 2019

1 data center consomme en moyenne en une journée autant que 30 000 habitants de foyers européens, notamment à cause de la climatisation des serveurs qui représente 40% de la demande en électricité d'un data center. Source : consoGlobe

QUE FAIRE ?

- Réduisez votre consommation des outils technologiques.
- Encouragez les entreprises au stockage écologique de données grâce aux énergies renouvelables.
- Allongez la durée de vie des outils informatiques : **en 1985, la durée de vie moyenne d'un ordinateur était d'environ 10,7 ans. Elle est 3 fois moins longue aujourd'hui !** Source : Novethic
- Limitez l'utilisation du streaming, la lecture de vidéos, YouTube...
- Limitez et gérez vos emails (voir ci-contre)
- Réduisez vos recherches Internet : si vous connaissez la page que vous souhaitez consulter, allez-y directement (via les favoris par exemple), sans passer par le moteur de recherche. Selon une étude de l'ADEME parue en novembre 2018, dans « La face cachée du numérique », **cela permet de diviser par quatre les émissions de gaz à effet de serre liés à l'accès au site.**
- Stockez un maximum de données localement sur disque externe par exemple.

DEVENIR EXPERT DU E-CLEANING

Dit ainsi, c'est plus classe que « devenez expert du triage de boîtes mail » !

ATTENTION AUX PIÈCES JOINTES !

1 MAIL
=
19 GRAMMES DE CO_2
émis en moyenne
Source : ADEME, 2011

ZÉRO DÉCHET ASTUCES Le Cloud est un outil de stockage lui aussi très énergivore. Pourquoi ne pas utiliser une bonne vieille clé USB ou un disque dur externe ?

> « Chacun de nous produit en moyenne 130 kg de CO_2 par an avec les boîtes mail traditionnelles. En cause, les milliers de pièces jointes, qui ne sont jamais utilisées et qui consomment inutilement l'énergie des serveurs. »

Source : *lilo.org* - moteur de recherche responsable

L'ALLÉGEMENT DE SON IMPACT NUMÉRIQUE

1. Supprimez les mails lourds en priorité.
2. N'oubliez pas la corbeille (et vos messages envoyés, spam et brouillons) dont les données sont stockées inutilement.
3. Désabonnez-vous des mails de pub plutôt que de les supprimer constamment. C'est moins de tentations publicitaires et un gain de temps ! Pour ça, je vous conseille l'outil Cleanfox ! Il vous permettra de vous désabonner de vos newsletters en un clic ! Lorsqu'un objet vous manque, vous n'avez pas besoin qu'un mail de promo vous le dise. Cleanfox est simple, rapide et capable de calculer combien votre tri a permis d'éviter de CO_2. Un bon moyen de prendre conscience de son geste écologique ! Vous serez heureux de ne plus avoir 30 mails de pub à trier chaque jour.
4. N'envoyez un mail que s'il est nécessaire, évitez les conversations : on a inventé un truc beaucoup plus rapide et très pratique qui s'appelle… le téléphone ! Et si c'est pour échanger pendant des heures, les rencontres réelles, c'est bien aussi !
5. Évitez de « répondre à tous », sélectionnez les personnes directement concernées.
6. Ne mettez de pièces jointes que si c'est nécessaire. Quand vous transférez un mail, veillez bien à supprimer les pièces jointes y compris les signatures professionnelles avec des images et autres liens lourds à envoyer.

RÉDUIRE

L'ÉCOLE

De la maternelle aux études universitaires, il est possible à chaque étape du parcours scolaire de réduire son impact environnemental !

CHOISIR DES FOURNITURES ÉCOLOGIQUES

- Choisissez des fournitures labellisées : EU Ecolabel, The Blue Angel, Nordic Ecolabel (le Cygne Blanc), NF environnement, Paper by Nature, FSC, PEFC. Ils certifient l'utilisation de matériaux recyclés, recyclables et/ou issus de sources durablement gérées.
- Privilégiez les produits sans solvant ni vernis, mais naturels et non teintés.
- Commencez toujours par regarder dans vos placards, faites l'inventaire de ce qu'il vous reste et n'achetez que ce dont vous avez réellement besoin.
- Si vous avez besoin de produits en complément, privilégiez l'occasion au neuf, y compris pour votre ordinateur !
- Choisissez des matières moins polluantes : le carton plutôt que des matières plastiques. Évitez les couvertures vernies.

ZÉRO DÉCHET INFO

Il existe des crayons à papier et des crayons de couleur à planter ! Ils contiennent des graines à la place de la gomme ! Vous pouvez les trouver sur *sproutworld.com*.

LES LIVRES SCOLAIRES ET UNIVERSITAIRES

Pour vous procurer les livres de littérature, de classe, documentaires, universitaires... dont vous avez besoin,

- Achetez-les de seconde main chez Gibert Joseph, *secondemain.fr*, RecycLivre, momox, Booxup (application)...
- Empruntez-les en bibliothèque tout simplement !

Après usage,

- Donnez-les chez RecycLivre, *point-livres.com,* aux élèves des classes inférieures de votre école...
- Vendez-les chez Booxup, vinted, Gibert Joseph...

VOS RECHERCHES ONT UN IMPACT !

3,7 milliards d'internautes

(près de 50 % de la population mondiale), en mars 2017.

Source : Internet World Stats

9,9 kg

d'émissions de CO_2 par an et par utilisateur.

Source : ADEME, 2011

1 recherche sur Internet

=

7 grammes de CO_2

RÉDUIRE SON IMPACT ÉCOLOGIQUE SUR LE WEB

RÉDUIRE

- Lors de vos recherches, diminuez le nombre de pages consultées en utilisant des mots clés précis et en évitant les erreurs de frappe.
- Saisissez directement, quand c'est possible, l'adresse du site dans la barre de navigation (utilisez les favoris, mais avec parcimonie).

OPTER POUR UN MOTEUR DE RECHERCHE RESPONSABLE ET ALTERNATIF

- **Ecosia :** utilise les revenus générés par les recherches pour soutenir des programmes de reforestation.
- **Lilo :** se sert des revenus générés par les recherches pour soutenir financièrement des projets sociaux et environnementaux.
- **Qwant :** respecte les données privées de ses utilisateurs pour une meilleure confidentialité.

TABLEAUX D'ACTIONS **ZÉRO DÉCHET**

Où en êtes-vous de votre démarche Zéro déchet dans vos activités scolaires ou professionnelles ? Cochez toutes les actions que vous menez déjà et vous saurez si vous êtes Colibri (débutant), Padawan (confirmé) ou Z'héros déchet (expérimenté).

NIVEAU 1 - COLIBRI	X
Je réduis mes impressions.	
J'imprime recto verso, en noir & blanc.	
Je recycle systématiquement mon papier (sans le déchirer ni le froisser).	
Je collecte dans un bac les feuilles imprimées sur une seule face pour servir de brouillon.	
Je réduis ma consommation de fournitures de bureau.	
J'utilise mes stylos jusqu'en fin de vie.	
J'achète des livres de seconde main.	
J'emprunte des livres à la bibliothèque.	
J'achète des produits labellisés.	
Avant d'acheter des fournitures, je fais le point sur ce qu'il me reste.	
J'achète mon matériel électronique de seconde main (ordinateur, imprimante...).	
Je trie ma boîte mail (voir p.171).	

IIVEAU 2 - PADAWAN 	X
'encourage l'entreprise à offrir des mugs ux salariés et à supprimer les gobelets etables (plastique & carton) en montrant les conomies potentielles.	
'installe une cafetière à filtre au bureau, our remplacer la cafetière à capsules.	
e propose une collecte du marc de café t l'offre aux collègues qui disposent 'un jardin pour leur servir d'engrais.	
e propose à l'entreprise de mettre en place automatisation de l'impression recto verso.	
'inscris mon entreprise au programme erraCycle® de recyclage des instruments 'écriture.	
e donne les livres que je n'utilise as à une association.	
'installe un moteur de recherche thique/écoresponsable (voir p.173).	

NIVEAU 3 - Z'HÉROS DÉCHET 	X
Je mets en place un système de tri sélectif sur mon lieu de travail.	
J'organise un séminaire Zéro déchet au bureau pour sensibiliser les collaborateurs.	
Je fais supprimer la machine à café et apporte une cafetière à piston.	
Je propose une solution de collecte des déchets organiques dans les bureaux et j'installe un mini-lombricomposteur (voir p.75).	
Je mets en place un jardin partagé dans les locaux de l'entreprise (balcon, terrasse, toit).	
J'inscris mon entreprise à un programme de collecte et de recyclage des cartouches.	
J'installe une ruche sur les toits du bureau.	
Je cherche un travail qui correspond à mes valeurs (voir p.167).	

NOTRE VIE SOCIALE zéro déchet

Loisirs et voyages

ÉTAT DES LIEUX

LOISIRS ET VOYAGES

S'il ne s'agit pas de vivre en ermite, il faut être néanmoins conscient de ce que coûtent à la planète notre vie sociale, nos déplacements, nos loisirs.

8,8 millions de pailles

jetées par jour en France
uniquement dans l'industrie du fast food.
Source : Bas les pailles

CHAQUE JOUR SUFFIT SA PERTE

14 %

du gaspillage alimentaire en France
sont dus au secteur de la restauration.

1,5 million de tonnes

de nourriture gaspillée par an.
Source : Planetoscope

1 paquebot de croisière en stationnement polluerait autant (particules fines et dioxyde d'azote) que **1 million de voitures**

Source : France Nature Environnement

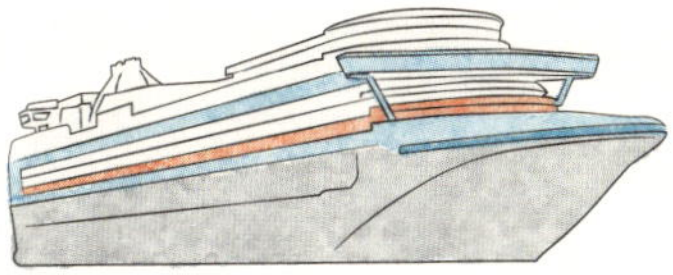

LA CROISIÈRE ABUSE

3 000 fois supérieur

est la teneur en soufre du fioul utilisé par les bateaux VS le diesel des voitures.

Source : France Nature Environnement

250 000 litres

de ce carburant ultra polluant sont utilisés chaque jour par le plus gros paquebot de croisière du monde, le *Harmony of the Seas*.

Source : mrmondialisation

5 km

c'est la distance du rivage auxquels les bateaux de croisière sont légalement autorisés à vider les eaux d'égout brutes dans l'océan.

Source : *Planet.fr*

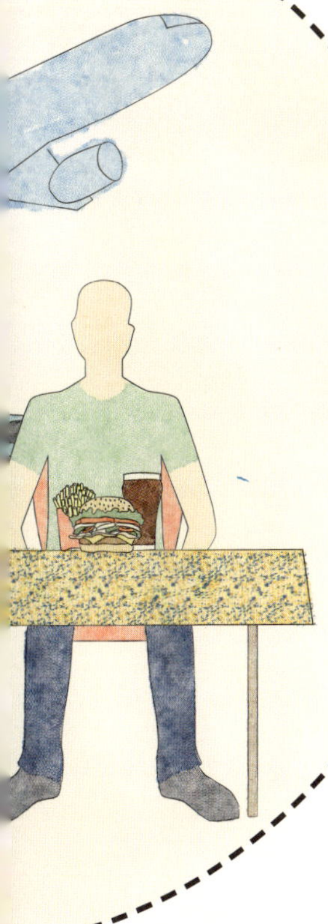

L'AVIATION SÉVIT

3 %

des émissions de CO_2 mondiales produites par l'aviation civile.

Source : Planetoscope

9 fois +

de dioxyde de carbone généré par un passager 1re classe VS 2de classe (espace utilisé, espace vide, poids des équipements, etc.).

Source : Banque mondiale

POUR DES SORTIES ZÉRO DÉCHET

Au quotidien, les déchets se suivent et ne se ressemblent pas. Un flyer à l'entrée du métro, un sachet kraft chez le boulanger, une paille dans le cocktail… notre vie quotidienne est rythmée par une succession de déchets souvent acquis sans en avoir conscience, sans l'idée de faire autrement. Nos valeurs et nos envies se diluent dans un quotidien bien rempli, alors qu'un peu d'organisation suffit pour se préparer à toutes les situations !

LES HABITUDES ONT LA VIE DURE

Si changer ses habitudes paraît si compliqué, c'est que le cerveau est un dur à cuire ! Plantons le décor : c'est la répétition d'une action qui crée une habitude. Dans notre petite boîte cérébrale à connaissances, cela se traduit par la création d'un « sillon neuronal ». Plus l'action est répétée, plus le sillon se renforce. Imaginez une forêt. À la base, il n'y a pas de chemin au sol. Plus les marcheurs empruntent un sentier, plus il est clairement délimité. Créer une nouvelle habitude, c'est créer un sentier parallèle, creuser un nouveau sillon ! Il faut donc répéter la nouvelle action, encore et encore, jusqu'à ce qu'elle s'ancre totalement et ne nous demande plus d'effort supplémentaire. Il faut 90 répétitions environ pour créer un nouveau sillon neuronal, n'abandonnez pas !

J'ai personnellement mis des mois avant de systématiquement demander mes cocktails sans paille et mon pain sans emballage, et encore plus de temps à ne plus acheter dans des magasins de « fast fashion », à penser lorsque je vais au restaurant à prendre une boîte avec moi en guise de doggy bag, à prendre le train plutôt que l'avion même lorsqu'il est moins cher. Au début, certaines démarches vous paraîtront peut-être difficiles. Peu à peu, ce mode de vie une fois ancré, vous verrez à quel point il est libérateur, sain et épanouissant.

Et surtout n'oubliez pas, ce n'est pas parce qu'il vous arrivera d'oublier de demander votre pain sans emballage que vos efforts ne vaudront rien. La quête de la perfection est totalement contre-productive tant elle est source d'inaction. Plutôt que pointer du doigt nos erreurs (ou celles des autres), soyons fiers de porter nos valeurs au quotidien !

ZÉRO DÉCHET INFO

En France, 20 milliards de mouchoirs sont jetés chaque année, et 300 milliards aux États-Unis.

Source : consoGlobe, 2010

REVENDIQUER

ZÉRO GASPI ÉCONOMIE

Gourdes, pailles, mouchoirs : si leur alternative réutilisable vous paraît chère, pensez que vous les achetez pour plusieurs années. À long terme, c'est très économique.
C'est ce que l'on appelle l'éconologie : écologie + économie !

TOUJOURS DANS SON SAC ...

Pour contrer tous ces petits déchets du quotidien, préparez-vous ! Ayez toujours sur vous :

1 gourde (en Inox, c'est encore mieux) afin d'éviter les bouteilles plastiques.

1 baume à lèvres maison : recette p. 89.

1 paille en Inox ou en bambou lorsqu'un mojito sauvage apparaît !

1 ou 2 sacs de vrac pour les courses de dernière minute : du pain chez le boulanger, quelques fruits à grignoter...

1 paquet de mouchoirs en tissu, eh non, on ne parle pas du vieux mouchoir de Papi lavé tous les 6 du mois. Il existe des petits paquets de mouchoirs en tissu, de 20 cm de côté avec un compartiment spécialement pensé pour garder les mouchoirs utilisés jusqu'au lavage (faites-les bouillir 5 minutes avant de les passer au lave-linge). Ils vous serviront aussi de serviettes en tissu si besoin.

5 CONSEILS
ZÉRO DÉCHET AU RESTAURANT

1,5 million de tonnes de nourriture sont gaspillées par la restauration chaque année en France. Et on ne vous parle même pas des déchets jetés tous les jours : assiettes, couverts et gobelets en plastique, pailles, serviettes en papier. Il serait temps de limiter les dégâts !

Source : Planetoscope

1 ÊTRE PRÊT !

Pour une sortie Zéro déchet au restaurant, ayez toujours sur vous :

- un contenant hermétique, en guise de doggy bag,
- une serviette en tissu ou des mouchoirs en tissu,
- des couverts réutilisables,
- une paille en Inox.

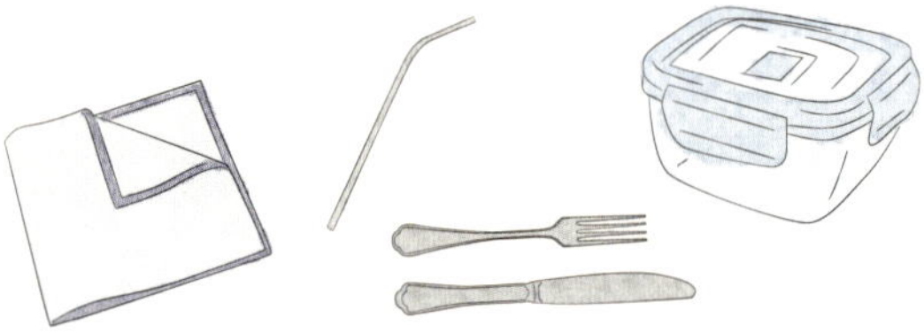

2 DEMANDER SON CAFÉ « TOUT NU » !

Non, l'idée n'est pas de se déshabiller pour le faire, mais de demander son café sans biscuit, ni sachet de sucre. Si vous aimez le sucre dans votre café, gardez dans votre sac un mini-pot contenant du sucre. Vous pourrez aussi l'utiliser si vous avez besoin de vous soigner avec des huiles essentielles (voir p. 94-95).

3 DEMANDER SON COCKTAIL « SANS PAILLE, S'IL VOUS PLAÎT »

Un véritable challenge ! Déformation professionnelle quand tu nous tiens… Après de nombreuses tentatives différentes, celle qui semble le mieux fonctionner consiste à donner directement votre paille en Inox au serveur pour qu'il la mette dans votre verre.

4 CHOISIR DES RESTAURANTS QUI CORRESPONDENT À SES VALEURS

Préférez les restaurants qui utilisent de la nourriture locale, de saison, bio et végétalisent leurs assiettes !

5 ÊTRE BIENVEILLANT !

Les habitudes ont la vie dure et il est possible qu'il y ait des ratés. Mais non, le serveur ne met pas une paille dans votre cocktail pour vous rendre fou, c'est un automatisme. Ne dramatisez pas si vous générez un déchet, ça arrive. Apprenez de la situation pour retenter une autre fois, peut-être avec d'autres mots, et profitez du moment présent !

BAS LES PAILLES

D'ici 2050, il y aura plus de plastique que de poissons dans les océans. Des mouvements se lancent aux États-Unis, au Canada et en Europe pour réduire le plastique à usage unique, mais seule une mobilisation de masse aura un impact. Symbole de la société du tout jetable, la paille pour siroter une boisson est une habitude plus qu'une nécessité, apprenez à vous en passer !

1 milliard de pailles utilisées chaque jour dans le monde

=

assez pour faire **5 fois** le tour de la planète

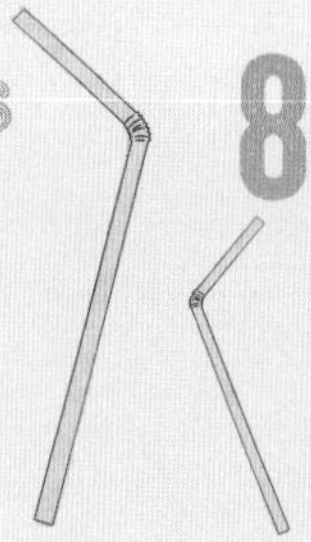

8,8 millions de pailles jetées chaque jour en France uniquement dans l'industrie du fast food

=

assez pour faire **2 fois** le tour du pays

Source : *baslespailles.org*

IL EST TEMPS D'AGIR

Les pailles en plastique finissent souvent sur les plages et dans les océans. Elles ne disparaissent malheureusement pas dans la nature. Le plastique se morcelle, et les animaux (marins et oiseaux) les confondent avec de la nourriture. Si nous mangeons du poisson, ce plastique se retrouve... dans notre assiette. Le plastique qui n'est pas absorbé par les animaux rejoint les **8 millions de tonnes de plastique déversées dans les océans chaque année** - l'équivalent d'une benne à ordures déchargée chaque minute. Et si nous nous appliquons à les jeter dans une poubelle, leur petite taille les rend difficiles à recycler, ce sont des ressources gaspillées.

C'EST PAS LA MER À BOIRE, JUSTE UNE PAILLE EN MOINS !

Il ne tient qu'à nous de changer cette habitude. En effet, des alternatives existent, notamment celles des pailles en carton, mais il faut leur préférer les **pailles réutilisables, en bambou, en Inox ou en verre.** Vous pouvez aussi vous en passer, refusez-les en demandant votre cocktail « sans paille, s'il vous plaît ». De son côté, l'association Bas les Pailles incite les bars et restaurants à ne servir des pailles en plastique que sur demande et elle recense les lieux engagés sur son site *baslespailles.org*

NOUS POUVONS RÉUSSIR ENSEMBLE

La France, membre de la campagne des Nations Unies **#OcéansPropres** interdira les gobelets, verres et assiettes jetables, pailles en 2021 et les Cotons-Tiges en plastique en 2020. N'attendez pas, agissez dès aujourd'hui ! Le gaspillage des pailles nous conduit à réfléchir à notre surconsommation de plastique. Soyons attentifs aux objets du quotidien afin de mieux changer nos habitudes !

CADEAUX ZÉRO DÉCHET

RÉDUIRE

Pas toujours évident de faire des cadeaux en alignement avec ses valeurs et qui font plaisir aux autres. Voici quelques idées qui devraient vous aider.

MISER SUR L'IMMATÉRIEL, DES MOMENTS DE PARTAGE PLUS QUE DES ACQUISITIONS

- Une place de concert
- Un match
- La finale d'un événement sportif, etc.

CRÉER DES « BONS CADEAUX » FABRIQUÉS SPÉCIALEMENT POUR LA PERSONNE CONCERNÉE. PROPOSER DE FAIRE CE QU'ELLE ADORE...

Bons pour...

- 5 cours de bricolage avec Papi/Mamie
- 5 cours de couture avec Papi/Mamie
- un petit déjeuner au lit
- un dîner en amoureux
- une soirée en « mode avion » (portable déconnecté)
- une soirée pyjama
- un marathon (type *Harry Potter, Star Wars*...)
- un trio gagnant ciné-pop corn-bowling !
- un massage des pieds (et sans broncher)
- demander des cookies maison (vegan évidemment)
- un pique-nique (offre valable même en hiver)
- une escapade pour le week-end

Voir bons à reproduire p.234.

...OU DE NE PAS FAIRE CE QUI EST HABITUELLEMENT UNE CONTRAINTE

Bons pour...

- passer son tour à la vaisselle
- ne rien faire aujourd'hui
- ne pas aller chez les beaux-parents

Voir bons à reproduire p.234.

POUR DU MATÉRIEL

Misez sur des cadeaux de seconde main !

ET LE FAIT-MAISON ?

Tricots, crèmes sur mesure, baume à lèvres maison, mélanges en bocaux, confitures, quoi de plus touchant que du fait-maison ?

Voir recettes ci-contre à reproduire.

AU-DELÀ DE LA TRADITION

Demandez-vous pourquoi vous faites des cadeaux et si cela fait vraiment plaisir. Sinon, peut-être serait-il temps de les remettre en question ?

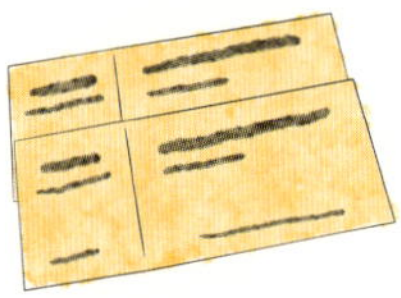

CADEAU FAIT-MAISON : LE BOCAL SOS COOKIES

- 1 c. à c. de bicarbonate de soude
- 100 g de sucre blond
- 200 g de farine (blanche, type T65)
- 100 g de chocolat noir en pépites
- 3 c. à s. de fécule de maïs
- 1 pincée de sel

UTILISATION :

Versez tous les ingrédients dans l'ordre dans un bocal hermétique, le bicarbonate en premier. Fermez le bocal.

À indiquer sur le pot, à l'aide des jolies étiquettes proposées en p.232, la recette ci-dessous :

1. Ouvrez le couvercle du pot.
2. Retournez le pot dans un saladier.
3. Ajoutez quelques gouttes de vinaigre de cidre ou de jus de citron sur le bicarbonate, le mélange doit mousser, mélangez.
4. Ajoutez ensuite 3 cuillerées à soupe d'eau tiède, 2 cuillerées à soupe de lait végétal et 60 grammes d'huile végétale neutre (tournesol…), mélangez jusqu'à obtenir une pâte homogène.
5. Faites cuire 10 à 12 minutes à 180 °C. Laissez tiédir avant de déguster.

CADEAUX FAIT-MAISON : LES FIOLES DE GOLDEN LATTE

- 1 dose de poire
- 1 dose de cardamome
- 1 dose de gingembre
- 2 doses de sucre vanillé
- 2 doses de cannelle
- 4 doses de curcuma (attention, ça tache)

UTILISATION :

Dans de petites fioles ou un autre contenant, versez tous les ingrédients, refermez, collez une jolie étiquette (voir p.232), c'est prêt à l'emploi ci-dessous !

À indiquer sur le pot, à l'aide des jolies étiquettes proposées en p.232 :

Dans une casserole, mettez 20 cl de lait végétal à chauffer, arrêtez juste avant l'ébullition et versez une cuillerée à café du mélange de golden latte. Fouettez doucement et servez. Pour sucrer, ajoutez du sirop d'érable.

5 CONSEILS ZÉRO DÉCHET POUR PÂQUES

1 CHOISIR DES ŒUFS EN CHOCOLAT EN VRAC

Vous en trouverez chez les chocolatiers ou en magasin bio.

2 METTRE SES PETITS ŒUFS DANS DE GRANDS ŒUFS EN BOIS !

Vous en trouverez sur Internet.

3 ET DANS L'ASSIETTE ?

En France, 115 000 agneaux sont sacrifiés chaque année à Pâques. Au-delà de l'impact environnemental, n'est-il pas temps de s'interroger sur l'incohérence du massacre de ces symboles de douceur et d'innocence ?

4 TROUVER DES ALTERNATIVES

Le chocolat n'est quand même pas le but de cette fête ! Profitez-en pour faire des activités en famille : décorez des galets ou des œufs en bois !

5 CHOISIR LA QUALITÉ PLUTÔT QUE LA QUANTITÉ

Le chocolat à haute dose n'est bon ni pour l'estomac ni pour le taux de sucre dans le sang, ni pour la planète. Il faut **2 400 litres d'eau pour faire 100 grammes de chocolat**, sans compter l'impact de son transport depuis l'autre bout du monde.

Sources : rapport *waterfootprint.org* et WWF

Côté déforestation, ce n'est pas joli non plus ! Entre 1988 et 2007, près de 690 000 hectares de forêts indonésiennes ont été défrichés pour laisser place à la culture du cacao, soit 9 % de l'ensemble de la déforestation liée à l'agriculture.

Source : Étude Mighty House

Choisissez donc d'en consommer moins, mais mieux, et d'investir dans un chocolat biologique et équitable, dont l'impact humain et environnemental est réduit.

RÉDUIRE

5 CONSEILS ZÉRO DÉCHET POUR HALLOWEEN

1 LOUER SON COSTUME

Soyons honnêtes, des soirées costumées, on n'en a pas non plus tous les jours. Enfin... vous faites ce que vous voulez de vos soirées, mais disons que pour la plupart des gens, c'est occasionnel. Alors, à quoi bon acheter vos costumes pour finalement ne les porter qu'une ou deux fois par an ? Mouais, c'est bien que je pensais. Du coup, **on arrête d'acheter et on pense Lo-ca-tion, ou encore mieux, faire-soi-même**, ce qui conduit directement au second conseil....

2 CULTIVER SON IMAGINATION

On peut vraiment faire un costume et des décorations d'Halloween avec n'importe quoi. N'hésitez pas à détourner vos objets du quotidien, un peu de peinture rouge sur un masque de bricolage, un tournevis ou une scie et hop !

RÉUTILISER

3 APPRENDRE À DIRE NON

Refusez les emballages individuels, les bonbons à la gélatine (animale), les objets jetables, les décorations à usage unique, etc. Rappelez-vous que chaque achat est un appel d'air pour de nouvelles productions. En achetant des objets jetables, nous encourageons les industriels à en produire.

REFUSER

4 FABRIQUER SON MAQUILLAGE MAISON AVEC 4 INGRÉDIENTS

Mélangez 1 cuillerée à soupe de farine de riz, 1 cuillerée à soupe de blanc de Meudon, quelques millilitres d'eau et remuez jusqu'à obtenir une pâte lisse et homogène. Côté colorant, utilisez du jus de betterave pour faire du rouge, du jus d'épinard pour le vert, du charbon de bois pour le noir !

Utilisez le maquillage sur une peau propre, sèche et hydratée (à l'huile végétale). Démaquillez-vous à l'eau, puis hydratez de nouveau la peau.

5 CHOISIR DES BONBONS EN VRAC

Vendus en magasins bio, ils sont souvent vegan (sans gélatine) en plus !

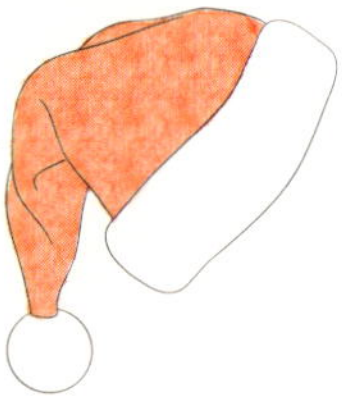

5 CONSEILS ZÉRO DÉCHET POUR NOËL

S'il y a une période de l'année qui cristallise ultraconsommation et gaspillage, c'est celle des fêtes de fin d'année. Pour rester Zéro déchet et zen tout en faisant plaisir à vos proches, suivez le guide.

RÉDUIRE

1 OFFRIR DES CADEAUX EN ACCORD AVEC SES VALEURS

- Vous trouverez des idées Zéro déchet page 184.
- Si vous tenez vraiment aux cadeaux matériels, achetez-les d'occasion, labellisés, engagés. Évitez le plastique (même recyclé), y compris pour les enfants, et préférez des matériaux naturels.
- Enveloppez vos cadeaux dans de jolis emballages en tissu, ou furoshiki !

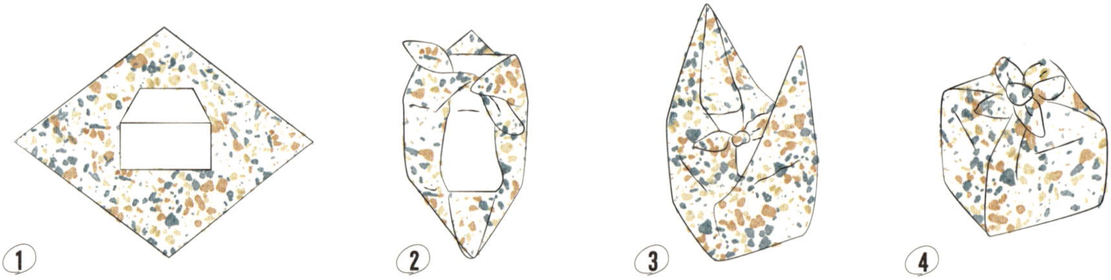

2 OPTER POUR DES DÉCORATIONS DURABLES, DE SECONDE MAIN, DE RÉCUP

Comme pour Halloween, évitez le jetable et optez pour des décorations de bonne qualité qui serviront année après année.

3 ADOPTER UNE TABLE ÉTHIQUE ET DURABLE

- Proposez de remplacer le foie gras par du « faux-gras », apprécié par beaucoup, moins cher et vendu en magasin bio. Ne prévenez pas les invités, il est très possible qu'ils ne remarquent pas la différence !
- Proposez un menu de saison, bio et local !

4 VEILLER À UNE AMBIANCE DÉCONTRACTÉE ET DÉCOMPLEXÉE

Il n'est pas toujours évident de fêter Noël avec des proches qui n'ont pas la même vision que nous. Prenez une bonne inspiration et suivez ces quelques conseils :

- **Mettez-vous à la place des autres :** les traditions ont la vie dure surtout quand elles sont agréables ! Ne soyez pas frustré de voir que tout le monde ne se plie pas à vos envies de sobriété et d'éthique.
- **La communication est la clé**, l'agressivité mène simplement à la rupture du dialogue. Essayez plutôt l'écoute active et dites-vous bien qu'en étant sans cesse sur vos gardes, vous ne montrez absolument pas aux autres que le minimalisme et le Zéro déchet sont des modes de vie bienveillants et épanouissants. Vous montrer ouvert(e) à la discussion et calme dans vos réponses, c'est faire de l'éducation positive.
- **Prévenez votre famille au préalable :** vous parlez du Zéro déchet à chaque occasion et vous pensez que tout le monde a compris ? Eh bien... non. N'hésitez pas à discuter avec vos proches avant Noël de ce que vous voudriez cette année. C'est à vous de prendre les choses en main. Si vous ne le faites pas, ne venez pas vous plaindre le soir de Noël que personne n'a compris votre démarche. Et il serait dommage de bouder après coup, alors que vos proches ont juste essayé de vous faire plaisir.
- **Soyez indulgent(e) oui, mais montrez l'exemple.** Confectionnez des cadeaux maison, des bons sur mesure. Offrez des instruments ou des jouets Zéro déchet, des livres emballés dans des furoshiki.

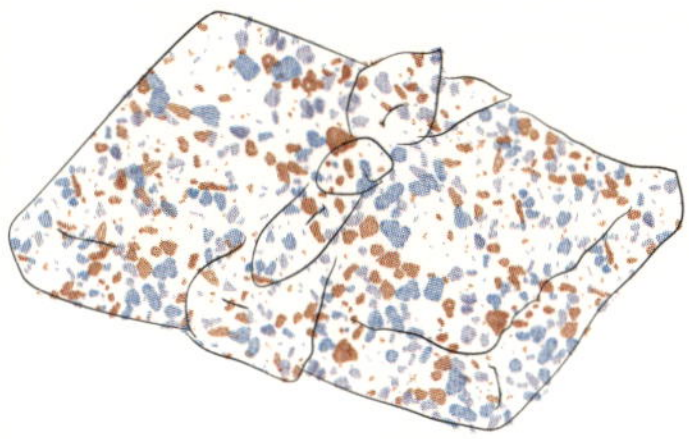
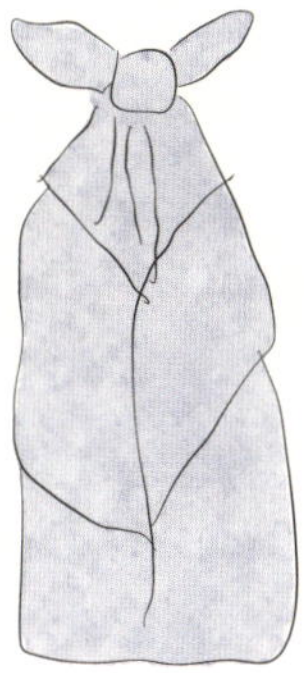

5 UN SAPIN DURABLE

Il faut garder son sapin artificiel 20 ans pour qu'il soit rentable du point de vue carbone par rapport à son équivalent naturel. Choisissez donc un sapin naturel, cultivé en France, bio, en pot (à replanter après) ou même en location ! Vous pouvez aussi opter pour un sapin en bois de palettes à fabriquer vous-même.

Source : consoGlobe

NOTRE VALISE OU SAC ZÉRO DÉCHET

En voyage, côté cosmétique, hygiène et soin, préférez, pour une valise minimaliste les produits multi-usage naturels.

- ☐ **KIT DE COURSES (MÊME À EMPORTER !)**
  des sacs en tissu, une grande serviette en tissu (pour emballer les sandwiches, faire une petite nappe, etc.), une boîte (en Inox, Tupperware® ou autre)
- ☐ **PAQUET DE MOUCHOIRS EN TISSU**
- ☐ **GOURDE ET PAILLE FILTRANTE**
  (celle-ci filtre les impuretés pour ne pas être contaminée, allez voir sur *LifeStraw*)
- ☐ **MUG, EN INOX DE PRÉFERENCE**
- ☐ **COUVERTS RÉUTILISABLES**
  (bois, Inox, bambou)

DANS LA TROUSSE DE TOILETTE

- ▢ **SAVON DE MARSEILLE**
  (il servira aussi pour la lessive à la main et la vaisselle)
- ▢ **SHAMPOING SOLIDE**
  (le savon de Marseille peut aussi très bien faire l'affaire)
- ▢ **UNE AUMÔNIÈRE À SAVON**
  (pour les transporter même mouillés)
- ▢ **UNE BROSSE À DENTS**
- ▢ **DU DENTIFRICE EN POUDRE**
  (recette p. 88)
- ▢ **UN BAUME À LÈVRES MAISON**
  (recette p. 89)
- ▢ **UN PEIGNE EN BOIS**
- ▢ **UN SHAMPOING SEC**
  (recette p. 89) ou un petit pot de bicarbonate de soude. **Le bicarbonate est un shampoing sec naturel. Saupoudrez-en un peu sur vos racines, laissez pénétrer quelques minutes, brossez vos cheveux : fini les cheveux gras ! Double emploi, c'est aussi un bon déodorant.**
- ▢ **UN ORICULI**
- ▢ **UNE HUILE VÉGÉTALE**
  (jojoba, coco...)
- ▢ **DE L'ALOE VERA**
- ▢ **UNE HUILE ESSENTIELLE DE MENTHE POIVRÉE**
  (voir utilisation/bienfaits p. 94) ou du baume du tigre
- ▢ **UNE CRÈME SOLAIRE MAISON**
  (recette p. 195)

CÔTÉ MATÉRIEL

- Pour vos tentes, sacs de couchage, gaz, matériel en tout genre, pensez à la location sur place ! Vous n'aurez pas à payer un surplus de bagages dans l'avion, et pour un usage ponctuel, c'est avantageux.
- Vous trouverez facilement un sac à dos et des chaussures de randonnée de seconde main sur Vinted ou Le Bon Coin.

10 CONSEILS POUR VOYAGER DURABLE

Vous noterez qu'il n'est pas écrit « faire du tourisme durable ». Faire du tourisme et voyager sont deux choses différentes : le tourisme, c'est de la consommation, le voyage, c'est de l'apprentissage.

1 PASSER À LA MICRO-AVENTURE

Se dépayser n'est pas forcément partir à l'autre bout du monde ! Découvrez votre pays, ses régions, et laissez-les vous séduire. La France est l'un des plus beaux pays du monde !

2 FAIRE DES RENCONTRES

Privilégiez les lieux de rencontre au lieu de voyager dans votre coin (auberges de jeunesse, couchsurfing)... L'impact carbone y est moins important qu'à l'hôtel (espaces partagés, objets mutualisés...).

3 SI OPTION HÔTEL

- Redonnez les goodies à l'accueil.
- Indiquez que vous ne souhaitez pas que vos serviettes de bain soient lavées tous les jours.
- Trouvez un hôtel qui partage vos valeurs (Green Hotels, Solar Hotel, Nomad Hotel...).

4 EMPORTER SES VALEURS AVEC SOI

Comportez-vous comme au quotidien. Limitez vos déchets, achetez en vrac au maximum, végétalisez votre alimentation, jetez vos déchets à la poubelle et ramassez ceux que vous trouvez par terre.

5 ACCUEILLIR À SON TOUR

Proposez votre canapé ou votre chambre d'ami en *couchsurfing* pour permettre à des voyageurs d'y dormir et de faire des rencontres.

6 PRIVILÉGIER LE SECONDE MAIN OU LE TÉLÉCHARGEMENT

Guides de voyage, cartes, matériel de camping..., achetez-les d'occasion. Pour ne pas accumuler les cartes inutilement ou les jeter, téléchargez l'application *Maps.me.*

REFUSER

7 CONSOMMER RESPONSABLE

Préférez les marchés locaux et artisanaux aux supermarchés, faites vivre les petits commerces plutôt que les enseignes multinationales. Refusez les produits controversés : animaux vivants (oui, c'est terrible en Asie, vous pouvez acheter des bébés tortues vivants en guise de porte-clés), matières animales ou végétales rares et dévastatrices (ivoire, corail, peaux...).

8 CHOISIR DES VACANCES INSPIRANTES, PÉDAGOGIQUES, SOLIDAIRES ET HUMANISTES

Visitez écovillages, villes et pays engagés dans une démarche écoresponsable forte (mais pas à l'autre bout du monde). Optez même pour des vacances à pied, dormez chez l'habitant ou partez redécouvrir la nature sur des sentiers de randonnée. Dans une société « hors sol », il est bon de se souvenir d'où vient l'essentiel.

Pensez au *woofing* : devenez bénévole dans une ferme biologique et travaillez contre le gîte et le couvert, afin d'acquérir des méthodes d'agriculture durables.

9 CONTRIBUER À PRÉSERVER LA BIODIVERSITÉ ET À SOUTENIR LA CAUSE ANIMALE

Refusez les balades à dos d'animaux, les caresses aux lions (drogués jusqu'à épuisement), les photos avec des singes ou des animaux enchaînés. N'allez pas voir de spectacles d'animaux marins. Si vous aimez vraiment les animaux, choisissez les sanctuaires animaliers ou les réserves.

10 PRENDRE LE TEMPS

On a tellement envie de tout voir que l'on ne prend pas toujours le temps d'apprécier ces moments de voyage. Ralentissons. Partons sur les chemins de randonnée, ne faisons pas seulement escale quelques heures dans les lieux « incontournables ». Sortons des sentiers battus pour découvrir des cultures et des paysages inconnus. Coupons caméras et écrans, ne mettons pas de barrières aux contacts humains. Prenons le temps de vivre sans ces «carrés noirs» grâce auxquels nous voulons garder ces moments sans les avoir pleinement vécus.

SE PROTÉGER DU SOLEIL

Pour se protéger du soleil, la crème solaire n'est pas toujours idéale, ni écologique ! Tour d'horizon des solutions qui s'offrent à nous.

LES HUILES VÉGÉTALES

Elles protègent naturellement des rayons du soleil :

- L'huile de carotte (SPF 45).
- L'huile de framboise (SPF entre 28 et 50).
- L'huile de karanja (SPF entre 25 et 35).
- L'huile d'avocat (SPF 15).

UN COMPORTEMENT RESPONSABLE FACE AU SOLEIL

- Évitez de vous exposer aux heures les plus chaudes.
- Couvrez-vous la tête et limitez l'exposition du visage : le soleil accentue le vieillissement de la peau, qui en a envie ?
- Hydratez-vous régulièrement !

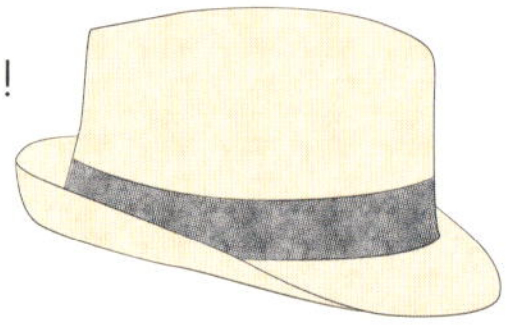

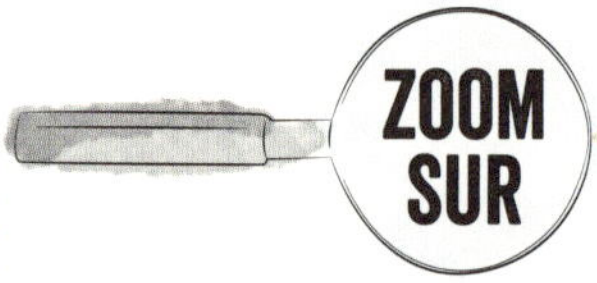

UNE POLLUTION INSOUPÇONNÉE

La crème solaire est un véritable poison pour la vie aquatique. **Jusqu'à 14 000 tonnes de crème solaire se déposent sur les récifs coralliens chaque année.**

Source : Archives of Environmental Contamination and Toxicology

Les produits qu'elle contient blanchissent les coraux, s'y fixent et les durcissent, empêchant leur développement et entraînant leur mort. En France, l'État a chargé l'ANSES (Agence nationale de sécurité sanitaire) d'identifier les substances les plus nocives contenues actuellement dans ces crèmes pour les supprimer. **Certains filtres UV peuvent aussi limiter la croissance des phytoplanctons, base de la chaîne alimentaire marine et source principale de l'oxygène que nous respirons.**

Source : Sciences-avenir

Les phytoplanctons sont le véritable « poumon de la Terre », il s'agirait d'en prendre soin ! L'oxyde de zinc contenu dans notre crème solaire (page ci-contre), qui joue le rôle d'anti-UV, peut détruire une algue essentielle à la vie des coraux. Le mieux reste donc d'aller se baigner sans crème et de s'enduire après le bain, si vous tenez à rester plus de 15 minutes au soleil. N'oubliez pas, l'ombre d'un arbre, d'un parasol, etc., et les vêtements sont d'excellentes protections contre les UV. Avec ces mesures, vous serez certain de ne pas polluer les fonds marins !

DIY

FABRIQUER UNE CRÈME SOLAIRE

POUR 80 ML DE CRÈME

- **30 G D'HUILE DE COCO (SPF 8)**
- **5 G DE CIRE** (de soja, d'abeille)
- **30 G DE BEURRE DE CACAO OU DE KARITÉ**
- **1 G D'OXYDE DE ZINC** par degré de protection souhaité. Pour un indice 30, mettez-en 30 grammes.
- **1 C. À C. DE VITAMINE E, 10 GOUTTES ENVIRON,** pour la conservation (optionnel)

1. Mettez tous les ingrédients à fondre au bain-marie, sauf l'oxyde de zinc. Mélangez le tout.

2. Hors du feu, ajoutez l'oxyde de zinc (et la vitamine E). Remuez encore. Si la crème est trop épaisse, ajoutez, un peu d'huile végétale au choix.

3. Mettez dans un pot hermétique, à l'abri de la lumière et au sec.

ZÉRO DÉCHET ALERTE

Attention, l'oxyde de zinc produit des émanations toxiques, manipulez-le avec précaution, et surtout n'inhalez pas les vapeurs !

VOYAGER EN AVION

L'aviation civile émet près de 3 % des émissions de CO_2 mondiales. Et si l'on ne peut nier le confort de pouvoir traverser les océans en quelques heures, restons conscients des conséquences et cherchons des alternatives à ce mode de transport.

RÉDUIRE

ÉMANATION DE CO_2 PAR UN VOYAGEUR, AU KILOMÈTRE

AVION

134 à 148 grammes

VS

TRAIN

2,6 grammes

Source : consoGlobe

UN TRISTE RECORD

202 157 avions

ont volé dans le ciel le 29 juin 2018.

DO

- S'engager à moins prendre l'avion. Au fil des années, les vols sont devenus si bon marché qu'on achète un billet d'avion aussi facilement qu'un ticket de métro ! Les prix sont attractifs, mais leur impact l'est beaucoup moins. **Il est désormais primordial de ralentir l'utilisation de ce moyen de transport surpolluant.** Vous aurez beau être vegan et limiter vos déchets à 1 bocal par an, si vous faites un tour du monde en prenant 8 fois l'avion en 6 mois, vous serez très loin du Zéro déchet ! La clé est donc, encore une fois, dans la so-bri-été !
- Relocaliser ses voyages et adopter des transports plus durables : train, vélos, bateaux...
- Empêcher les nouveaux aéroports et l'extension des anciens.
- Cesser de croire que les progrès de l'aviation suffiront à rendre cette industrie plus durable.

PRENDRE L'AVION DE FAÇON RAISONNÉE

ÉVITER DE PRENDRE L'AVION POUR...

- Les rendez-vous professionnels qui peuvent être substitués par des conférences téléphoniques.
- Les week-ends ou périodes courtes.
- Les destinations accessibles en train ou en transport en commun !

PESER LE POUR ET LE CONTRE DANS LE CAS...

- Des périodes longues, qui laissent vraiment découvrir le pays de destination.
- Des opportunités personnelles et professionnelles importantes.
- Si votre impact positif sur place peut-être supérieur à l'impact de l'avion : intervention, conférence, action de sensibilisation...

6 CONSEILS POUR LIMITER SON IMPACT EN AVION

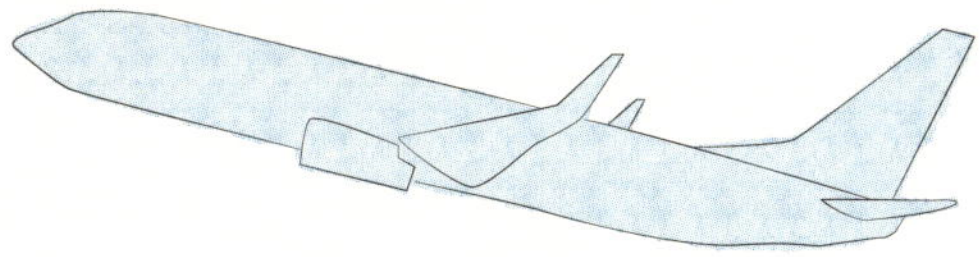

1. N'imprimez pas vos billets – si vous les avez déjà sur votre téléphone.

2. Refusez tout ce que vous pourrez : couverts, verre en plastique, écouteurs jetables, couvertures, etc. N'oubliez pas de prendre avec vous tout ce dont vous aurez besoin pour pallier ces refus.

3. Voyagez en classe éco : selon la banque mondiale, un passager en 1re classe peut générer jusqu'à 9 fois plus de dioxyde de carbone qu'un passager en seconde (espace utilisé, espace vide, poids des équipements, etc.).

4. Concernant le repas, même si vous n'acceptez pas le vôtre, il sera sûrement jeté à l'arrivée… Mangez-le, ou non, mais prenez surtout le temps de faire part de votre désarroi à la compagnie aérienne avec laquelle vous avez voyagé. Si nous sommes des milliers à proposer de nouvelles pratiques, comme la réservation facultative d'une collation, avec option végétale, peut-être pourrons-nous faire changer ce système !

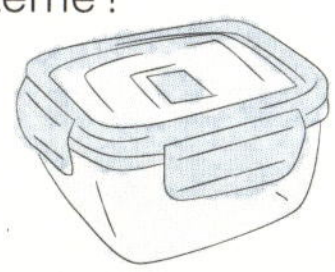

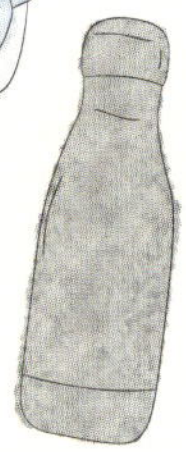

5. Remplissez vos gourdes après les contrôles de sécurité pour ne pas avoir à acheter d'eau en bouteille.

6. Compensez votre voyage grâce à des sites spécialisés (*myclimate.org* ou *ecotree.fr*) qui œuvrent pour le climat.

ZÉRO DÉCHET INFO

Moins de 10 % de la population mondiale a déjà pris l'avion. Mais ce sont principalement les non-voyageurs qui sont le plus touchés par le dérèglement climatique en partie causé par la croissance de ce mode de transport, l'accaparement des terres pour les infrastructures aéroportuaires, le bruit, la pollution massive des environs.

Rien n'est tout noir ou tout blanc ! S'il est assez facile de renoncer à ce qui nous semble inutile, coûteux et néfaste (shopping à outrance, objets à usage unique…), certains choix sont plus difficiles et nécessitent une véritable réflexion, en pleine conscience, pour être faits et assumés. C'est notamment le cas de l'avion, auquel il n'est pas simple de renoncer totalement, je le conçois.

TABLEAUX D'ACTIONS **ZÉRO DÉCHET**

Où en êtes-vous de votre démarche Zéro déchet en voyage ? Cochez toutes les actions que vous menez déjà et vous saurez si vous êtes Colibri (débutant), Padawan (confirmé) ou Z'héros déchet (expérimenté).

NIVEAU 1 - COLIBRI 	X
Je m'engage à prendre l'avion moins souvent.	
En avion, je choisis la classe éco.	
Je ne prends plus l'avion lorsque je peux prendre le train.	
Je pars en vacances vers une destination plus proche de chez moi et je découvre mon pays.	
J'utilise une gourde ou une paille filtrante au lieu d'acheter des bouteilles d'eau.	
J'achète mon matériel de seconde main.	
Je dors en auberge de jeunesse plutôt qu'à l'hôtel.	
Je donne mes denrées et objets restants en fin de voyage.	
Je consomme des produits locaux.	
Je ne jette rien en dehors des poubelles.	
Je n'achète jamais d'objets fabriqués à partir de matière animale ou végétale rare (ivoire, corail, peaux animales/reptiliennes).	

NIVEAU 2 - PADAWAN 	X
En vacances, j'utilise mon kit de courses comme au quotidien (voir p.48).	
Je privilégie les modes de transport doux (train, vélo...).	
J'apprends à voyager moins vite, à prendre le temps.	
Je loue le matériel dont j'ai besoin.	
Je dors chez l'habitant, en *couchsurfing*.	
J'achète une crème solaire plus respectueuse de l'environnement.	
Je préserve naturellement ma peau du soleil.	
Je sors des zones touristiques.	
Je ne prends pas part aux divertissements basés sur l'exploitation animale (photo avec des lions/singes/serpents, balade à dos d'éléphant...).	
Je pars en écovolontariat.	
Je ne prends plus l'avion qu'une fois par an ou moins.	

NIVEAU 3 - Z'HÉROS DÉCHET 	X
J'apporte mon soutien aux projets de lutte contre l'agrandissement ou la construction d'aéroports.	
Je compense mes voyages en investissement dans des projets de reforestation *(myclimate.org)*.	
Je fabrique ma propre crème solaire (voir p.195).	
J'apprends à connaître la culture locale.	
Je vais à la rencontre des habitants du pays dans lequel je voyage.	
Je teste des moyens de transport alternatifs (voilier, cargo...).	
Je soutiens les sanctuaires animaliers.	
Je fais du *woofing* (voir p.193) ou je pars dans un écovillage pour apprendre des techniques de culture durables.	
Je ne prends plus l'avion.	

ÉTAT DES LIEUX

CONSEILS

SAVOIR POUR AGIR AU QUOTIDIEN

NOS ACTIONS COLLECTIVES

Tous ensemble !

ÉTAT DES LIEUX

AGIR ET RÉFLÉCHIR ENSEMBLE !

Au-delà du Zéro déchet, il s'agit de faire bouger les lignes pour changer la société.

3,5 %

de la population

C'est le pourcentage qu'il suffirait de mobiliser pour renverser un gouvernement, et ce, par des actions de désobéissance civile **non violentes**. C'est ce qu'affirment Erica Chenoweth et Maria J. Stephan, dans leur livre *Why Civile Resistance Works* (*Pourquoi la résistance civile marche-t-elle ?*). **Selon elles, l'histoire a montré que les mouvements de désobéissance civile de masse non violents ont été deux fois plus efficaces que les protestations violentes au cours du siècle dernier. Un siècle de lutte du peuple et de droits sociaux acquis.** La non-violence rassemble tous les bords politiques, tous les âges, et atténue les différences. La violence accentue les clivages, disperse les luttes et ne peut en aucun cas mener à des alternatives démocratiques viables et pacifiques. Si un groupe choisit la violence pour se faire entendre, il est probable qu'il impose ensuite sa volonté de la même façon. Évidemment, on voudrait croire qu'à situation extrême, moyens extrêmes ! Mais c'est surtout la plus sûre façon de couper le dialogue avec une grande partie de la population. Les extrêmes font peur, et la peur disperse au lieu de rassembler.

En France, 3,5 % de la population, c'est moins de 2,5 millions de personnes.

DE L'INDIVIDUEL AU COLLECTIF

Afin de répondre aux enjeux environnementaux, il paraît évident qu'il faut d'abord changer, soi-même et son quotidien, dans un souci de cohérence pour être légitime à porter des revendications à une échelle plus grande. Néanmoins, face à la gravité des enjeux, les actions individuelles ne sont à elles seules qu'un pied dans la porte. Pour l'enfoncer, elles devront insuffler un élan collectif, industriel et politique ambitieux. Car si je peux choisir de réduire mes déchets, il est du ressort de l'État d'investir dans un programme de compostage national plutôt que dans des incinérateurs. Si je peux réduire mes déplacements, c'est à l'État qu'incombe la responsabilité de soutenir les transports doux et collectifs. Les exemples sont nombreux et le schéma moins évident lorsqu'on connaît la pression des lobbies dans cette équation. Pour cela, nous devons réclamer une politique climatique audacieuse à la hauteur des enjeux du XXIe siècle.

LA POLITIQUE, C'EST NOUS !

J'ai toujours considéré que la politique ne me concernait pas. Qu'elle était réservée à une poignée d'hommes et de femmes élus et dont la gouvernance est le métier, des représentants d'un peuple dont ils ne partagent pas toujours les problématiques. Pour moi, la politique, c'était voter tous les 5 ans et me plaindre jusqu'aux prochaines élections. **J'avais tort. La politique, c'est moi, c'est vous, c'est nous. Nous qui allons au marché, faisons nos courses en vrac, choisissons une cueillette paysanne plutôt qu'un supermarché, faisons réparer nos objets plutôt que de les racheter neufs.** C'est nous lorsque nous décidons de réduire nos déchets ou de quitter une multinationale pour un travail qui a du sens. C'est nous lorsque nous signons des pétitions, boycottons des produits, rejoignons des associations et des manifestations.

NOS CHOIX DE CONSOMMATION, UN CONTRE-POUVOIR

La politique s'inscrit dans les luttes de pouvoir et de représentativité, et nos choix de consommation sont un véritable contre-pouvoir qui peut équilibrer la balance en notre faveur. Alors que tous les voyants sont au rouge, qui d'autre, mieux que nous, peut créer un nouvel ordre ? **Incarnons le futur que nous souhaitons et faisons de l'alignement de nos valeurs, par nos actions individuelles, le début d'un engagement plus grand encore : un engagement collectif et une citoyenneté active.** Devant votre ordinateur, dehors, seul ou avec des associations, vous pouvez agir pour dessiner les contours d'un futur plus viable, en commençant au plus près de chez vous !

ÉTAT DES LIEUX

NOTRE NATURE PLEINE DE NOS DÉCHETS

Ils n'ont rien à faire dans la nature et souvent mettent des années voire des siècles à disparaître ! Un déchet est dit « biodégradable » lorsqu'il se décompose rapidement dans la nature grâce aux micro-organismes (bactéries, champignons, lombrics...). Malheureusement, la plupart de nos déchets ne le sont pas ! ***Voyez par ces chiffres le temps pour leur dégradation. En outre, 80 % des déchets trouvés en mer viennent de la terre !*** *Agir ici, c'est protéger la nature autant que les océans.*

Qui dit biodégradable ne dit pas forcément écologique. Préférez toujours des objets réutilisables ! Trouvez-vous normal qu'on fabrique des sacs plastique à partir d'amidon de maïs pour ensuite les jeter et les brûler alors que près de 1 milliard de personnes souffrent de la faim dans le monde ?

FILETS DE PÊCHE

600 ans

RÉCIPIENTS EN POLYSTYRÈNE

50 ans

MÉGOTS DE CIGARETTE

1 à 5 ans

HUILE DE VIDANGE

5 à 10 ans

COUCHES JETABLES

400 à 450 ans

CARTOUCHES D'ENCRE

400 à 1000 ans

MOUCHOIRS EN PAPIER
3 mois

PAPIERS IMPRIMÉS
2 à 12 mois

CANETTES
50 ans

PAPIER JOURNAL
3 à 12 mois

TICKETS DE BUS OU DE MÉTRO
1 an

CHEWING-GUM
5 ans

ALLUMETTES
6 mois

CARTONS
5 mois

BOUTEILLES EN PLASTIQUE
100 à 1 000 ans

BOUTEILLES EN VERRE
jusqu'à 5 000 ans

PELURES ET RESTES DE FRUITS OU LÉGUMES
quelques jours à 6 mois

PILES
8 000 ans

SACS EN PLASTIQUE
450 ans

3 CONSEILS POUR RÉUSSIR UNE ACTION COLLECTIVE

INVITÉ

DEMOS KRATOS

(YOUTUBE)

Nous avons tous rêvé au moins une fois d'un monde meilleur. Certains d'entre vous ont lancé des pétitions, organisé des manifestations ou plus encore. Je ne suis qu'un humble citoyen militant exprimant ses idées sur Internet, mais j'aimerais vous en proposer 3 pour réussir une action collective quelle que soit la forme de la mobilisation que vous tentez de mener.

1 FIXER SA CIBLE ULTIME

Planifiez vos actions non pas du début vers la fin, mais de la fin vers le début. Ce n'est qu'en sachant où l'on va que l'on peut savoir comment y aller. Une fois l'objectif fixé, on peut chercher les points de pression et les tremplins qui permettront de l'atteindre.

2 Y ALLER ÉTAPE PAR ÉTAPE

Choisissez des batailles intermédiaires assez importantes pour compter, mais assez petites pour gagner. Vous gagnerez en puissance et vous pourrez viser plus haut. Les batailles gagnées donnent de la puissance aux luttes suivantes, prouvent la force du contre-pouvoir citoyen, et apportent une preuve que les citoyens savent se battre pour les décisions politiques qu'ils estiment plus légitimes.

3 MOBILISER LARGEMENT

Pour franchir toutes ces étapes et atteindre la cible ultime, il faudra être le plus nombreux possible. Oubliez donc les grands concepts et préférez les luttes concrètes. À l'image de Gandhi, qui a su mener les citoyens vers l'indépendance par le biais de la « marche du sel », un produit utilisé de tous et hautement taxé par les Anglais à l'époque. Oubliez également la violence. Les armes à la main, vous exclurez de fait les citoyens les plus faibles (femmes, enfants, personnes âgées) qui pourraient vous être d'une aide précieuse. N'ayez pas peur de « corrompre » votre lutte. Il vaut mieux mettre de l'eau dans son vin que le laisser à la cave éternellement.

L'HISTOIRE DU SUCCÈS DE BLOOM

Claire Nouvian, ancienne journaliste et réalisatrice de documentaires animaliers, était fascinée par la beauté des animaux qui vivent au fond de la mer, mais découvre un jour qu'ils sont victimes de surpêche. Elle décide alors de s'engager contre l'exploitation des océans dans le monde : créer un pacte durable entre l'Homme et la mer en mettant fin aux méthodes de pêche destructrices. Vaste programme ! En 2004, elle fonde l'association Bloom. Avec une petite équipe et peu de moyens (dons de particuliers et d'associations, pétitions...), elle se fixe un premier objectif : s'attaquer à la pêche au chalutage en eaux profondes. Bloom mène une action qui conduit, en janvier 2017, à l'interdiction de la pêche en dessous de 800 mètres. C'est une première victoire ! L'association part ensuite en guerre contre la pêche électrique (courant diffusé par les filets), qui saisit notamment les poissons plats (soles, limandes...) en très grandes quantités. Cette technique est interdite, mais fait l'objet de dérogations. Malgré la pression des lobbies industriels, Bloom remporte une deuxième victoire : le 13 février 2019, la pêche électrique est totalement interdite aux navires de l'Union européenne dans toutes les eaux qu'ils fréquentent à compter du 30 juin 2021. Bloom se lance déjà dans une autre bataille : l'élimination des subventions nocives à l'océan.
Bonne chance !

« L'espoir est toujours le même sur tous les sujets, ça s'appelle l'action. »

BLOOM, ASSOCIATION DÉVOUÉE AUX OCÉANS ET À CEUX QUI EN VIVENT.

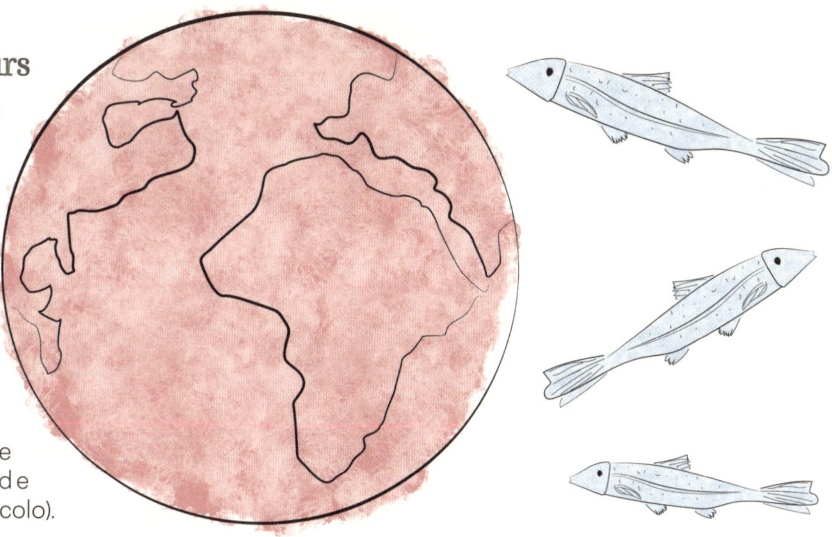

En avril 2018, Claire Nouvian a reçu le prix Goldman, la plus haute distinction internationale dans le domaine de l'environnement (le Nobel écolo).

7 CONSEILS
POUR UN GRAND MÉNAGE COLLECTIF

Nous en sommes tous témoins au quotidien, les déchets sauvages envahissent nos rues comme les cookies ont envahi Internet ! Emballages, bouteilles, cartons, canettes, pailles et les si dévastateurs mégots sont cruellement jetés sans avoir la possibilité d'être recyclés ni valorisés. Plutôt que de rester impuissants, agissons au quotidien.

Rejoignez le mouvement #CleanWalker, et, chaque jour, ramassez les déchets que vous croisez. Vous pouvez aussi organiser vous-même un nettoyage citoyen pour sensibiliser les gens de votre ville, ou de votre quartier, et nettoyez la nature à votre échelle. Comment ? Voici quelques conseils qui devraient vous aider.

1 DÉFINIR UN ITINÉRAIRE

Une zone négligée et/ou qui débouche sur un cours d'eau. Selon le travail à effectuer, environ 1 ou 2 km.

2 DÉFINIR UNE DATE

Le week-end, un jour férié ou pendant les vacances pour que le plus grand nombre de gens soient disponibles.

3 CONTACTER SA MAIRIE

Afin de les informer de cette action et leur demander une gestion des déchets en fin de ramassage. Vous vous assurez ainsi une collecte optimale et différenciée des déchets. Proposez-leur de subventionner des gants (réutilisables), des sacs-poubelle et des pinces. Ils pourront peut-être vous offrir ce budget.

4 CONTACTER DES ASSOS

Dans le cas contraire, contactez des associations pour les obtenir, comme Let's Do It France, Surfrider Foundation, World Clean Up...

5 COMMUNIQUER AUTOUR DE L'ÉVÉNEMENT

- Créez un événement Facebook ou Instagram : invitez vos amis, et demandez-leur de partager l'info, tout comme les associations qui vous soutiennent.
- Demandez à la mairie de communiquer l'événement dans le journal local et sur son site internet.
- Évitez les flyers, les imprimés en général.
- Contactez des journaux locaux, pour éveiller les consciences sur ce problème et diffuser votre action.

6 LE JOUR DE L'ÉVÉNEMENT : ENSEMBLE

Faites venir les participants 15 à 30 minutes avant le départ de la marche. Formez des groupes de 2 à 4 personnes avec un sac pour le « tout venant » et un pour les « recyclables », laissez les équipes se constituer et opérer en autonomie en leur demandant de suivre le parcours établi. À la fin, prenez le temps de boire un verre tous ensemble (dans des écocups) pour vous féliciter et créer des liens ! Prenez des photos pendant la marche, et une photo de groupe avec tous les déchets ramassés.

7 PARTAGER SON EXPÉRIENCE

Partagez votre expérience et son impact sur les réseaux sociaux et autour de vous, pour sensibiliser le plus grand nombre.

Abonnez-vous à la page Facebook CleanWalker pour être tenu au courant des événements qu'ils organisent partout en France.

5 CONSEILS
POUR AGIR LOCAL

INVITÉ

PARTAGER C'EST SYMPA

(YOUTUBE)

Quand on s'attaque aux problèmes de ce monde, on voit vite l'immensité de la montagne qu'il s'agit de gravir et la difficulté de la pente ! Limiter le dérèglement climatique ? Réduire la pauvreté, les inégalités ? On peut commencer par agir seul, mais l'urgence des problèmes incite à voir les choses en grand ! L'échelle où nous pouvons agir en grand, ça reste près de chez toi, en influant sur le cours de ta ville et de ta communauté. Voici donc 5 conseils pour changer ta ville !

1 COMPRENDRE QUE C'EST LÀ QUE ÇA SE PASSE

Si la plupart des problèmes sont globaux, le pouvoir local est immense : sur le climat, selon le GIEC, **50 à 70 % des solutions pour réduire les émissions de gaz à effet de serre se trouvent à l'échelle des territoires.** Ta ville a la capacité de changer ses transports, son urbanisme, d'agir sur l'économie locale, la consommation de ses habitants… elle peut t'impliquer (ou non) dans ses décisions, choisir sa fiscalité, aider les plus démunis avec une action sociale. C'est le fameux « comprendre global, agir local » : le changement passera forcément par les territoires, alors autant commencer par le tien !

2 REPRENDRE LE POUVOIR

Vouloir changer ta ville, c'est légitime. À la base, tes élus locaux sont censés te représenter, incarner tes choix. C'est donc normal de leur demander des comptes, on l'a souvent oublié ou voulu nous faire croire que ce n'était pas possible.

Or, ça tombe bien, dans la plupart de leurs décisions, **les élus locaux ont désormais obligation de consulter la population**, c'est le cas notamment sur la rédaction de leurs plans climat. Parfaite occasion pour t'engouffrer dans la brèche !

3 PRENDRE UNE BONNE INSPIRATION

Pour te donner la patate, rien de mieux que montrer que ce qu'on propose est tout à fait possible et existe déjà ! Quand tu regardes en France, on a des tas d'exemples de villes qui agissent réellement avec un gros impact. Ainsi, la ville de Mouans-Sartoux, où la mairie alimente toutes ses cantines en nourriture bio et locale, a même créé sa propre exploitation. Celle de Loos-en-Gohelle est passée d'une économie basée sur le charbon à une ville pionnière de la transition énergétique. La ville de Grenoble a interdit les panneaux publicitaires pour les remplacer par des arbres.

Tous ces exemples sont des preuves qu'on peut avoir un impact réel dans sa ville, encore faut-il des élus courageux et des habitants motivés pour les faire bouger !

4 REJOINDRE UN CREW PRÈS DE CHEZ SOI

Agir seul, c'est bien, à plusieurs c'est mieux, et ça tombe bien ! Localement, il existe déjà des gens et des groupes organisés pour faire bouger les villes. C'est en particulier l'objet de la campagne « Alternatives territoriales », portée par plusieurs associations (Alternatiba, ANV-COP21 et le réseau Action Climat), qui vise à former des groupes pour faire pression sur les collectivités. Tu peux les rejoindre par le site *Alternatatiba.eu*.

5 PASSER À L'ACTION

Ta ville est à portée de main et tu as toute une palette d'actions à disposition ! Pétitions, manifs de rue, conseils de quartier, envois massifs de lettres et de mails, tous les moyens sont bons et possibles. À Bayonne, par exemple, des militants se sont amusés à peindre de fausses pistes cyclables pour pousser la mairie à les réaliser... et ça a marché ! Alors, capte-toi avec un groupe, et c'est parti !

BOYCOTT, BUYCOTT

Le boycott est une forme de contestation pacifique qui s'exprime à travers notre consommation lorsque nous refusons d'acheter des marques qui n'ont pas un mode de production éthique et écoresponsable. Le buycott est l'alternative au boycott et consiste à consommer des produits durables et responsables.

1 achat = 1 vote

« Si nous sommes la cause profonde ou la justification de ces dérives, alors la bonne nouvelle, c'est que nous en sommes aussi le remède »

LEVENT ACAR - COFONDATEUR DE L'ASSOCIATION I-BUYCOTT

Devenir un « consomm'acteur » consiste à prendre conscience de l'impact immense de notre consommation personnelle sur la sphère politique et commerciale. C'est là que le boycott intervient. Il représente une solution pacifique de mobilisation massive dans le but d'amener les entreprises à changer leurs pratiques non éthiques. L'idée est simple, refuser d'acheter les produits ou services d'entreprises qui ne partagent pas nos valeurs (en raison de scandales sanitaires, éthiques, de fraude fiscale, etc.). Pour aller plus loin, vous pouvez aussi remplacer ces produits que vous n'achetez plus par des alternatives plus durables. C'est ce que l'on appelle le « buycott » !

Comme le disait Coluche, « suffirait qu'on n'achète pas pour que ça ne se vende pas ». Nous avons le pouvoir de faire changer les industriels en choisissant de sanctionner les pratiques sociales et environnementales nocives. Chaque euro dépensé est un appel d'air à la création de nouveaux produits, alors il ne tient qu'à nous de choisir à qui nous donnons de l'oxygène : à des productions qui respectent les droits humains et la biodiversité, qui font perdurer l'artisanat et l'emploi locaux, ou à des marques qui sacrifient les droits fondamentaux et les écosystèmes au nom du saint capitalisme.

« Chaque fois que vous dépensez de l'argent, vous votez pour le type de monde dont vous rêvez »

ANNA LAPPÉ, EXPERTE EN SYSTÈMES ALIMENTAIRES ET DÉFENSEUR DE L'ALIMENTATION DURABLE

ZÉRO DÉCHET INFO

Téléchargez l'application *Buy or not* et scannez vos achats afin d'en connaître les impacts sociaux, environnementaux et les effets sur votre santé. Vous pouvez ainsi décider de rejoindre des campagnes de boycott !

FACILITER
L'INITIATIVE CITOYENNE

Créer une association peut être long et contraignant (rédaction des statuts, procès verbal, ouverture d'un compte bancaire), c'est pourquoi certains travaillent à faciliter la création associative. L'idée est de faire naître rapidement des structures porteuses de projets qui peuvent consacrer du temps à des actions concrètes pour un impact environnemental, social ou culturel. C'est le cas d'Open Collective Paris.

INVITÉE

LÉA DANG

Cofondatrice de Open Collective Paris

Open Collective Paris propose un outil de gestion simple et transparent. Chaque citoyen peut créer son collectif en ligne, un collectif étant un groupement de citoyens qui ont une mission commune. Une fois l'espace créé, il est possible de lever des fonds, gérer sa trésorerie (c'est-à-dire recevoir des dons et se faire rembourser lors d'une dépense), créer un événement avec une billetterie en ligne, et cela, en toute transparence ! Lorsqu'un ou une bénévole souhaite soutenir financièrement un projet, il ou elle sait exactement où vont les fonds.

La raison d'être d'un tel outil est de renouveler le fonctionnement associatif pour qu'il soit en accord avec la conjoncture et les générations actuelles. Comme l'affirme Pia Mancini, nous vivons au XXIe siècle dans un monde avec des infrastructures des siècles passés. Avons-nous déjà remis en question la loi de création des associations à but non lucratif du 1er juillet 1901 ?

L'association Open Collective Paris ne fournit pas qu'une aide virtuelle, elle accompagne les membres tout au long de leur parcours. Plusieurs conseils sont donnés sur leur site (FAQ) pour aider les collectifs à s'organiser et à fédérer leur communauté. Allez-y !

ORGANISER UN REPAIR CAFÉ

Qu'est-ce qu'un repair café ? C'est un lieu de rencontres et de réparation, les citoyens y sont invités à apporter leurs objets cassés, pour leur offrir une nouvelle vie, grâce à des réparateurs bénévoles !

RÉPARER QUOI ?

Tout est possible selon les qualifications des bénévoles : vêtements, électroménager, meubles en bois, pièces en cuir...

COMMENT L'ORGANISER ?

Rapprochez-vous des associations environnementales locales ou des villes voisines, et organisez ensemble cet événement pour attirer davantage de monde.

CHOISIR LE LIEU

Sélectionnez un lieu facile d'accès et fréquenté ! Il doit être assez vaste pour accueillir de grands établis pour les bénévoles (centre culturel, salle des fêtes...).

FIXER UNE DATE

Les salles municipales sont parfois réservées des mois à l'avance, pensez-y !

TROUVER LES BÉNÉVOLES

Faites appel à vos connaissances, aux bénévoles de l'association, à leur famille. N'hésitez pas à aller voir les artisans du coin pour leur proposer d'y participer.

Vous pouvez contacter :

- un couturier
- un cordonnier
- un tapissier
- un ébéniste
- un réparateur d'appareils électroniques...

TROUVER DU TEMPS

La création du Repair café peut être un peu longue. En attendant, organisez des ateliers :

- un atelier Zéro déchet : tawashis, créations de cosmétiques...
- un atelier pour les enfants : créations avec des objets de récup.
- un atelier-conférences sur différents thèmes, mobilités urbaines, écoconstructions...

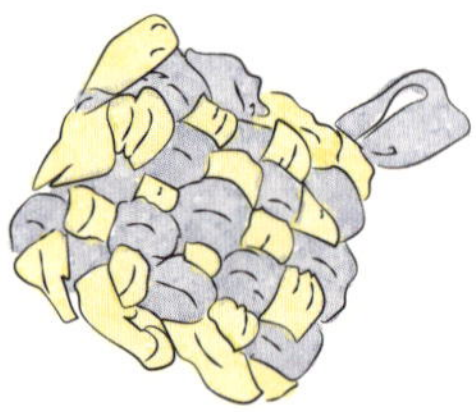

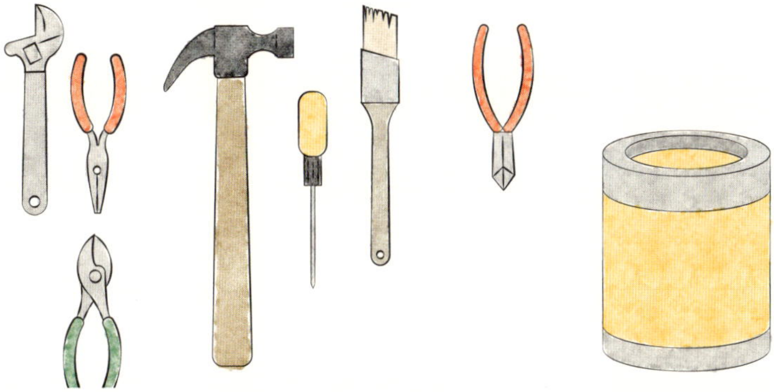

AMÉNAGER LE LIEU

Sollicitez la mairie, elle devrait pouvoir vous prêter du matériel ! Prévoyez des établis, des chaises pour les bénévoles et les personnes qui attendent, un coin café, un tableau blanc pour noter les objets en attente...

FAIRE CONNAÎTRE SON REPAIR CAFÉ

Créez une page dédiée sur les réseaux sociaux, invitez tous vos amis et ceux des bénévoles, faites appel aux journaux locaux, à la mairie (elle peut en faire la promotion sur son site web ou encore sous forme d'affiches). Vous pouvez aussi mettre une annonce sur le site *repaircafé.org*, afin d'y référencer votre événement !

FIXER LE PRIX : LIBRE !

- Il est de coutume de laisser à « prix libre » la réparation des objets par les bénévoles. Vous pouvez alors mettre de petites boîtes à dons directement sur l'établi de chaque bénévole ou à la sortie du repair café.
- Proposez une buvette avec des préparations maison apportées par des bénévoles et du jus de fruits d'un agriculteur du coin !

FAIRE RAYONNER LES ENTREPRENEURS LOCAUX

N'oubliez pas le torréfacteur du coin pour le café des bénévoles ou de la buvette, ou encore le pain de votre boulanger bio pour proposer des sandwiches. Invitez l'AMAP locale (Association pour le maintien d'une agriculture paysanne) à venir parler de ses paniers bio... bref, profitez de cet événement pour promouvoir les activités locales.

Pour un plan d'action détaillé pas à pas, rendez-vous sur le site *repaircafe.org*.

4 CONSEILS POUR MIEUX S'INFORMER

INVITÉE

LAURIE DEBOVE

DE

La Relève et La Peste

Dans une société surmédiatisée où nous pouvons tous créer et diffuser de l'information, il convient à chacun de choisir avec attention les médias qu'il consulte et la façon dont il s'informe, car ce que nous lisons forge notre vision. À ce sujet, Laurie Debove, journaliste indépendante pour *La Relève et La Peste*, a quelques conseils à nous donner.

« Si vous ne lisez que ce que tout le monde lit, vous ne pouvez penser que ce que tout le monde pense. »

HARUKI MURAKAMI, ÉCRIVAIN

1 PRENDRE LE TEMPS DE L'INFORMATION

Aujourd'hui, comme tout est largement diffusé par les réseaux sociaux, il est facile de se sentir submergé par les flux d'informations dont nous recevons les notifications en continu. Plus que jamais, il est primordial de prendre le temps de s'informer, de ne pas se contenter de lire les titres, souvent réducteurs et racoleurs, qui défilent dans nos fils d'actualité. Apprenez à ne pas « réagir » sans avoir lu un article en entier ni avoir fait des recherches complémentaires.

2 RESTER CRITIQUE, SE QUESTIONNER SUR LES INTÉRÊTS QU'UN ARTICLE OU UN MÉDIA PEUT PROTÉGER

Alors que l'information est accessible partout, tout le temps, chacun doit garder l'esprit critique face au message qui lui est offert et s'interroger sur le but de sa diffusion. Croiser les regards en allant vers différentes sources est une bonne façon de connaître toutes les facettes d'un sujet. De même, la presse internationale permet d'éclairer les enjeux nationaux avec un nouvel angle.

3 RECHERCHER LA SOURCE ORIGINALE ET GARDER DES DOUTES QUANT AUX FINANCEMENTS DES ÉTUDES ET LES INTÉRÊTS DE CEUX QUI LES ONT RÉALISÉES

Ainsi, les chiffres clés, pour être pris au sérieux, doivent être accompagnés de la source dont ils proviennent. S'ils viennent d'une étude scientifique, n'hésitez pas à aller lire le résumé de la publication originale. Le discours tenu par un média peut être orienté par son propriétaire ou son financeur principal qui peuvent poser des vétos sur certains traitements éditoriaux. Dans son classement 2018 sur la liberté de la presse, l'ONG Reporters Sans Frontières titrait son analyse sur la France « Une presse libre, mais la concentration inquiète » à cause du paysage médiatique français largement dominé et possédé par de grands groupes industriels. La carte créée par *Le Monde diplomatique* et Acrimed, tout récemment mise à jour, montre l'importance de ce phénomène.

4 CONSULTER DE PRÉFÉRENCE DES MÉDIAS FIABLES ET INDÉPENDANTS

Ils représentent un contre-pouvoir fort en diffusant des informations dont la liberté de ton permet de faire avancer le débat public sur de grands enjeux de société. Ne dépendant d'aucun financement public ou privé, ils mettent ouvertement en exergue les liens entre plusieurs informations pour mieux décrypter les rouages de la société, tout en assumant une ligne éditoriale engagée.

Parmi eux, avec une vision humaniste et écologiste, *La Relève et La Peste* souhaite alerter l'opinion publique sur des sujets peu relayés dans les médias traditionnels et mettre en avant les acteurs du changement qui s'engagent au quotidien et créent une société plus résiliente, écologique et solidaire. Tous ces sujets s'articulent autour d'une grande question : quel monde désirons-nous pour demain ?

ZOOM SUR

LES MÉDIAS INDÉPENDANTS

POUR S'INFORMER EN TRANSPARENCE !

- *La Relève et La Peste*
- *Mr Mondialisation*
- *Bastamag*
- *Mediapart*
- *La Décroissance*
- *Alternatives Économiques*
- *Reporterre*
- *Observatoire des multinationales*
- *The Conversation*
- *Acrimed*
- *Kaizen*
- *La revue 21*
- *L'âge de faire*

3 DÉMARCHES POUR AGIR SUR INTERNET

Si vous ne vous sentez pas (encore) apte à mener des actions à l'extérieur, vous pouvez faire un premier pas en agissant depuis votre ordinateur !

1 SIGNER DES PÉTITIONS

Apposer son nom sur une pétition ne coûte rien, mais ce n'est pas rien ! C'est apporter son soutien, bien que symbolique, à des causes qui nous paraissent importantes à défendre, afin de leur donner plus de poids. Les organisateurs de ces pétitions peuvent ainsi interpeler les pouvoirs publics et les entreprises « au nom de » plusieurs milliers de personnes !

Allez sur *Change.org, mesopinions.com...*

2 PARTAGER DU CONTENU ENGAGÉ

Marches, rassemblements, articles dénonciateurs, contenu politisé et mobilisateur, le Net regorge de contenus et d'événements engagés ! Partagez-les sur vos réseaux sociaux et engagez-vous sur ces contenus (likes, commentaires...) afin de leur donner un maximum de visibilité !

3 FAIRE DES DONS

Vous pouvez aussi faire des dons aux associations et aux bénévoles qui se mobilisent chaque jour pour faire bouger les choses ! Vous pouvez même passer par un moteur de recherche responsable (voir p. 173) pour soutenir des associations ou participer à des programmes de reforestation.

Attention, ne considérons pas ce « clicketivisme » comme de l'activisme 2.0, car il n'en est pas. Il n'a pas le poids de l'humain, mais il peut-être un premier pas vers un engagement toujours plus grand, jusqu'au jour où vous serez prêt à sortir pour prendre part à la construction d'un avenir durable.

ZOOM SUR

#ILESTENCORETEMPS

Il s'agit d'un site qui répertorie les actions collectives et individuelles à rejoindre en fonction des envies de chacun, de son niveau d'investissement et de son lieu d'habitation. Leur slogan : « Il est encore temps d'agir pour le climat et la biodiversité. On vous aide à trouver votre place ! »

www.ilestencoretemps.fr

5 IDÉES POUR UNE VILLE DURABLE

Parce qu'il est plus tangible d'agir à son échelle que de lutter contre les grands équilibres climatiques, je vous propose 5 projets à mettre en place dans votre ville !

1 LES INCROYABLES COMESTIBLES

C'est un mouvement d'agriculture urbaine participative. L'idée est simple, planter des légumes en ville, partout où c'est possible, et partager la récolte et les soins de ces petits espaces agricoles ! Plus d'infos sur le site *lesincroyablescomestibles.fr*

2 DES JARDINS PARTAGÉS

Toujours dans l'idée de soutenir l'agriculture urbaine, les jardins partagés sont des espaces de cultures conçus, créés et gérés par des locaux, qui se partagent le fruit des récoltes. Plus d'infos sur le site *jardinspartages.org*

3 DES COMPOSTS COLLECTIFS

Ils vont souvent de pair avec les jardins partagés ! Ils permettent aux locaux qui ne disposent pas d'un espace vert de valoriser leurs déchets organiques !

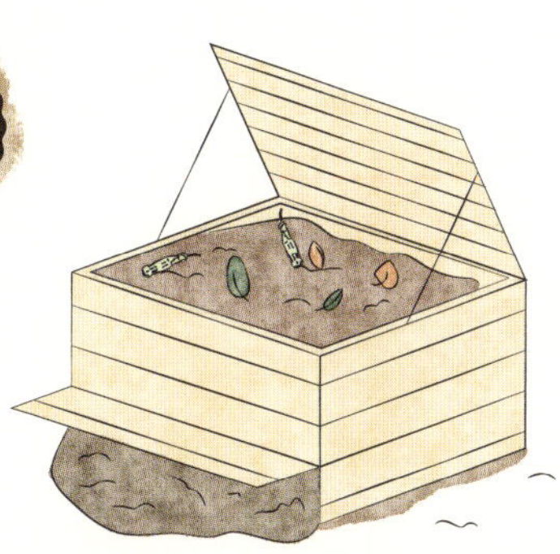

4 DES BOÎTES À DONS

Des cabines aménagées peuvent accueillir les dons des habitants pour que chacun puisse se servir selon ses besoins : livres, vêtements, petits meubles, appareils électroménagers, jouets, ustensiles de cuisine, vaisselle, CD et DVD. Une initiative solidaire et écologique !

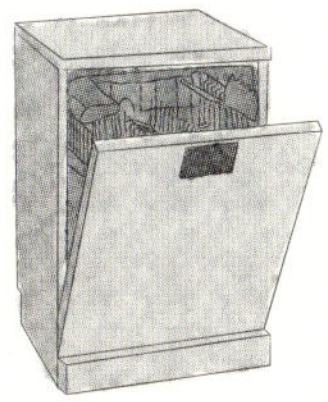

5 DES PÉDIBUS ET TROTTIBUS

Ce sont des ramassages scolaires pédestres ou en trottinettes, mis en place par des écoles et des parents d'élèves pour favoriser les transports doux ! Plus d'infos sur *reseaumillepattes.org.*

Pour tous ces projets, rapprochez-vous de votre mairie et des associations locales de protection de l'environnement.

TABLEAUX D'ACTIONS ZÉRO DÉCHET

Où en êtes-vous dans vos actions Zéro déchet ? Cochez toutes celles que vous menez déjà et vous saurez si vous êtes Colibri (débutant), Padawan (confirmé) ou Z'héros déchet (expérimenté).

NIVEAU 1 - COLIBRI 	☒
Je ramasse un déchet par jour.	
Je signe une pétition.	
J'installe un moteur de recherche responsable.	
Je souffle l'idée d'un repair café aux associations locales.	
Je télécharge l'application *Buy or not* (voir p.212).	
Je partage du contenu engagé sur les réseaux sociaux.	
Je m'inscris sur le site *ilestencoretemps.fr* pour être tenu au courant des actions collectives à mener et des écogestes à adopter au quotidien.	

NIVEAU 2 - PADAWAN

NIVEAU 2 - PADAWAN	X
Je partage mes actions de ramassage sur les réseaux sociaux.	
Je participe à une consultation citoyenne et donne mon avis sur toutes les questions d'aménagement locaux.	
Je rejoins un collectif.	
Je suis bénévole pour un repair café.	
Je boycotte une ou plusieurs marques.	
Je mets en place « Les incroyables comestibles » dans ma vie (voir p.219).	
Je crée une « boîte à dons » (voir p.219).	
Je rejoins des actions collectives non violentes.	

NIVEAU 3 - Z'HÉROS DÉCHET

NIVEAU 3 - Z'HÉROS DÉCHET	X
J'organise mon propre ramassage « CleanWalker » (voir p.208-209).	
J'interpelle avec bienveillance les personnes que je vois jeter des mégots ou des déchets dans la rue afin de les sensibiliser à la pollution.	
Je porte un projet de repair café (voir p.214-215).	
Je trouve des alternatives de consommation à mes produits boycottés.	
J'accompagne la mairie et les associations locales pour mettre en place des lieux de compost collectifs.	
Je porte un projet d'action collective non violente.	

LE MONDE EN TRANSITION VERS LE ZÉRO DÉCHET

Justice climatique et sociale, victoires citoyennes et environnementales, si les enjeux sont colossaux, la motivation et les espoirs des citoyens du monde le sont aussi. Partout, les choses sont en train de changer et des batailles sont gagnées. À l'aube d'une ère de défis humanitaires, climatiques et sociétaux sans précédent, nous ne lâcherons rien ! Quelques exemples :

PORTUGAL avril 2018

L'association portugaise des énergies renouvelables annonce que le pays a atteint 103,6 % de sa production électrique grâce aux énergies renouvelables (barrages hydroélectriques et éoliennes) !

Sources : *Positivr.fr* et association portugaise des énergies renouvelables

FRANCE décembre 2018

Quatre ONG (Fondation pour la Nature et l'Homme, Greenpeace, Oxfam France, Notre Affaire à Tous) ont assigné l'État français en justice pour inaction climatique. Après un mois, « L'affaire du siècle » avait déjà reçu le soutien de près de 2 millions de citoyens, c'est la plus grande pétition de l'histoire de France ! En 2015, un collectif néerlandais avait déjà eu recours à ce type d'action. Suite à une décision de justice rendue en octobre 2018, les Pays-Bas ont été contraints de réduire leurs émissions de gaz à effet de serre d'au moins 25 % d'ici 2020 !

PAKISTAN depuis 2014

Des centaines de millions d'arbres on été plantés dans les collines auparavant arides d'Heroshah, fruit du travail acharné de 16 000 planteurs, dans le cadre du programme « Billion tree tsunami ».

Source : *geo.fr*

RUSSIE avril 2018

Une nouvelle réserve naturelle voit le jour en Russie, 6 millions d'hectares qui abritent notamment des phoques, des bélugas, des morses...

Source : WWF

ESTONIE juillet 2018

L'Estonie devient le premier pays européen à offrir la gratuité sur les trajets de bus, quasiment sur l'ensemble du territoire, afin de restreindre les déplacements en voiture individuelle et limiter l'exode rural.

BELIZE juin 2018

Dans ce pays d'Amérique centrale, la décision a été prise de protéger la 2e plus grande barrière de corail du monde, toute exploitation pétrolière est désormais interdite ! Une victoire conjointe des ONG locales et du gouvernement bélizien !

Source : *positivr.fr/grande-barrière-de-corail*

INDE en 2017

Début 2017, la ville de New Delhi (capitale de l'Inde) saute le pas et bannit les objets en plastique à usage unique !

Source : *La Relève et la Peste*, 6 mai 2017

Le 2 juillet, les Indiens ont planté 66,75 millions d'arbres en 12 heures pour lutter contre le réchauffement climatique. Un événement qui a mobilisé plus de 1,5 million de personnes !

Source : consoGlobe

ÉTATS-UNIS août 2018

Monsanto est condamné à verser 289,2 millions de dollars à un jardinier. Une décision de justice qui crée un précédent pour les quelque 8 000 requêtes judiciaires lancées à l'encontre du géant et de son tristement célèbre herbicide, le glyphosate.

Source : Bayer

TOGO en 2018

Un pesticide bio végétal vient apporter un formidable espoir à l'agriculture. Conçu pour protéger les plantes et éliminer les ravageurs, ce produit est fait à base de margousier et sans additifs chimiques.

Source : Médiaterre

CONCLUSION

Il y aurait un millier d'autres sujets à aborder dans ce livre pour aller plus loin dans la réduction de notre empreinte carbone, améliorer notre impact et parvenir à la cohérence de nos actions. Cela dit, vous êtes maintenant armés pour réduire vos déchets de 80 % au moins, en même temps faire des économies et vous épanouir dans votre quotidien aligné. C'est déjà pas mal, non ? Mais avant de vous quitter, laissez-moi encore vous donner quelques conseils.

LA VIE N'EST PAS UNE COMPÉTITION

La seule personne à qui vous devez quelque chose, c'est à vous-même. Vous avez lu ce livre, si vous souhaitez changer votre quotidien, allez à votre rythme. Commencez par ce qui vous fait plaisir et vous serez attiré par des actions plus vertueuses quand vous comprendrez que le bonheur se trouve dans la cohérence.

« Le bonheur, c'est lorsque nos pensées et nos actes sont en harmonie. »

GANDHI

NE PAS CHERCHER LA PERFECTION

N'essayez pas d'être parfait, en tout point et à chaque seconde. Vous prêcherez la bienveillance, mais vous serez parfois agacé et sec dans votre discours. Vous favoriserez le Zéro déchet, mais vous trouverez de temps en temps une paille dans votre verre ou une serviette jetable sur votre table. Ce n'est pas grave ! La bonne nouvelle, c'est que vous n'avez pas besoin d'être irréprochable pour porter votre message. De la même façon qu'il n'est pas nécessaire d'être professeur de maths pour enseigner les multiplications à quelqu'un qui ne les connaît pas. Chaque goutte contribue à éteindre le feu.

TROUVER SON ÉQUILIBRE

Ce n'est pas parce que vous ne faites pas tout que vous ne faites rien ! Si vous pratiquiez la gymnastique, vous n'abandonneriez pas sous prétexte que vous ne savez pas faire des saltos sur une poutre. Eh bien là, c'est la même chose ! Vous réduisez vos déchets, mais votre poubelle annuelle ne tient pas dans un bocal ? Peu importe. Le Zéro déchet ne se résume pas au poids de la poubelle. C'est un mode de vie qui donne les moyens de créer le monde dont nous rêvons, de relocaliser nos vies, favoriser les liens sociaux, le partage et le respect des hommes et des ressources.

NE PAS AVOIR PEUR DE L'ÉCHEC

Il est difficile de réussir chaque fois ce que l'on entreprend. Parfois une alternative Zéro déchet vous conviendra tout de suite, parfois, pas du tout, et vous devrez trouver la vôtre. Lorsque les choses ne se passeront pas comme vous le souhaitiez, que vous oublierez d'emporter des sacs en tissu ou de demander un cocktail sans paille, soyez bienveillant avec vous-même. Pensez au chemin parcouru, aux efforts accomplis, à tout ce que vous y avez gagné, et allez de l'avant. C'est en faisant des erreurs que l'on apprend.

FAIRE CONVERGER LES INTÉRÊTS

N'estimez pas que votre bataille prévaut sur une autre. L'humanité tout entière est basée sur une gestion systémique étroite de toutes ses ressources, dont nous faisons partie. Nous trouverons des solutions dans la coopération et non en donnant la priorité à certaines luttes. Si vous prenez du recul, vous verrez que dérèglement climatique, défis humanitaires et conflits ont tous les mêmes racines : l'activité humaine et notre désir insatiable de croissance.

De tous les problèmes de l'humanité, nous sommes la source et la solution, et c'est, hélas, notre propre gestion du monde qui nous a poussés au bord du précipice. On oublie souvent que nous ne nous battons pas pour sauver le système Terre, mais pour nous préserver, nous, la race humaine. La planète s'en remettra. Il suffit de voir la résilience des terres qui ont vu exploser des bombes atomiques et où, des décennies plus tard, se multiplient des espèces animales et une biodiversité flamboyante. La nature fait preuve d'une résilience dont nous ne pouvons qu'à peine effleurer l'étendue. Elle n'a pas besoin de nous, mais nous avons cruellement besoin d'elle.

> « Au final, la cause des inégalités et la cause de la destruction de la planète, c'est ce système économique qui cherche du profit à court terme. »
>
> **CYRIL DION, ÉCRIVAIN, CINÉASTE ET COFONDATEUR DES COLIBRIS**

L'ÉTERNEL DÉBAT DE L'ACTION COLLECTIVE

Certains vous diront que l'action individuelle n'est pas suffisante. Qu'elle est même contre-productive, car « dépolitisante ».

À ceux-là, je réponds que nous ne serons pris au sérieux par les politiques et les industriels que si nous portons au quotidien les valeurs que nous estimons primordiales pour le programme politique de notre pays. À ceux-là, je réponds que si l'action collective est, à leurs yeux, la seule solution, elle n'est que l'addition d'engagements individuels, tout comme en politique et dans l'industrie. Nous sommes l'essence de ce système dont nous déplorons les conséquences, par nos modes de consommation et nos choix professionnels. Je vous le répète, nous sommes la clé du changement.

À ceux-là, je réponds que nous n'avons plus le temps de ne pas utiliser tous les moyens à notre disposition pour agir.

C'EST MAINTENANT OU JAMAIS !

En dépit de l'absence de finesse de la phrase, néanmoins parlante, le message est là ! Dans son dernier rapport paru en octobre 2018, le GIEC (Groupe d'experts intergouvernemental sur l'évolution du climat) rappelle que nous n'avons plus que quelques années pour réduire durablement nos émissions de CO_2. Pour mémoire, celles-ci n'auraient pas baissé depuis 1945, sauf lors des crises économiques. Coïncidence… je ne crois pas !

« **Soyez acteurs maintenant, parce que sinon, c'est comme si vous partiez faire caca au moment où c'est les pénos** [1] »

MATHIEU DUMÉRY

1. Pénaltis - Reportage *Brut* - 2018

CHANGER DE PARADIGME

Nous avons fait de la sainte croissance et de l'accumulation des biens le but de nos vies, aliénant nos capacités pour produire et consommer de manière illimitée dans un monde aux ressources finies. Comment prétendre agir durablement sur les enjeux climatiques sans remettre en cause leur origine. Si nous souhaitons atteindre les objectifs de l'Accord de Paris (2016) et limiter la fuite en avant vers un effondrement certain, nous devons repenser de manière globale nos modes de vie et réfléchir à des alternatives. Pour cela, commençons par changer nos indicateurs ! Nous aurons toujours l'impression de perdre tant que le PIB sera le seul marqueur de progrès pris au sérieux, tant que notre conception de la richesse se réduira à l'argent, l'accumulation, la production, la possession.

ANNEXES

ÉTABLIR SON BUDGET MOIS PAR MOIS

Vous voulez la preuve que la démarche Zéro déchet peut vous faire faire des économies ? Suivez vos dépenses pendant votre transition ! Reproduisez sur votre ordinateur ce modèle de budget, complétez-le chaque mois : vous verrez ainsi votre progression et les économies générées par les démarches Zéro déchet.

Solde au début du mois .../.../...

Mois de : ______________________

REVENUS :

- Salaire(s) __________ __________ €
- Allocations __________ __________ €
- Autres revenus __________ __________ €

__________ __________ €

__________ __________ €

__________ __________ €

Total ____________________ €

DÉPENSES FIXES :

- Loyer/prêt ____________________ €
- Électricité ____________________ €
- Gaz ____________________ €
- Téléphone ____________________ €
- Assurance habitation ____________________ €
- Assurance voiture/moto ____________________ €
- Carte de transport ____________________ €
- Crédit ____________________ €
- Frais bancaires ____________________ €
- Taxe foncière ____________________ €
- Salle de sport ____________________ €

Total ____________________ €

DÉPENSES VARIABLES :

- Alimentation ____________________ €
- Carburant ____________________ €
- Déplacements ____________________ €
- Cantine ____________________ €
- Santé ____________________ €

Total ____________________ €

DÉPENSES LOISIRS :

- Coiffure ____________________ €
- Diététicien ____________________ €
- Vêtements/chaussures/ accessoires ____________________ €
- Meubles et déco ____________________ €
- Restaurants ____________________ €
- Sorties ____________________ €
- Jardin ____________________ €
- Travaux ____________________ €

Total ____________________ €

OBJECTIF DU MOIS PROCHAIN

____

BESOINS*

____

ENVIES*

____

*Pour responsabiliser sa consommation, il est important de bien distinguer ses besoins de ses envies et de faire des choix en pleine conscience !

SUIVRE SES DÉPENSES SUR UNE ANNÉE

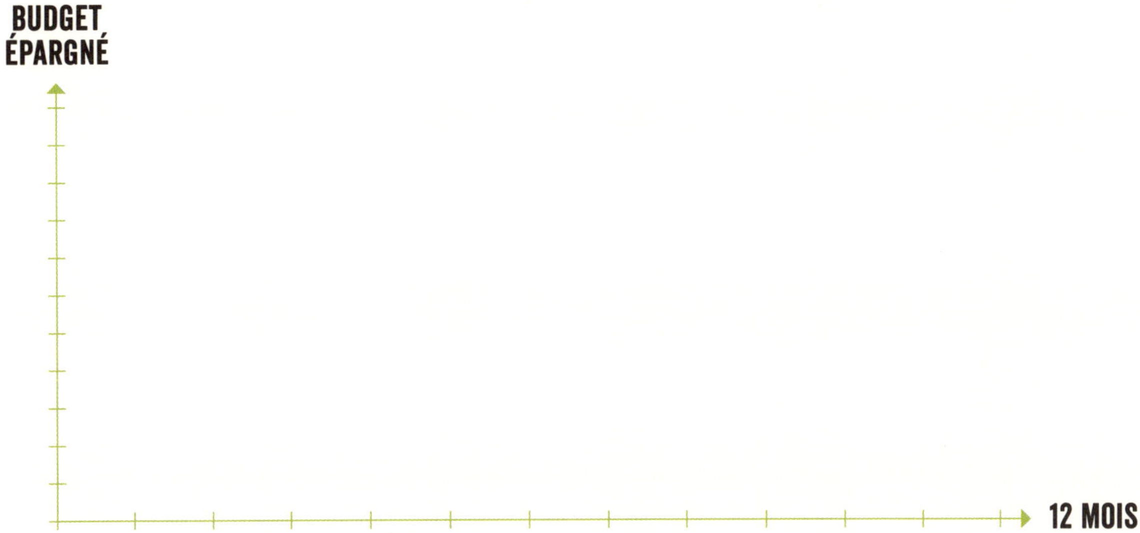

MOIS	MON RESSENTI Dites comment vous vous sentez : fier, en alignement avec vos valeurs, ou au contraire un peu frustré ? Et pourquoi ?	MONTANT ÉCONOMISÉ

MA LISTE DE COURSES DE LA SEMAINE

Pour limiter le gaspillage, rien de mieux qu'une liste de course détaillée ! Reproduisez-la sur votre ordinateur ou sur votre smartphone et complétez-la chaque semaine.

1. DANS MES PLACARDS ET MON RÉFRIGÉRATEUR, IL Y A :

- ______________________
- ______________________
- ______________________
- ______________________
- ______________________
- ______________________
- ______________________
- ______________________
- ______________________
- ______________________

2. J'ÉLABORE MES REPAS DE LA SEMAINE SELON LE CONTENU DE MES PLACARDS :

	LUNDI	MARDI	MERCREDI	JEUDI	VENDREDI	SAMEDI	DIMANCHE
MATIN							
MIDI							
SOIR							

3. MA LISTE DE COURSES :

a. Marché ou magasin bio ______________

b. Légumes ______________

c. Céréales ______________

d. Légumineuses ______________

e. Épicerie (tomates, crème de soja...) ______________

f. Boulangerie ______________

g. Fromagerie ______________

h. Poissonnerie ______________

i. Autre ______________

#BATCHCOOKING, MES PRÉPARATIONS DE LA SEMAINE

L'idée du Batch Cooking *est simple, préparer tous les repas de la semaine en cuisinant 2 heures d'affilée un jour off (le dimanche) et ne plus avoir de préparations quotidiennes. Cela permet de consommer des plats maison chaque jour, de gagner du temps (notamment sur la vaisselle, les cuissons, etc.) et de faire des économies en évitant le gaspillage alimentaire. Le mode de vie Zéro déchet implique de se (re)mettre à la cuisine pour s'éloigner des produits transformés et revenir à des ingrédients bruts. Cette méthode est efficace, mais requiert un peu d'organisation.*

JE REPRENDS LES REPAS ÉLABORÉS EN PAGE 230.

Astuce : je reste flexible sur mes repas de la semaine et je prévois un repas au moins pour finir les restes et un repas à l'extérieur.

TEMPS DE CUISSON :

AU FOUR							
À MIJOTER							
À POÊLER							
À LA VAPEUR							

TEMPS TOTAL DE CUISSON: ....

TEMPS ESTIMÉ DE CUISINE BATCH COOKING (GRÂCE AUX CUISSONS FAITES EN PARALLÈLE): ....

J'AI BESOIN DE :

- ☐ Planche à découper
- ☐ Couteaux
- ☐ Économe
- ☐ Râpe
- ☐ Blender
- ☐ Rouleau à pâtisserie
- ☐ Fait-tout

MES PRÉPARATIONS :

- Laver ______________________________
- Éplucher ___________________________
- Couper _____________________________
- Râper ______________________________
- Cuire en entier _____________________
- Mixer ______________________________

Conseil : j'attends que les préparations aient refroidi pour les mettre au frais et éviter les déperditions d'énergie.

MON PETIT KIT D'ÉTIQUETTES
POUR PRODUITS FAIT-MAISON

À PHOTOCOPIER, À DÉCOUPER, À COMPLÉTER ET À COLLER SUR VOS PRÉPARATIONS MAISON.

Vous pouvez retrouver en ligne, sur *Sorteztoutvert.fr* toutes ces étiquettes ainsi que les bons pour cadeaux Zéro déchet de la page 234.

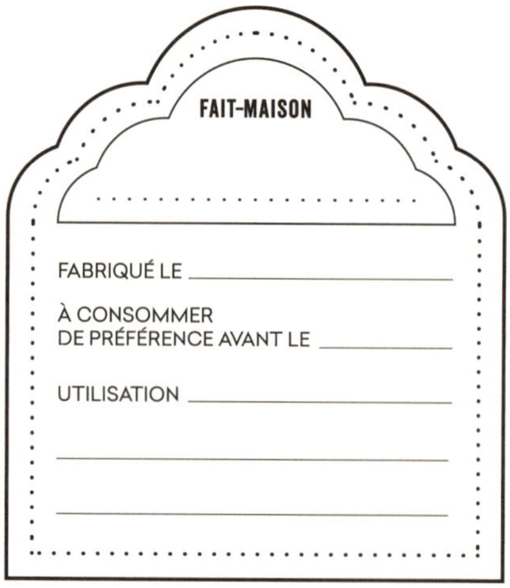

FAIT-MAISON

FABRIQUÉ LE
À CONSOMMER DE PRÉFÉRENCE AVANT LE ______

UTILISATION ______

______

FAIT-MAISON

UTILISATION ______

______

______

FABRIQUÉ LE ______

À CONSOMMER DE PRÉFÉRENCE AVANT LE

______

FAIT-MAISON

FABRIQUÉ LE ______

À CONSOMMER DE PRÉFÉRENCE AVANT LE ______

UTILISATION ______

______

______

FAIT-MAISON

- *Fabriqué le* ______
- *À consommer de préférence avant le* ______
- *Utilisation* ______

FAIT-MAISON

FABRIQUÉ LE ______

À CONSOMMER DE PRÉFÉRENCE AVANT LE ______

UTILISATION ______

______

______

FAIT-MAISON

FABRIQUÉ LE

______

À CONSOMMER DE PRÉFÉRENCE AVANT LE

______

UTILISATION

______

______

______

FAIT-MAISON

- *Fabriqué le* ______ *À consommer de préférence avant le*

______

- *Utilisation* ______

______

MON PETIT KIT DE BONS POUR CADEAUX ZÉRO DÉCHET

À PHOTOCOPIER, À DÉCOUPER, À COMPLÉTER ET À OFFRIR.

Offrez ces bons cadeaux pour un concert, un match, une finale, une soirée en mode avion, une soirée pyjama, un marathon (*Harry Potter, Star Wars, ...*), un trio gagnant ciné/pop corn/bowling, un massage des pieds, des cookies maison, un pique-nique, une escapade pour le week-end, passer son tour à la vaisselle, ne rien faire, passer son tour chez les beaux-parents, ...

BON POUR

BON POUR

BON POUR

BON POUR

BON POUR

BON POUR

CARNET D'ADRESSES

Réparer

- *Spareka.fr :* vente de pièces détachées pour réparation
- *ifixit.com* : manuel et forum de réparation
- *commentreparer.com* : forum et vidéos de réparation
- *repaircafe.org* : initiative citoyenne de réparations en tous genres
- *ressourceries.fr*

Entre voisins

- Mutum : prêt et emprunt d'objets (gratuit) entre particuliers
- *allovoisins.com*

Donner

- Des livres : RecycLivre, donne.consoGlobe, point-livres
- Des vêtements : La Fibre du Tri, Le Relais
- De l'électroménager : Emmaüs, ressourceries, donne.consoGlobe, tout-donner
- Des jouets : association Rejoué, Le Petit Marché...
- Tous objets confondus : *donnons.org*, GEEV (application)

Consommer Zéro déchet

- En ligne : sans-bpa, ZoEssentiels, ManaMani, Hakuna Taka
- Dans la salle de bains : Lamazuna, Pachamamaï
- Les menstruations : Dans ma Culotte, Fempo...

Consommer responsable

- Tous besoins : Dream Act
- Vêtements : Kabanes, Dressing Responsable, WeDressFair

Trier

- *Consignedetri.fr* ou l'application Guide du tri : pour connaître les consignes de tri de vos objets en fonction de votre lieu d'habitation.
- *eco-systemes.fr* : pour trouver le point de collecte le plus adapté et le plus proche de chez vous.

EN SAVOIR PLUS

MÉDIAS ENGAGÉS

Des chaînes YouTube inspirantes et engagées

- Partager C'est Sympa
- Et tout le monde s'en fout
- Professeur Feuillage
- Nicolas Meyrieux
- Le Biais Vert
- Cemil Choses À Te Dire
- Demos Kratos
- Osons Causer
- Data Gueule
- En Vert et Contre Tout
- CleanWalker
- Edeni
- Permavenir
- Max Bird
- Merci pour l'info Jo
- Thinkerview
- Rob Greenfield

La blogosphère green

- Sortez Tout Vert, Julie Bernier (je ne vais pas manquer de me faire un peu de pub !)
- Le Zéro Déchet Facile, Monica Da Silva
- Ça commence par moi, Julien Vidal
- Je deviens écolo, Lucie Paimblanc
- Fabriqué en Utopie, Camille Binet-Dézert
- Antigone XXI, Ophélie Véron
- Ma conscience écolo
- My Slow Life, Chloé Métahri

BIBLIOGRAPHIE

À lire sur le thème Zéro déchet

- Collection « tout est bon dans... », Rue de l'échiquier, Paris
- Stéphanie Faustin, *La cuisine Zéro Déchet*, Rue de l'échiquier, Paris, 2017
- Marie Cochard, *Notre aventure sans frigo ou presque*, Eyrolles, Paris, 2017
- Jérémie Pichon, Bénédicte Moret, *Famille Zéro Déchet*, Thierry Souccar, Vergèze, 2016
- Jérémie Pichon, Bénédicte Moret, *Les Zenfants Zéro Déchet*, Thierry Souccar, Vergèze, 2016
- Monica Da Silva, *Objectif Zéro Déchet*, Leduc.s, Paris, 2017
- Béa Johnson, *Zéro Déchet*, Les Arènes, Paris, 2015
- Marie Lefèvre, Herveline Verbeken, *J'arrête de surconsommer*, Eyrolles, Paris, 2017

À lire pour s'informer et s'inspirer

- Hutt Michel, *Le Cri du colibri*, Yves Michel, Gap, 2015
- Dion Cyril, *Petit Manuel de résistance contemporaine*, Actes Sud, Arles, 2018
- Servigne Pablo, Raphaël Stevens, *Comment tout peut s'effondrer*, Seuil, Paris, 2015
- Rhabi Pierre, *Vers la sobriété heureuse*, Actes Sud/Babel, Arles, 2013
- Lattuada Axel, Marc De Boni, Fabrice De Boni, *Changer le monde, ça tient qu'à nous, et tout le monde s'en fout*, First, Paris, 2018
- Aberkane Idriss, *L'âge de la connaissance*, Robert Laffont, Paris, 2018
- Corréard Valère, *Changer d'ère, l'air de rien*, Rue de l'échiquier, Paris, 2018
- Harari Yuval Noah, *Sapiens, une brève histoire de l'humanité*, Albin Michel, Paris, 2015
- Macy Joanna, Johnstone Chris, *Active Hope*, New World Library, Novato (Main, USA), 2013
- Paech Niko, *Se libérer du superflu, vers une économie de post-croissance*, Rue de l'échiquier, Paris, 2016
- Pauli Gunter, *L'Économie bleue*, Les Nouvelles Éditions Caillade, Meudon, 2011
- Pitron Guillaume, *La Guerre des métaux rares*, Les Liens qui Libèrent, Paris, 2018
- Ricard Matthieu, *Plaidoyer pour les animaux*, Allary Éditions, Paris, 2014
- Servigne Pablo, Gauthier Chapelle, *L'entraide, l'autre loi de la jungle*, Les Liens qui Libèrent, Paris, 2017
- Vidal Julien, *Ça commence par moi*, Seuil, Paris, 2018
- Wosnitza Julien, *Pourquoi tout va s'effondrer*, Les Liens qui Libèrent, Paris, 2018

FILMS

Séries, documentaires, films

- *Après demain*, Cyril Dion, 2018
- *Next*, Clément Montfort, Web Série documentaire, 2017
- *Demain*, Cyril Dion & Mélanie Laurent, 2015
- *The True Cost*, Andrew Morgan, 2015
- *Cowspiracy*, Kip Andersen & Keegan Kuhn, 2014
- *Promo !* Les Parasites (court-métrage), 2013
- *Home*, Yann Arthus Bertrand, 2009
- *Le Monde selon Monsanto*, Marie Monique Robin, 2008
- *Le cauchemar de Darwin*, Hubert Sauper, 2004

REMERCIEMENTS DE L'AUTEUR

Je remercie avant tout Corinne Cesano, qui a cru en moi pour ce projet, ainsi que toute l'équipe éditoriale et graphique pour son accompagnement. Merci à Maëlle Sigonneau, pour sa bienveillance et ses encouragements, et à Françoise Caille pour son efficacité et sa pertinence.

La gratitude est le sentiment que j'ai le plus ressenti au cours de cette année, pour ceux qui ont croisé ma route et pour les opportunités. J'ai eu la chance de rencontrer des personnes sans lesquelles ma vision et mon engagement seraient sûrement différents. Plusieurs ont eu la gentillesse de mettre un petit peu d'eux-mêmes dans ce livre. Elles me poussent à aller plus loin quand j'ai l'impression d'être au maximum et me font grandir chaque jour. Merci à tous ces acteurs du changement de faire évoluer le monde à leur échelle et d'être mon inspiration quotidienne : Nicolas Meyrieux, Juliette Eynard, Arnaud Huck, Vincent Verzat, Axel Lattuada, Cemil Sanli, Flojito, Julien Malara, Laurie Debove, Hélène de Vestele, Juliette Grao, Sophie Labruyère, Benjamin Carboni, Monica Da Silva, Delphine Brunet... et bien d'autres encore. Merci de me faire croire qu'un autre futur est possible et d'y œuvrer chaque jour.

À mes parents, mes frères et à cette famille qui s'agrandit. Merci de suivre depuis des années mes folies bobo-écolo-vegan, de grandir avec moi et d'être si fiers.

Aux amis de longue date, et aux plus récents, merci d'avoir vu ce projet comme une évidence.

À la communauté « Sortez Tout Vert », des dizaines de milliers d'âmes qui ont choisi de partager mon quotidien et mon sens de l'humour parfois douteux. Merci de me rappeler sans cesse pourquoi je me bats.

Enfin, merci à vous qui m'avez lue, j'espère sincèrement avoir pu semer quelques graines de changement, pour que nous récoltions bientôt les fruits d'une vie durable, heureuse et épanouissante !

MERCI À TOUS NOS CONTRIBUTEURS :

Axel Lattuada

Et Tout Le Monde S'en Fout

lezerodechetfacile.com

Le Zéro Déchet Facile
@monica_blogueuseautrice
@leZDdeMonica

Demos Kratos

Demos Kratos
@DemosKratosJM
@DemKrat

Partager c'est sympa

Partager c'est sympa
@partager_cest_sympa
@PartagerCSympa
@PartagerCestSympa

Nicolas Meyrieux

Nicolas Meyrieux
@nicolasmeyrieux
@NicolasMeyrieux
Nicolas Meyrieux

lareleveetlapeste.fr

baslespailles.org

@baslespailles
@baslespailles
@Baslespailles

opencollective.com/paris

@opencollect

i-boycott.org

Delphine Brunet

180°C pour les recettes de cuisine (p.67 à 68).

L'AUTRICE JULIE BERNIER

sorteztoutvert.fr

@sorteztoutvert
@sorteztoutvert

Direction : Jean-Louis Hocq
Direction éditoriale : Corinne Cesano
Édition : Maëlle Sigonneau, Françoise Caille et Ophélie Candille
Conception graphique couverture et intérieur : Le Bureau des Affaires Graphiques
Assistants graphistes et illustrations : Camille Neumuller, Chloé Hart et Maxime Lefort
Fabrication : Céline Premel-Cabic

EAN : 978-2-263-15989-3
Code éditeur : S15989P
Dépôt légal : avril 2019
Imprimé en Italie chez L.E.G.O Spa, Vicenza

FSC MIXTE Papier issu de sources responsables FSC® C003309

Encres Certifiées Végétales